法學緒論

管歐 /著　楊智傑 /校訂

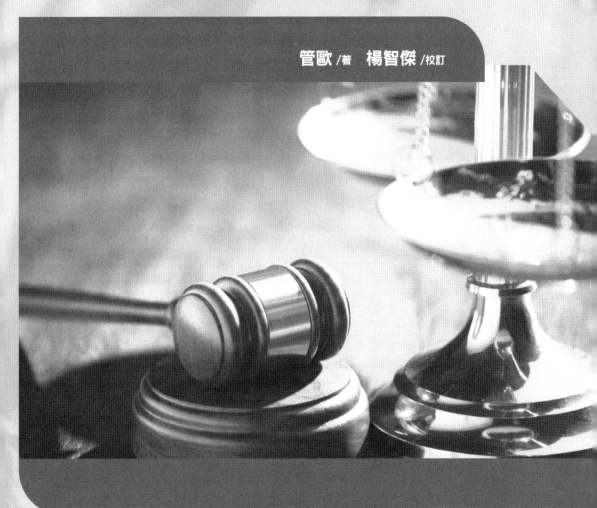

五南圖書出版公司 印行

修訂第七十版自序

　　本人所著法學緒論一書，係就整體法律之理論與實務，擇精擷華，融會貫通，以期深淺適宜，繁簡合度，並由於有關重要法律之制定、或修正、廢止、及其他各種因素，從而本書亦迭經審繽研修，俾得求新求全，以適應時空之演進，切合學用之需求。

　　法學緒論乃為初習法律之基本學科，亦為綜合性及多元化之法律學科，既不得放言高論，有失浮誇；亦不可陳舊膚泛，故步自封。法律固為構成法學之內容，法學亦形成為法源，而主導法律之改進，立言務期平允，理論必須正確，以弘揚法治，裨益群倫，是為本書之主旨所在。夙為習法人士所認同、所肯定，茲值七十版次修訂出書，序此以誌共識，並為光大法學而共勉！

管　歐

序於台北管四維堂懷鄒月媛室

中華民國 83 年 10 月 1 日

修訂第五十七版自序

　　拙著法學緒論，改版已五十六次，其間亦曾每有訂正，避免瑕疵，茲更就本書作全面的檢研，為整體的修訂，強化原有之優點，補正偶或之疏漏；斟酌損益，擇要充實，以期成為更新穎、更完善的法學著作。

　　本書係以國家重要法律的內容為經，以有關法理的闡明為緯，重在理論與實用的兼顧，求其明顯淺近，力避艱深。因而執簡馭繁，則歸納於章節；推理解惑，則演繹於註釋。既利於講授，復便於自修。取精用宏，詳略一貫，由啓發而專精，由己達而達人，以光大法學，宏揚法治，是乃著者歷經行政院法規委員會主任委員、司法院大法官及大學教授所致力的目標，亦即本書修訂的主旨所在，或亦為習法人士所認同所期許乎？特序鄙見，就教國人。

管歐

序於管四維堂懷鄒月媛室

中華民國 75 年 4 月 11 日

增訂第十一版自序

　　余所著法學緒論，出書已歷十版，足見學子注重法學的研習，亦係法治國家的良好象徵。茲就原著內容，予以修正，其原未述及者增入，簡略者補充，概括者則予以分析，或舉例以發其凡，或註釋以備參證，務使觀念正確，條理分明，深淺適宜，學用並重，以饜讀者的需要。

　　書內對於理論的闡明，乃所以啓發初習法學者有關法律的基本知識；兼顧法律實際上的應用，則尤爲一般國民及公務人員所應研習及參考的書籍。法學原爲專門的高深的學問，法學緒論則爲此種專門高深學科的起點，及行遠自通的必由途徑。則來日登堂入室，成爲法學家或法律實務家，以期大有造於我國家民族者，或在斯乎？其在斯乎！

管　歐

序於管四維堂懷鄒月媛室

中華民國 57 年舊曆 4 月 11 日

自 序

    法學緒論，乃大學法學院各學系共同必修的課程，亦為初學法學者必須研習的基礎學科。編著體例，則在發凡起端，將有關法律共同的原理原則，及一般法律的概念與應用，作綜合的說明，及概要的敘述。而理論與實際，尤須兼籌並顧，融會貫通。庶幾舉一反三，易於啓發。本書即依此體例而為編著。

    本書的首編為法學，俾瞭解法學即是研究法律的學科，亦即是研究法律的起點。

    關於法律的意義，本有自然法說，衡以現代的實際情形，未便苟同。法律是國家所制定、所執行、所維護。國家與法律的關係，甚為密切。欲明瞭法律，必須先明瞭國家，所以本書的第二編即為國家。

    法學既是研究法律的學科，國家既然制頒了法律，所以第三編便講法律。亦是本書的中心部分，及比較詳盡的部分。

    法律的內容，固不以權利義務為限，惟權利與義務，畢竟是法律最普遍最重要的規定事項，所以本書的編次，乃以權利與義務而殿其後。

    本書脫稿於案牘與執教餘暇，深慚譾陋。仍希博雅君子，有以教正！

管 歐

序於管四維堂懷鄒月媛室
中華民國 44 年 4 月 11 日

目錄　CONTENTS

第一編

法　學

Introduction
to Law

第一章

法學的意義

　　法學是研究法律的科學。科學的種類甚多，大體上可分為自然科學及社會科學。自然科學是以研究自然界的現象，探求自然界的真理的科學，例如天文學、地理學、物理學、化學、動物學、植物學、礦物學等科學，均屬於自然科學；社會科學則是研究社會上的現象，探求人類社會生活中的真理的科學，例如政治學、經濟學、社會學、歷史學、法律學等科學，均屬於社會科學。法律是社會現象的一種，且常反映人類社會的生活，例如：私人的買賣行為、借貸行為、婚姻關係、繼承關係等，這是屬於人類社會私的方面的生活，在民事法規中均有規定；又如：人民行使其選舉權、罷免權、創制權、複決權、訴願權、訴訟權，以及服從國家命令的行為，這是屬於人類社會公的方面的生活，在憲法、訴願法及其他行政法、民事訴訟法、刑事訴訟法、或其他公法中亦有規定。法律上這些規定便是反映人類社會的生活，而形成為社會的現象。社會科學既是研究社會現象的科學，研究法律的科學，所以稱為法學，亦得稱為法律學。

　　關於法學的意義如何，本有各種學說，略舉如下：

1. 有謂：「法學是神事與人事的智識，正與不正的學科」

　　這是羅馬學家猶比尼安士（Ulpianus）對於法學所下的定義。這一說

將宗教的觀念與法律的觀念，混爲一談，顯已過時，殊不足採；

2. 有謂：「法學乃是研究從正義而爲生活的學科」

這是荷蘭法學家格羅特氏（Hago Grotins）對於法學所下的定義。這一說將法律與道德的觀念，互相混同，亦無可取；

3. 有謂：「法學乃爲研究權利的學科」

這是德國法學家萊布尼茲（Leibnitz）對於法學所下的定義。這一說亦未能概括法學的全部內容，因爲法學不僅是以研究權利爲其內容，且包括與權利互相牽連的義務在內；又法學的內容，亦不僅以權利義務爲限，其與權利義務並無關係的事項，例如憲法上關於國體的規定，各種法律關於機關組織的規定，乃最顯著者，若謂法學僅是研究權利的學科，顯有所偏，故亦不妥。

且以上各說，均不免以法學的觀念與法律的觀念互相混淆，因爲法律本身的規定，始有所謂正義及權利義務的問題，法學則係以法律爲其研究的內容及其研究的對象，與法律的本身，仍然彼此有別，因之，所謂法學，自以稱爲研究法律的科學，較爲簡單明瞭，且可以概括研究的內容及其研究的對象[1]。

法學的意義，已如上述，茲附帶的說明法學緒論的意義和作用：

法學緒論的意義如何？所謂「緒論」，乃含有發端論述之意。法學緒論，乃是就法律之整體予以初步的及扼要的敘述。舉凡有關法律共同的原理原則，法律一般的概念及應用，作概括的及綜合的研討，其作用乃在使初學法律者對於法學獲得初步的基本知識，而爲引導其登堂入室的入由

---

[1] 關於法學的定義，學說不一，其原因大抵由於法學的觀念，與法律的觀念，混爲一談。而關於法律的觀念，又每因時代的進化而有不同：在神權思想濃厚時期，謂法律是規定神事和人事，便認爲法學是研究神事和人事的學科；迨後人權思想發達，又謂法律是規定權利的事項，便認爲法學是研究權利的學科。因爲對於法律觀念的不同，所以對於法學的定義，亦各異其說。實則法學與法律，彼此顯然有別，法學是以法律爲其研究的內容和對象，而非法律的本身。

途徑，即對於不願學習法律者，亦可使其獲得一般國民所應具有的法律常識[2]，所以法學緒論是一種法律學科。

---

[2]　法學緒論一科，乃各大學法學院各學系共同必修的課程，為民國 31 年秋間教育部所決定，並於民國 56 年通飭大專院校開設之。在此以前，各法學院係講授法學通論。而目前「法學緒論」亦列入公務人員高、普考試科目中之「法學知識」一科之範圍。法學緒論與法學通論，名稱僅係一字之差，其性質亦大抵相同。因法學緒論編撰的體例，教育部並未有所規定，所以學者仍多因襲法學通論編著的體例，就各種法律作共同性通盤性的論述，惟法學緒論應重在發凡起端，乃是整體法律的緒言或導論，係將有關法律共同的原理原則，法律一般的概念及應用等問題，作概要及綜合的敘述，以使初習法學者容易獲得法律的基本知識。而學者編著此類的書籍，如法學概要、法學概論、法學綱要、法學要義、法制大意等名稱，其性質亦大同小異。

第二章

法學與其他科學的關係

　　科學的種類很多，無論是自然或社會科學，彼此間每有關係，惟這種關係有直接的，有間接的；有有形的，有無形的，且其關係有密切與否之不同。法學是社會科學的一種，雖以法律為其研究的內容，然與其他科學常有極密切的關係，茲舉其最顯著者如下：

一、法學與政治學的關係

　　法學與政治學的關係，可以法律與政治的關係說明之，法學以研究法律為其內容，而法律恆反映國家政治的措施。政治的形態，常以法律具體表現之。政治學上所研究的事項，是關於國家政治的體制和政治作用等基本概念，舉凡國家機關的組織及作用等事項，常由法律規定之，國家的政體若為君主制，則法律所表現者亦為君主制；政體為民主制，則法律所表現者亦為民主制；機關的組織若為首長制，則法律所規定者亦為首長制；組織若為合議制，則法律所規定者亦必為合議制。此等事項，固為政治學中研究的對象，在法學中亦常研究及之，所以法學與政治學有形影相隨，互為表裡的關係。

　　不僅如此，政治學以研究國家為其主要對象，而認為國家是一個法

人，在法律上爲權利義務的主體，此與法學上認爲自然人與法人在法律上爲權利義務的主體，其觀念完全相同，因之，法學與政治學的研究對象，有時有不可分離的關係[1]。

二、法學與經濟學的關係

法學與經濟學的關係，可以法律與經濟的關係說明之，人類不能脫離經濟而爲生活，而人類的經濟生活和經濟制度，常規定於法律之中，例如民法中的債編和物權編，與人類的經濟生活及經濟制度，至有關係：公司法、海商法、水利法、森林法、漁業法、礦業法、及其他有關農業、工業、商業等法律，亦無不以經濟生活及經濟制度爲法律的內容。經濟學是研究人類經濟生活及經濟制度的學科，而人類經濟生活及經濟制度，既多於法律中規定之，法學則是研究法律的學科，所以法學與經濟學亦很有關係。

人類經濟生活和經濟制度的演進，常反映於法律之中，自經濟學史言之，大抵由遊牧社會進而爲農業社會，再進而爲工商業社會，自 18 世紀產業革命（Industrial revolution）以後，手工業變爲機器工業，家庭工業變爲工廠工業，預定生產變爲投機生產，馴至資本集中，產品過剩，遂發生消費與分配及失業等現象，於是有所謂工廠法、勞動檢查法、勞動基準法、團體協約法、勞資爭議處理法，及有關工商管理、獎勵投資、物價限制等法律，學者有以此等法律，概括稱之爲經濟法，而研究關於經濟現象

---

[1] 法學與政治學的研究對象，有最難爲明顯的區別者，即憲法是，因憲法所規定的內容，大抵屬於政治性質的事項，而爲政治學研究的對象，同時亦屬於法律性質的事項，而爲法學研究的對象，英美法系的普通法，乃爲構成憲法的基礎（Common law is the basis of constitutional law）。政治學家戴色氏（A. V. Diecy）謂：「英國憲法的一般原則，乃由於司法判決因決定私人權利的個別案件所累積而成的結果。」可見憲法是含有政治和法律的兩種性質，而爲政治學與法律學的研究對象，亦可見政治學和法學的密切關係。

的生產消費和分配等問題，均屬於經濟學的主要內容，於此更足見法學和經濟學關係的密切[2]。在 1990 年之後，法律與經濟更進一步結合，發展出所謂「法律經濟學」、「法律經濟分析」等學科，爲近代法學研究領域中之新興研究課題。

三、法學與財政學的關係

人民之財產，應予保障，人民有依法律納稅之義務。而各種稅法、銀行法、票據法、保險法、及財政收支、證券交易、專賣事業、外匯管理、公債發行等法律所規定的財稅金融事須，一方面則構成爲財政學科的研究內容，在各法律學院校中，有專設財稅法學系者，則法學與財政學關係的密切，於此可見[3]。

---

[2] 德國學者如赫德曼（Hedemann）、魯斯鮑（Nussbaum）大抵主張經濟的生活，是法律的基礎，法學的研究，應該是探求經濟的法則，因之遂倡經濟法之說。赫德曼氏將經濟法的主要法律分為四種：（一）合作社法；（二）經濟的契約法；（三）勞動法；（四）土地法。
　魯斯鮑氏則以德國在第一次世界大戰時及戰後所發布有關經濟的法規全部，歸納於經濟法體系之下，大戰期內，德國實行國家總動員，對其國內的經濟組織及私人的財產權利，殊多干涉，戰事告終，德人損失甚大，為處理戰後政治上、經濟上的紛亂困難，遂頒行多種經濟法，其內容為：（一）貨幣及資本的流通；（二）貨幣交易及供給契約；（三）公共經濟的擴張；（四）不動產法；（五）勞動法；（六）債務人及其權利的保證等是。

[3] 參照中華民國憲法第 15 條、第 19 條、財政收支劃分法、證券交易法、管理外匯條例、台灣省內菸酒專賣暫行條例及各種公債發行條例。我國採租稅法定主義，現行稅法甚多，幾乎一稅一法，就課稅項目言之，如：一、關稅。二、礦區稅。三、所得稅，其中分：（一）營利事業所得稅，又有：公營、民營之分；（二）綜合所得稅。四、遺產及贈與稅。五、貨物稅。六、證券交易稅。七、營業稅。八、印花稅。九、使用牌照稅。十、土地稅，其中又分：（一）田賦；（二）地價稅；（三）土地增值稅。十一、房屋稅。十二、娛樂稅。十三、契稅。十四、各項臨時稅。至於公賣利益，自為各項財稅收入中之一種。

四、法學與社會學的關係

社會學的涵義很廣，係以社會現象為其研究對象。關於政治經濟法律等事項，原亦屬於社會現象。但是一般學者亦有將此等事項從社會學的範圍內劃出，各別成為一種科學，而社會學所研究者，乃為其他一般社會現象。例如：人民團體、合作保險、慈善事業、社會救濟、社會福利、職業訓練及勞工等事項是。此等事項，有係社會制度，有係社會病態，均屬於社會學的研究範圍，而多由法律予以規定[4]，法學是研究社會規範的法律的學問，所以與社會學有關。在法學的派別中，有所謂社會法學派，則法學與社會學關係的密切，可以想見。

五、法學與倫理學及心理學的關係

就法學與倫理學的關係言之：法學雖不是研究道德倫理的科學，法律與道德倫理亦有區別，但是法律亦多含有倫理觀念維護正義及良風美俗的作用在內，例如民法親屬編所規定的親屬關係，繼承編所規定的繼承關係，完全以倫理觀念為其立法的基礎；刑法上的脫逃罪，和藏匿人犯及湮滅證據罪，若係配偶，五親等內的血親或三親等內的姻親犯之者，得減輕其刑；又殺人罪和傷害罪，若殺傷直系血親尊親屬者，則有加重其刑的規定，亦足以充分表現其倫理的觀念[5]。民法規定法律行為有背於公共秩序或善良風俗者無效，虛偽的意思表示無效，不當得利之應返還其利益，侵權行為之應負損害賠償責任，以及刑法上所規定禁止的行為，如妨害風化

---

[4] 參照各種職業團體及社會救濟福利等法律，加工業團體法、工會法、農會法、漁會法、商業團體法、人民團體法、合作社法、勞工安全衛生族、勞工保險條例、社會求助法、兒童及少年福利與權益保障法、老人福利法、身心障礙者權益保障法、國民住宅條例等法律。

[5] 參照民法第四編親屬，第五編繼承，刑法第 162 條第 5 項、第 167 條、第 272 條、第 280 條。

罪，妨害婚姻及家庭罪等，均含有維護正義和良風美俗的作用。倫理學係以倫理觀念和正義感爲其研究內容，所以法學與倫理學亦有關係[6]。

　　次言法學與心理學的關係：法學是研究人類意識所表現的法律爲其內容，心理學是以研究人類心理作用爲其內容。人類的心理作用，有時僅爲潛在心內的意識，有時則爲表現於外部的行爲，法律上對於這種意識或行爲，常規定其應負某種責任，或規定其發生某種效果，例如民法上規定虛偽的意思表示爲無效，刑法上規定已著手於犯罪行爲的實行，而因己意中止者，減輕或免除其刑；又犯罪的動機，和犯罪時所受的刺激，均爲科刑時輕重的標準[7]。所謂虛偽的意思表示，所謂己意中止，所謂動機和刺激，幾均係屬於心理作用的範圍，且有犯罪心理學一科，專以研究犯罪人的心理，而謀求預防犯罪於未然，即可見法學與心理學的關係。

　　此外由於現代科學技術之發展，日新月異，恆鎔鑄爲現行法律的內容，如「去氧核糖核酸採樣條例」、「積體電路電路布局保護法」等法律，此種新科技之灌輸培育，而形成法學與其他各種科學之相互關係。

6　參照民法72條、第87條、第179條、第184條、刑法第十六章之一妨害風化罪，第十七章妨害婚姻及家庭罪。

7　參照民法第87條、刑法第27條、第57條。

第三章

法學的分類

　　法學得為各種的分類。這種分類，是便於研習法學的人明瞭法學的輪廓，和指示法學所包括的內容。

　　法學究應如何分類，因為學者的觀點不同，分類亦不一致，依通常的見解，是以研究法學的內容為標準，將法學分為法律哲學、法律史學和法律科學三大部門[1]：

一、法律哲學

　　法律哲學，是研究法律基本的及高深的原理原則，因探求法律的終極理想，及其真實價值，例如：法律的本質究竟如何？為什麼需要法律？法

---

[1] 法學的分類，極不一致，大抵因著眼點的不同，而遂有區別，例如：（一）有以研究的範圍廣狹為區別的標準，而分為一般法學與特別法學二種。一般法學，乃研究關於法學的全體概念的學問，例如法學緒論、法學通論、法學概要等學科；特別法學乃研究關於特種法律現象的學問，例如憲法學、行政法學、民法學、刑法學、商法學、國際法學等學科；（二）有以研究的方法為區別的標準，而分為立法法學、註釋法學與比較法學三種。立法法學乃對於法律應如何制定為其研究目的的學科；註釋法學乃是以現行法律的解釋適用為其研究目的的學科；比較法學乃就各國各時代的法律作比較的研究；（三）有以研究的內容為區別的標準，而分為法律哲學、法律史學與法律科學三種，是較為通常的見解。

律有何功用？法律的基礎何在？法律的目的何在？對於法律思想及各種學說，古今有何不同？凡此都是屬於法律哲理方面的事項。至於實際的現在的法律方面，則並不注重。各大學之法律科系，多設有法理學一科，即是屬於法律哲學的範圍。

至於就某種法律所規定的事項，而為哲理上的研究，以探討其真義及原理之所在，亦自係為法律哲學的性質，例如：對於有關親屬的法律，所為家庭及婚姻的規定，其真正意義及作用，究為維持宗法社會，以延續其宗祧關係？抑因須營共同生活，而係人為的結合？抑因滿足人類的私慾，而為血統遺傳上的自然形態？凡此皆為法律哲學研究的旨趣所在。

法律哲學因係側重於真義及玄理的探討，而於現行法律所規定的內容，反予以忽視，不免見仁見智，理論各執，殊難獲得正確肯定的結論，是其缺點。其以哲學的觀點，以從事研究法學者，即為哲學研究法，其詳情容於次章「法學的研究方法」中另述之。

二、法律史學

法律史學，又稱為法律沿革學，是研究法律的變遷沿革及**趨勢**，多側重於法律過去制定的經過情形，對於法律現在的實際狀況，並不為其研究的主要對象，現在各大學法律科系多有法學史、法律學史或法制史等類學科，即是屬於法律史學的範圍。

舉凡就法律一般性、通盤性的變遷沿革，以為其學科研究內容者，固為法律史學，例如：過去所謂法律，是否即指禮義道德？抑由禮義道德演變而來？過去的法律，是否即係統治者君主一人的意旨或命令？過去的法律，在稱謂上亦有「律」、「令」、「典」、「敕」、「格」、「科」、「例」等類名稱，其演變的經過如何？凡此固為法律史學。

不特此也：即就某一種法律所規定的內容，研究其演變經過，或其沿革歷史，亦為法律史學的性質、例如：就有關婚姻的法律言，原始社會的

男女關係，有所謂雜交，逐漸演變而爲掠奪婚姻，而買賣婚姻，而「父母之命，媒的之言」的婚姻，更進而爲達到法定年齡的男女當事人同意，即可訂立婚約及結婚；又如：男女由亂交關係，演進爲婚配關係，由一夫多妻制或一妻多夫制，而演進爲一夫一妻制；結婚的儀式，由不要式行爲而演進爲要式行爲，凡此，亦爲法律史學的研究範圍。

　　法律史學係以法制上已成過去的歷史事實，及其演變的沿革，爲法律學科的研究內容，其研究方法即爲歷史研究法，其詳情當於次章「法學的研究方法」中另述之。

三、法律科學

　　法律科學是研究國家現行有關法律共同的原理原則，以及現行各種法律的概念與內容及其適用，爲其主要對象，其中又可分門別類，各別研習，例如憲法、行政法、民法、刑法及其他各種普通法律和特別法律的研究。

　　法律科學既是以國家現行各種法律爲其學科的內容，因之，對於法律所規定的事項，與現在的實際情狀，必須於其理論與實用方面，兼籌並顧，方克奏效，惟並非完全摒棄法理於不顧，亦非蔑視過去法制的沿革得失，不過其著重點，在於現行法建的規定，於其實際上的應用。

　　以上所述法學的三大部門，其中法律哲學乃屬於高深的理論，法律史學次之，均非初習法學者所宜學習，法律科學則爲現在的實際的法律知識，亦即爲初步學習法律者研習的對象。

第四章

法學的研究方法

關於法學的研究方法，每因人而異，大體言之，約有六種[1]，即：

一、註釋研究法

（一）註釋研究法的意義

註釋研究法，一稱註釋方法又稱分析方法，亦有稱為演繹方法者，乃是按照法律的條文，逐字逐句，加以解釋，詳細註明，其研究方法，有如化學家之分化物體為原質者然，茲姑舉一例，以明其實用，如民法第16條規定：「權利能力及行為能力，不得拋棄」。所謂權利能力，乃是享受權利的能力，亦即是具有私權主體的地位或資格；所謂行為能力，乃指其行為發生法律上效果的能力。本條規定不僅是保護個人，兼有維持社會公

---

[1] 研究法學的方法，學者的主張不一，英國蒲萊士（Bryce, 1838-1922）認為研究法律的方法有四：即一為玄學方法（Metaphysical method）；二為歷史方法（Historical method）；三為分析方法（Analytical method）；四為比較方法（Comparative method）；日本穗積重遠以為有五種方法，即分析、歷史、比較、哲學、社會等方法是。他說：「這些方法，各為研究法學之用，僅採其一，不得謂為完善的法律學，如現實法學，不宜僅用分析法，法理學不宜僅用哲學研究法是，前者以分析、歷史、比較三方法為主；後者則以哲學方法為主。」

益的意義在內，因為權利能力若許拋棄，則失其為權利義務的主體；行為能力若許拋棄，則成為無行為能力人，不僅其人格受損，且將發生強弱欺凌的現象，於社會公益，亦有妨害，所以明文禁止之。

（二）註釋研究法的優劣

註釋方法能夠闡明法典的意義，使條文上的字義文義，剖析明白，足以減少法律適用時的疑義，助長對於法律上的理解，是其優點；但是咬文嚼字，容易陷於滯板，不免故步自封，難以促進法律的改進，是其缺點。

二、歷史研究法

（一）歷史研究法的意義

歷史研究法，一稱歷史方法，乃用研究史學的方法，以研究法律學。注重法律的起源、發展及制度的變遷，以至原理原則的演進，已形成為法律史學，前已述及。

（二）歷史研究法的方法

歷史研究法的具體方法及步驟，約為：1.蒐集法律原始的過去的歷史資料；2.探求法律演變的經過及其原因的所在；3.吸取法律以往施行的實際經驗，以為將來法制改革的參考；4.關於歷史性及民族性對於法律的影響如何，而探求其得失所在；5.根據法律過去的歷史事實，以推測將來可能演變的趨勢。

（三）歷史研究法的優劣

歷史研究法的優點，在能明瞭法律的變動，係因時代的變遷及環境的異殊而有不同，藉以認識現行法律的性能，判別其得失，尤其在繼受法的國家，須用歷史方法以研究其固有法。

惟此種研究方法亦有缺點，即：1.因歷史方法所採用的法律史料，難以完全精確；2.對於法律史料的應用，常因研究者個人的偏見，而取捨不

同，即難獲得正確的結果；3.研究者每易尊重歷史事實，忽略現在環境，而使法律陷於保守。

三、比較研究法

（一）比較研究法的意義

比較研究法，一稱比較方法，乃比較各種法律制度，說明其特點如何，優點如何，與各國家民族的關係又如何。又得細分為三種：1.國別比較法：認為法律為地理環境的產物，而以國家做比較研究的單位，將各國的法律加以比較研究；2.人種比較法：認為法律為人類種族的產物，而以各個人種的法律做比較研究的單位；3.法系比較法：將世界各國的法律，分成若干系統，而以各個法系做比較研究的單位。

（二）比較研究法的方法

比較研究法的具體方法，是：1.比其異同：即是將各國家，各民族，或各法系的法律，作彼此異同的比較，以明瞭相互間的共同性和特殊性，是即為事實判斷；2.較其得失：即是將各國家，各民族，或各法系的法律，作彼此優劣利弊的比較，取其所長，去其所短，是即為價值判斷。

（三）比較研究法的優劣

比較研究法的優點，在於不為一國家、一民族、一法系的法律所限制，可以明瞭某種法律制度在各國實施的優劣情形，以供改進的參考；但研究者每過於重視一般性，而忽略特殊性，有削足適履之弊。且不免有對於各國法律，僅為形式上的條文比較，而忽略法律的本質所在，是其缺點。

四、哲學研究法

（一）哲學研究法的意義

　　哲學研究法，一稱哲學方法，係以哲學的理論為基礎，以探求法律的真理所在，換言之，其研究法律現象，認為必有一種原理原則的存在，根據這種原理原則，以為判斷法律良否的標準，此種哲學研究法，已形成法律哲學，前已述及。

　　哲學研究法之中，復因觀察點之不同，又可分為自然法派、純哲學派及社會哲學派，略如下述：

1. **自然法派**：此派認為這種原理原則，存在於現實法上，以「人類自然的狀態」為立論的基礎。

2. **純哲學派**：此派又稱純理派，認為這種原理原則，僅存在於吾人理想之中，並非實際的存在，換言之，法律哲學非實在之學，乃理想之學。

3. **社會哲學派**：此派又稱人性派，認為這種原理原則，乃存在於個人的人性中，社會僅為獨立個人的總和，別無所謂社會觀念。

（二）哲學研究法的優劣

　　以上三派的見解，雖互有差別，然要皆以研究哲學的方法，以研究法學，其窮理致知，探幽發微，固為其優點所在；惟側重玄奧的理想，不切實際的應用，是其缺點！

五、社會研究法

（一）社會研究法的意義

　　社會研究法，一稱社會方法，主張以研究社會學的方法，以研究法學，其要點如下：

1. 研究法律制度及法律原理，對於實際社會的效果如何；

2. 就法律為社會學的研究，以作立法的參考及準備；

3. 研究法律在社會上如何始能發生實效的方法；

4. 以社會爲中心，而研究法制史及法律學史；

5. 研究法律的適用，使就社會上各種事件，能作適當的解決；

6. 對於社會現在的實際生活，研究其如何能以適應於法律。

（二）社會研究法的優點

這種研究方法，係以社會人類生活現象爲其出發點，因事因地因時而制宜爲其特徵，此與以研究法律本身爲出發點，就法律而研究法律者不同。切合實際，是其優點。

六、綜合研究法

（一）綜合研究法的意義

綜合研究法，一稱綜合方法，又稱歸納方法，乃兼採註釋、歷史、比較、哲學、社會各種方法，冶於一爐而綜合應用之。因爲研究法學不能專用一種方法，哲學方法專重理想，註釋、歷史、比較、社會等方法，則側重事實，均有所偏，惟有將上述五種方法而綜合研究，使法律的靜態和動態，理論與事實，兼籌並顧，始得收到博大精細的效果，這便是綜合的研究法。

試以民法上關於結婚的規定爲例，以說明綜合方法的運用：結婚的意義如何？要件如何？效果如何？須用註釋方法以研究之；結婚制度的沿革如何？中外不同的特徵如何？優劣得失如何？則須兼用歷史與比較方法以研究之；現行有關婚姻的法律實施後，其於社會的影響如何？利弊如何？則須用社會方法以研究之；至於現在婚姻制度，將來應如何改進，始能貫徹婚姻的真正意義，符合於中華民國法律的最高理想，這又須採用哲學方法以研究之，始克完成目的。

（二）綜合研究法的優點

　　這種研究法既是綜合各種方法，以研究法學，具有各種方法的優點，而無其缺點，乃是研究法學最完善的科學方法。

第五章

法學的派別

第一節　法學派別的概念

關於某種學科的理論或其研究方法，學者每因見仁見智，各有主張，逐漸形成「門戶之見」。所謂：「不入於楊，則入於墨」，是即所謂學派，亦得謂之爲派別。法學亦然。

所謂法學的派別，乃係指對於法學的理論或研究方法所爲的主張，彼此有所不同，致成爲各個的派別而言。若僅就研究法學的方法著眼，則前述關於法學的六種研究方法，亦可謂爲法學的六個派別，即註釋法學派、歷史法學派、比較法學派、哲學法學派、社會法學派及綜合法學派是。但是若就法學的理論與法學的研究方法合併著眼，則可概括分爲宗教法學派、自然法學派、歷史法學派、比較法學派、利益法學派、唯物史觀法學派、社會法學派及一般法學派等派別[1]。

---

[1] 法學的派別不一，茲於每種學派中略舉一二學者，以爲各派之代表：

一、宗教法學派：如希臘奧古斯丁（Saint Augustine）、阿奎納士（Thomas Aquinas）等。

二、自然法學派：如荷爾格羅特氏（Hago Grotins, 1583-1645）、英格蘭霍布士（Hobbes）、德國康德（Kant）等。

法學的派別，每因時代的背景，或歷史的孕育，而形成其派別，或影響其盛衰與存在，例如：宗教法學派，洋溢於基督教的盛行時期；自然法學派盛倡於 16 世紀至 18 世紀之間，時至現在，此兩學派，則均已衰落。

法學的派別，除其學派的理論依據，基於其國家所遵行的主義及所制定的政策，具有排他性外，例如共產極權國家的唯物史觀法學派，排斥其他法學派的存在；至於其他各種法學派，在同一時代，大抵兼容並蓄，並行不悖，其中尤以比較法學派、社會法學派，及一般法學派爲然。

第二節　法學派別的分類

法學的派別，得概括分爲宗教、自然、歷史、比較、利益、唯物史觀、社會及一般等法學派，已見前述，茲就其分類，依次略述如下：

一、宗教法學派

此派以維持宗教的信仰爲目的，以闡明法學的理論。其特徵如下：1. 以神學的至理，支配法學，故其研究方法，注重演繹法；2. 視國家爲神意所創造的集團，其法學研究的重心，並不重視國家的組織及其權能；3. 人類生活的目的，認爲應向上帝爲贖罪的行爲，因之，其法理上亦重在

三、歷史法學派：如德國薩威稜（Karl T. von Savigny, 1779-1861）、萊布尼茲（Leibnitz, 1647-1716）等。

四、比較法學派：如法國拉伯爾（Lasndert）、羅甘（Ernest Rogruin）等。

五、利益法學派：如英國邊沁（J. Bentham, 1748-1832）、穆勒（I. S. Mill., 1806- 1878）等。

六、唯物史觀法學派：如馬克思（Heinrich Karl Marx, 1818-1883）與恩格斯（Friedrich Angels, 1820-1895）所講的唯物史觀法律論。

七、社會法學派：如美國龐德（G. Pound）、法國狄驥（K. Duguit）、奧國額西里一（Ehrlich, 1862-1922）等。

八、一般法學派：如德國耶林（Rudolf von Ihering, 1818-1865）、麥克爾（Adolf Merkel）、貝克（Bekks）等。

人類內部惡性的懲戒，而不重在其外部生活的改善；4.對於身分法的研究，以道德律為標準，且較其他法律為重視；5.法理的基本觀念，認為出於神意，原則上禁止批評與反對，故其進步，極為遲緩。這種學派，瀰漫於基督教的盛行時期，但自中世紀以後，即漸趨衰落。

二、自然法學派

此派以根據自然法則為目的，以闡明法學的理論。其特徵如下：1.以自然法則為一切法律的根據。至於所謂自然法則，則此派學者中有認為未有國家以前，人類一切自然狀態，皆為自然法則，是為狀態說；有認為人的天性皆是自然法則，是為人性說；亦有認為人的合理的理性，始為自然法則，是為理性說。因其須根據一定標準，以闡明法理，所以在研究方法上，亦注重演繹法；2.認為國家和法律的構成，均係根據人民間合意的契約；3.在法律上樹立自由平等的原則；4.對於公法上的理論，注重維持本國的利益；私法上的理論，則注重維持個人的利益。這種學派，曾盛行於 16 世紀至 18 世紀之間，但其後因歷史法學派的興起，乃漸行衰落。

三、歷史法學派

此派根據法律變遷的實況及原因，以闡明法學的理論，其特徵如下：1.認為法律有適應民族的時代性，而無學理上的固定性，因之，其研究方法偏重於歸納法；2.注重於一國的民族意識，而忽略法律對於人類共有的利益；3.視習慣法的價值，超過成文法；4.認為法律是歷史上的附屬物，法律的本身不能為有意識的發展，這種學派，現在尚覺普遍。

四、比較法學派

此派以比較各個立法例的異同為目的，以闡明法學的理論，其特徵如下：1.於法理上先綜合其異同之點，然後再作比較的研究，因之其所用

的研究方法爲歸納法；2.注重固有法與繼受法的區別，在法學概念上殊有裨益；3.法律的內容，不必顧及本國的國情或其社會的實況，應使其具有世界性；4.對於國際私法的研究，殊爲注重；5.拘束於成文法的研究，對於法學在哲理上應有的認識，不免忽略。這種學派，興起於 19 世紀末葉，但因研究的困難，現尚未能普遍。

五、利益法學派

此派乃根據行爲的價值，以闡明法學的理論，其特徵如下：1.以分析的方法，研究各個行爲的價值，同時亦注重歸納研究方法；2.認爲法律的目的，在維護行爲者的利益，其結果每使個人利益的維護，與共同利益的維護，彼此發生牴觸現象；3.認爲法律有其自身的目的及價值，並非神意、科學，或歷史的副產物；4.其立法的理論，注重權利本位，而忽略義務本位。此派對於私法上殊有貢獻，至今私法學上的理論，尚多受其影響。

六、唯物史觀法學派

此派係根據經濟上自然變遷的狀態，以闡明法學上的理論，其特徵如下：1.認爲法律乃完全是經濟生活的產物，其本身不能脫離經濟實況而存在；2.人類經濟上的利益，在法律上若不能爲平等享有的規定，則法律即不免爲剝削或壓迫一部人民的工具；3.法律的改進，不在學理上的研討，而在經濟生活的改善；4.生產力的保護和分配的平均，爲法律最大的任務。這派以物質生活爲法律的中心觀念，而忽略法律對於人類精神生活所具有的價值；但對於法學思想，則影響頗巨。

七、社會法學派

此派係以維護社會的利益爲目的，以闡明法學的理論。其特徵如下：

1. 法律的制定，應採社會本位，其內容及目的以維護社會的利益為依歸；
2. 法律的適用，應就各別的具體事實，以求其適應於社會的實際狀況；
3. 多數人的利益，重於少數人的利益；團體的利益，重於個人的利益。減少私法適用的範圍，加強法律公法化的觀念；4. 法律的制定及適用，均應保持其抽象的伸縮性，以便基於法律原理，而因應社會正義的需求，故對於法律在社會上已表現的功效，應比較研究，以為改進法律的準繩；5. 注重社會利益及社會秩序的維護，故對於有關勞資的立法，主張協調和平及合作的理論。此派發生於 19 世紀之初，在法學上現已成為極重要的一學派。

八、一般法學派

此派以探求法律實在性為目的，而闡明法學的理論。其特徵如下：1. 用完全實證的方法，以獲得法律實際上發生的具體效果；2. 以實際經驗，作為法律改進的基礎；3. 認為法律為時代的產物，立法應適合時代的需要；4. 探求一般法律所共具的概念，以樹立法學的正確理論，例如憲法、行政法、刑法、民法等法律中的共同概念，所謂法律，所謂權利主體、權利義務，及法律關係等概念，應有普遍的和共通的瞭解。這派注重法律的實用，使理論與實際貫徹，並能使法律為適時的改進，自為現代法學上最主要的學派。

第六章

法系

第一節　法系的概念

一、法系的意義

所謂法系（Legal System），即是法律的系統[1]。係以各國的法律為著眼點，以尋求其相互間的共同性、類似性、或彼此的區別所在，以歸屬於某一種法律系統之中，故所謂法系，實含有國際性的法律淵源或法律思想的意義在內。

二、法系的形成

凡一國的法律，原各具有個別的特徵，而與其他各國的法律有異，因為各國的歷史文化、風俗習慣、民族意識、政治制度等關係，致各國的法律彼此有其特徵，而不相同，以自成為一個體系。

但是各國的法律，有為本國所固有，亦有係淵源於外國的法律思想

---

[1] 關於法系的意義，學者亦有謂之為法學的系統者，蓋因法學乃為研究法律的學科，法律的系統，亦即構成法學的系統；惟以研究法律為內容的法學，與法律的本身，究屬有別，法系係以各國間法律的異同，為其形成的基礎，故所謂法系，以認為係指法律的系統為較宜。

者，世界愈進步，交通愈發達，國際間的往還愈爲頻繁，則文化之交流亦愈加速，而法律思想彼此多互受影響，因之，在法律的精神或形式上，有些國家便不免彼此相同或相類似，而成爲一個系統，自研究法學的觀點上言，因各國法律的異同所形成的系統，通常稱爲法系。

三、法系的區別標準

就現代的法系觀點言，大抵以各國私法中有關人民一般生活的法律特質，及其司法制度的形態，爲其主要的區別標準；至於各國有關政治制度的法律，雖因各國所奉行的主義及政策的不同，而彼此互異；惟其所表現於公法中者，則趨向於民主憲政，固大抵皆然；但在法系中亦有顯示其特徵者，容於次節再述之。

四、法系與法律的體系有異

本章所謂法系，與本書第十八章所謂法律的體系，不得混爲一談。因法系乃指超國家的，含有國際性的法律意識，就各國法律而爲綜合性的比較，以尋求其相同或近似的所在，而歸屬於某一法律系統之中，其涵義較爲抽象而廣泛；至於法律的體系，乃僅就一個國家內的全部法律，依其性質或其作用，而爲縱的歸屬，以構成國內整體法律中的地位和系統，其涵義較爲具體而狹小。

第二節　法系的歸屬

第一項　概說

世界各國的法律，究竟可分爲若干系統，學者主張不一，英國魏姆爾（Ihn. H. Wigmore）著「世界法律系統大全」一書，謂由歷史的記載，可分爲十六個法系，其中八個法系，因國亡種滅或社會變遷，已失其存

在，如埃及法系、希伯來法系、希臘法系、巴比倫法系、色勒特法系、海上法系、教會法系、古羅馬法系等是[2]。現存的法系，計有中華法系、印度法系、日本法系、德意志法系、斯拉夫法系[3]、伊斯蘭法系、大陸法系、英

---

[2] 茲就已不存在的八個法系，分別略述其沿革及特質如下：

一、埃及法系一稱古埃及法系。其特點約為：1. 婦女地位甚高。未婚婦女及妻子與寡婦，均享有完全的權利能力及行為能力；2. 禁止權利的濫用及虐待奴隸；3. 保護經濟上的弱者，惟其法定利率，則為高利貸；4. 民事及刑事裁判，均甚發達。

二、希伯來法系一稱猶太法系。猶太民族雖在 1500 年前亡國，惟在第二次世界大戰以後，其民族復國即現名為以色列（Israel），其法系雖似已消滅，而實散存於各處。猶太法系始自紀元前 1200 年，摩西自耶和華傳受「十誡」（The Commandments or Ten Words），即：1. 崇拜耶和華為唯一之神；2. 不拜偶像；3. 不可妄稱耶和華的名字（按以上三誡可謂為「愛神」）；4. 安息日（即禮拜日）休息；5. 孝順父母；6. 不可殺人；7. 戒淫；8. 戒偷；9. 戒妄證；10. 戒貪財（按以上七誡，可謂為「愛人」）。因之，摩西十誡，可以「愛」字概括之。

三、希臘法系一稱古希臘法系，始自紀元前 13 世紀的已荷馬時代，有民眾陪審制度的產生，及辯護制度的象徵，惟其法系至 4 世紀為羅馬法吸收而已失其存在。

四、巴比倫法系一稱美索不達米亞法系，其特點約為：1. 具有內容完備的法典，舉凡民法、商法、刑法等均有規定；2. 重視契約的締訂與履行；3. 提高婦女地位；4. 採行反坐復仇制度；5. 採行法官陪審制度。

五、色勒特法系（Kelt or Celt），乃指英國在諾曼征服以前所施行於愛爾蘭及威爾斯等地的法律而言，迨至 16 世紀，此法系已為英吉利法系取而代之。

六、海上法系一稱海商法系，原含有國際法的性質，至 17 世紀時，乃為各國國內法所吸收而消失，惟時至現代，國際關係頻繁，海商日益發達，海上法系的真義及精神，有逐漸在法系中取得一席的趨勢。

七、教會法系一稱寺院法系或迦倫法系（Canon Law），乃指中世紀基督教的法系而言，至 17 世紀因宗教改革而隨之衰微，僅為寺院教會內所適用的教典、教條、教令而已。

八、古羅馬法系一稱羅馬法系，係指羅馬自紀元前 753 年建國時始，至紀元後 15 世紀東羅馬滅亡時為止約二千餘年間的法系而言，其特點甚多，例如：各種法典完備，內容充實，尊重個人的權利，具有國際法的平等精神，對於以後各國的法律思想，影響深遠，馴至孕育演變而成為現代的大陸法系。

[3] 茲就日本法系、德意志法系、及斯拉夫法系，分別略述其沿革及其特質如下：

美法系等八種。

現在一般法學者，大抵將世界法系大別為五：即印度法系、伊斯蘭法系、大陸法系、英美法系及中華法系。各種法系的形成、特質及其趨向，互有不同，茲分項述其梗概。惟所謂法系，原以法律制度為其內容，故各種法系的形成、特質及其趨向，亦即為各該國法制的形成、特質及其趨向的所在。

第二項　印度法系

關於印度法系的形成、特質、及其趨勢，分述如下：

一、印度法系的形成

印度建國在四千年以前，印度法系乃指現在留存印度本土的婆羅門法[4]，及存在印度以外其他國家的佛教法，就其發展時期的先後言，其始為婆羅門法門，於西元前二千年時即有其形態；其次為佛教法，於西元前6

一、日本法系在明治維新以前，實係繼受中華法系，尤以淵源於唐律、明律及清律者為最顯著；在明治維新以後，其憲法與民事刑事各法典，則係承受大陸法系的精神，其在第二次世界大戰戰敗後，關於政治制度及有關工商企業法律的修訂，則步趨英美法系，而尤以美國法為主，故嚴格言之，尚難認為日本有其固有的獨特的法系。

二、德國意志法系一稱日爾曼法系。日爾曼為構成德國的民族，其法系在 15 世紀時，支配歐洲大陸各國，其特質為重視習慣法，建立團體觀念，並富於封建思想，嗣後其法系在歐陸衰落，惟分化為英國法，並進而形成為海洋法系，以與大陸法系相對稱。

三、斯拉夫法系，原為日耳曼法系，希臘法系與羅馬法系所揉雜而成，自 20 世紀初期，蘇俄實行共產主義以後，極權統治，原有典章制度，已完全推翻，蕩然無存，縱有所謂法律，亦僅存在於其共產集團的國家間，已不能與一般法理的法系，相提並論。

4　婆羅門（Brahmans）乃印度四個主要種族之一，為國民之上級；又婆羅門亦演變為宗教名稱，即印度舊教，由婆羅門宗族掌理之，其教徒以大梵天王為最尊之神，謂婆羅門種姓，由彼而生。以婆羅門名其法典，以示尊重。

世紀興起於其間，19世紀中葉，英國占有印度，統治多年，公法及商事法律，雖以英國的法制爲依歸，惟關於民事、宗教、及人民其他生活關係，則仍爲婆羅門法及佛教法所支配，而並未影響其存在，致成爲一獨立的法系。

二、印度法系的特質

印度法系以婆羅門法典爲其基本精神，採行嚴格的階級制度爲其特質。依婆羅門法典的內容，係將人民區分爲各種階級，即：僧侶、國王、貴族、軍閥、武士、平民、奴隸等階級是[5]。各階級地位懸殊，待遇迥異。不相同的各階級，彼此不得通婚，不得共同起居飲食，其原屬於奴隸階級者，雖終生勤勉，亦不得上升較高的階級，社會上的不平等現象，可以概見。

三、印度法系的趨勢

第二次世界大戰以後，印度脫離英人統治而獨立，其本土另成立巴基斯坦獨立國，印度本身則制定印度聯邦共和國憲法（1950年1月26日施行）規定國家對於公民，不得以宗教、人種、姓階、性別、出生地點、或類此之其他任何理由，而予以差別[6]，對於過去時代嚴格的階級制度，在法制上已予改革，有關政治制度，已與其他各民主國家大抵相同，姑無論其

5　婆羅門法典以印度四種族而劃定其階級，即：1. 婆羅門（Brahmans）乃自神頭出生，僧侶屬之，為最上層階級，掌理祭祀及學術等事項，其初由推選而來，後則改為世襲；2. 刹地利（Kshatriyas）乃由神肩出生，國王貴族、軍閥、武士等屬之，掌理政治、軍事事項；3. 吠舍（Vaisyas）乃由神之腳出生，平民屬之，為農、工、商、牧、地主等人民；4. 首陀（Sudras），乃由神之足下出生，為奴隸階級，被征服者屬之。此外尚有認為不是神所生的人民，不在階級之列，其地位的卑賤，更無論矣！
6　參照印度聯邦共和國憲法前言及第16條。

社會實際情況，有無進步，人民積習，是否改革，而要之所謂印度法系，已漸失去其固有的特質，或將有成爲歷史上陳跡的可能。

第三項　伊斯蘭法系

關於伊斯蘭法系的形成、特質及其趨勢，分述如下：

一、伊斯蘭的形成

伊斯蘭法系因係爲回教的教主穆罕默德（Mohammed）所首創，故一名穆罕默德法系；又因此法系曾盛行於阿拉伯（Arabia）地區的各國家，故又稱爲阿拉伯法系[7]。

穆罕默德生於西元 570 年，自稱受神的使命，出而說教，創制可蘭經典，因穆罕默德曾任法官，故特重視法律，其可蘭經典雖爲教義性質，其內容則富有法律意義，傳授日廣，信仰益眾，至 16 世紀，回教國家，奉行甚盛，而成爲一獨立的伊斯蘭法系。

二、伊斯蘭法系的特質

伊斯蘭法系以可蘭經典爲圭臬，其教義富有法律意義，已見上述，茲就其教義之類似法律的性質者言之，例如：1. 獎勵孝敬父母；2. 提倡男女平等，惟一夫多妻制，並不禁止；3. 不得爲不名譽的事；4. 不得吃豬肉；5. 不得飲酒；6. 不得放高利貸；7. 禁止虐待奴隸；8. 反對種族歧視；9. 誠實信用，不得詐欺，倡導節約，救濟貧困；10. 鼓勵武力傳教，戰死昇入天堂[8]。

---

[7]　唐朝以來中國時稱阿拉伯爲西域大食，大多信仰伊斯蘭教，故伊斯蘭法系，亦有稱爲大食法系者。

[8]　穆罕默德初出說教時，爲當地居民所迫，乃於西元 622 年避居默德那，皈依信徒，日益眾多，遂攻取點伽，掌握其政權，嗣並次第征服阿拉伯全境及敘利亞等國家。由於因用武力而獲有成果，故以武力傳教，揭櫫於教義之中。

依上所述，伊斯蘭法系可謂以法律意識藉教義而發揮其作用，亦得謂將宗教精神吸入於法律之中，冶教義與法律於一爐，是其特點。

三、伊斯蘭法系的趨勢

伊斯蘭法系盛行於 16 世紀，瀰漫於各回教國家，自 17 世紀以來，由於回教帝國的衰落，伊斯蘭法系亦受其影響，而日趨低潮，現時國際間的法制思想，力尚革新，回教各國自亦受其影響，而難以保持其法系的原有面目，惟因回教國家頗多，其法系所淵源的回教教義，亦不無其優點，尚不致於完全消滅，以失其存在。

第四項　大陸法系

關於大陸法系的形成、特質及其趨勢，分述如下：

一、大陸法系的形成

大陸法系因其由羅馬法遞嬗演變而來，故一稱羅馬法式法系；又因其支配整個的歐洲大陸各國，故又稱歐陸法系。因羅馬立國最古、法律思想發達最早，當 11 世紀至 16 世紀之間，其法律思想，風靡於歐洲各國，其中尤以法國、德國兩國受其影響最鉅。

就法國言：16 世紀至 18 世紀所制頒有關商事、海事、及民事等法律，以及拿破崙法典的制定，幾無不師承羅馬法而加以運用，馴至由法國法而輾轉流傳於西班牙、葡萄牙、義大利、比利時等國，而歷久不衰。

就德國言：在 15 世紀末葉，曾以羅馬法為其普通法而適用之，其後各種法典的制定，亦大抵脫胎於羅馬法，而予以充實。

法、德均為歐洲大國，在國際上具有影響力量，其法制思想，既均係以羅馬法為基礎，歐陸各國仿效，乃勢所必至，即亞洲日本維新以後的法律思想，亦大抵以羅馬法為其淵源，其成為一磅礴的大陸法系，蓋非偶

然。

二、大陸法系的特質

大陸法系既係以羅馬法系為基礎，其法系的特質，亦自與羅馬法相類似。其特點約如下述：

（一）成文法典的具備

法律須以文字記載，制定為形式的條文，此係仿效羅馬於紀元前 452 年所鐫示的十二銅表法，是為成文法的具體表現。

（二）民刑訴訟與行政訴訟的分隸

關於民事及刑事訴訟案件，由普通司法審判機關管轄；關於行政訴訟事件，則由特設的行政裁判機關管轄之。

（三）訴訟程序的重視

關於訴訟案件，須先審查其合於法定程序後，始得受理，進而為實體上的審判。

（四）裁判機關的定型

法院的審級系統、法庭的組織，檢察與審判的配置，乃至合議庭的組成，評議的次序，均由法律為硬性的規定，不得有所違誤。

以上大陸法系的特質，僅就其較為顯著者略予敘述，至其與英美法系的異點所在，容於次項再為比較。

三、大陸法系的趨勢

大陸法系係淵源於羅馬法系，而氾濫於歐洲大陸，並浸潤於亞洲國家，為現代具有影響力量的獨立法系，因其具有成文法典，在制定及適用方面，較為嚴謹，符合法律的本旨；其於政治體制的建立，亦有軌道可循；對於人民權利義務的規定，為法律的重心所在，尚能適合現代國家的

要求，因之，大陸法系在國際間當能繼續發生其影響力，而有其重要地位。

第五項　英美法系

關於英美法系的形成、特質及其趨勢，分述如下：

一、英美法系的形成

英美法系又稱海洋法系，乃融合英國法與美國法所形成的法系，恆與大陸法系相對稱。在 11 世紀以後，英國在訴訟程序方面，即逐漸有巡迴審判，及陪審制度的建立，其審判案件，係以其盎格魯撒克遜民族固有的習慣及累積的判例，為其主要根據，此種不成文法，謂之為「普通法」，其意義亦即為通常及平時所適用的法律，因其沿用習慣為審判的依據，故又稱為「習慣法」；因其援引積累的判決以為審判，故又稱為「判例法」，甚且以裁判方式為統一其民族習慣的方法，而形成為英國法系。

英國普通法的內容，與羅馬法固無淵源，即其後由英國國會偶有制定成文的法律，亦僅為「普通法」的補助而已；又於普通法之外，尚有所謂「衡平法」，俾法院得以衡情酌理，審判訴訟案件，以彌補普通法的缺點，惟普通法仍為審判的主要依據，而有其優越地位。

英國於 16 世紀以後，屬地遍及海外，其為英國法系支配的範圍，固不具論，即曾為英國殖民地的美國，於 1776 年宣告獨立以來，其民事、商事的法律思想及司法制度，仍因襲英國的成規，而大體無殊；且英國法院的判例，常由美國法院為有力之引用，故美國法實淵源於英國法，國家雖各自獨立，法偉則係合流，故形成為英美法系。

惟英美兩國法律，仍有其顯著的區別，即：

（一）關於政制法律之不同

英國國體為君主，乃不成文憲法的國家；美國國體為民主，乃成文憲法的國家，從而有關政治體制、政治慣例，及公法觀念，彼此不同。

（二）法制思想演變之不同

就法制思想言：英國偏向保守，憚於革新，重視傳統，維護習慣；美國側重求新，勇於興革，打破現狀，以求進取，例如「反托拉斯」及「社會福利」等各種立法。

（三）國內法制是否統一之不同

英國為聯合王國，其本土為大不列顛群島與愛爾蘭北部組成，其法制在全國內具有統一性，而無各自為政的現象；美國則不然，乃聯邦國家，現在組成聯邦的各州，乃先後加入聯邦而成為一個，各州均分別有立法權，除不得牴觸聯邦的憲法外，各有其獨立的法律，彼此差別甚大，而非全國法律之統一。

二、英美法系的特質

（一）成文法典的缺乏

就法律的形式言之，美國除有成文憲法外，其他所謂法律，大抵與英國相同，不重視成文法典，乃以習慣及判例為主。此與大陸法系具有成文法典者不同。

（二）民刑訴訟與行政訴訟的合併

就訴訟事件的審判機關言之，英美法系關於行政訴訟事件，合併於職司民刑訴訟的普通法院審判，不另設行政裁判機關。此種合併主義，與大陸法系採分離主義，特設行政裁判機關，以專司行政訴訟事件，不併由普通法院審理者不同。

（三）訴訟程序的分歧

英美法系因重視習慣，固執判例，從而在訴訟程序方面，無整齊劃一的規定，毋寧謂爲偏重實體而忽視程序，此與大陸法系重視訴訟程序者不同。

（四）陪審及巡審的採行

就訴訟程序的輔助方法言之，英美法系採用「陪審制度」及「巡迴審判制度」，此與大陸法系採取定型的裁判機關，甚少採陪審及巡審制度者不同。

此外，1.法庭組織方面：英美法系側重獨任制，與大陸法系側重合議庭制者不同；2.司法官與律師資格方面：英美法系的法官，有由於民選者（如美國各州），其資格與律師並無寬嚴之別，且律師的業務，在訴訟程序上幾爲構成整個司法制度中重要的一環，此與大陸法系司法官資格的取得，恆較律師爲嚴，司法官的職掌與律師的業務，截然劃分，不容混淆，亦彼此不同。

三、英美法系的趨勢

英國原有海上王國之稱，20世紀中葉以後，其所屬殖民地紛紛獨立，帝國已日趨沒落，取而代之者爲英國協，除英國本土之外，尚包括殖民地、保護國及原爲英國屬地而脫離獨立的國家，仍是英美法系所浸潤，而未脫窠臼；加以美國勢力雄厚，主盟國際，法制思想恆伴政治作用以俱來，二次世界大戰以後，各國的政制，受其影響者，尤爲顯著，因之，以英美兩國爲主幹的英美法系，當能維持其影響力於不墜。

惟國際關係愈繁，法制思想的交流愈甚，故步難以自封，革新勢所必然，因之，英國之須有衡平法，以補救普通法的缺失；美國現在各種法律，不僅多係成文，且將全部法律及行政規章，編訂爲有系統的法典，較

之素採成文法制的國家，其法典尤為完備，則演變所及，所謂英美法系將與大陸法系有逐漸異源同流的可能，乃為想像中的**趨勢**所在。

第六項　中華法系

第一款　中華法系的形成

關於中華法系的形成、特質及其**趨勢**，亦得分別敘述，茲先述其形成。

關於中華法系的起源，有謂始於伏羲的「八卦」[9]，有謂始於黃帝的「五法」[10]，亦有謂始於堯舜時代的「象刑」者[11]，果如所說，在五千年前[12]，中華法系早已萌芽。惟古史闕疑，其詳難以徵信；然有國家必有制度，有文化必有法律，法制思想恆隨國家政治，及民族文化而存在、而發展、各國

---

[9] 禮經謂：「伏者別也，羲者獻也；伏羲始劃八卦，以變化天下法則，咸服貢獻，故曰伏羲」。易繫辭謂：「古者包羲氏之王天下也，仰則觀象於天，俯則觀法於地；於是始作八卦……作結繩，為網罟，以佃以漁」。

[10] 史記太史公自序謂：「維昔黃帝，法天則地，四聖遵序，各成法度」。
太史公素王妙論謂：「黃帝設五法，布之天下。」
淮南子氾論訓謂：「黃帝治天下，法令明而不闇。」漢書胡建傳所引黃帝李法：「壁壘已定，穿窬不繇路，是為姦人，姦人者殺。」（胡建傳「黃帝李法」註：師古曰：李者，法官之稱也，總主征伐刑戮之事，故稱其書曰李法。）

[11] 書舜典謂：「象以典刑，流宥五刑，鞭作官刑，朴作教刑，金作贖刑。」（按：象字乃法字的意義，如天垂象以示人，使人知法，有所趨避；流字即徒流充發，驅逐遠處。五刑之說不一：有謂指墨、劓、剕、宮、大辟為五種常刑。墨是刺面，劓是割鼻，剕是刖足，宮是割勢，大辟是斷頭。此數句大意是：如上天垂象，使人知避常刑，而以流逐原宥其觸犯五種常刑之人，五刑之外，又以鞭笞作為官府之刑，朴責作為學校之刑，罰金作為輕犯的贖刑。）（參看第三編第五章註1）又現在的刑法將主刑分為死刑、無期徒刑、有期徒刑、拘役、罰金，有稱之為「五刑」者。

[12] 伏羲為古帝名，在位115年，傳十五世，凡1260年，而神農氏祚，神農氏在位140年，傳八世，凡520年，而軒轅黃帝則係代神農氏而為天子，時在民國紀元前4600年，則上溯至伏羲氏，約為民國紀元前6380年、至於唐堯虞舜，則在紀元前4244至4094年間，若如此推算，則在六千年前，中華法系即已萌芽。

史實皆然。

關於中華法系的形成，若就其沿革言之，得分爲創始時期、發達時期、成熟時期、因襲時期及變革時期，無論在任何時期，均自成爲一獨立的、完整的中華法系，茲述其概要。

一、創始時期

中華法系在唐、虞、夏、商時代，可謂之爲創始時期。

唐虞以前的太古時代，事多傳疑，至唐虞夏商時代，則史有記載，如舜典謂：「象以典刑，流宥五刑，鞭作官刑，朴作教刑，金作贖刑」；夏書甘誓謂：「用命賞於祖，不用命戮於社」；「夏有亂政，而作禹刑；商有亂政，而作湯刑；周有亂政，而作九刑」[13]，是在唐虞夏商時代，法律已有其萌芽，可謂爲創始時期。

二、發達時期

中華法系在周、秦、漢、魏、晉、隋時代，可謂之爲發達時期。

就周代言：東周西周，凡八百年，典章制度，燦然大備，周禮一書，可謂集公法與私法的大成，亦爲實體法與程序法的總匯。其在學術方面：則諸子爭鳴，思想自由發達，而有所謂法家者流，如：管仲、商鞅、申不害、尹文、愼到、韓非等是，其中尤以管仲係政治家而兼法家，因法治而霸齊；商鞅以法律實務家，因變法而強秦。當時各國的刑法典籍，如鄭子產之鑄刑書，晉趙鞅之鑄刑鼎，乃其最著者，故周代可謂爲法律思想及法制創造的鼎盛時代。

就秦漢魏晉隋言，秦始皇統一六國，結束戰國的割據局面，制定秦

---

[13] 見左傳叔向詒子產書。意謂夏政既亂，乃取禹時所斷獄制爲定法，作禹刑之書；商政既亂，乃因湯時所斷獄制爲定法，作湯刑之書；周政既亂，乃取文武時所斷獄制爲定法，作九刑之書。

律，以建立法律上的統一；漢初高祖入關，約法三章，後由叔孫通制朝儀，蕭何定「九章律」。魏有「新律」十八篇，晉有「泰始律」二十篇。

南北朝分立之後，就南朝言，劉宋沿用晉律，南齊有「永明律」，梁有「梁律」，陳有「陳律」；就北朝言：則有「北魏律」、「北齊律」。隋有天下，則有「開皇律」，法制復因政治的統一而統一。

在周秦漢魏晉隋等朝代，姑無論其政權的輾轉遞嬗，統治的久暫不同，而在法制方面，則呈放異彩，故可謂為中華法系的發達時期。

三、成熟時期

中華法系在唐代時，可謂之為成熟時期。

唐繼隋祚，貞觀開元之治，史所羨稱，其在法制方面，先後有「武德律」、「貞觀律」、「永徽律」及「開元律」等法典[14]，而貞觀時所撰制的「唐律疏議」十二篇，包括名例、衛禁、職制、戶婚、廄庫、擅興、盜賊、訴訟、詐偽、雜律、捕亡、斷獄等，共計三十卷，不啻民法、刑法、行政法與訴訟法的解釋及判例，其法制思想，實為承先啟後，繼往開來，故可謂為成熟時期。

四、因襲時期

中華法系在五代（梁、唐、晉、漢、周）及宋、元、明、清的時代，可謂之為因襲時期。

五代變亂相乘，國祚短促，制法定律，勢所難能，故仍沿用唐律，以為治理，雖間有律、令、格、例等類名稱，含有法律性質，亦僅係唐律應用的補充，尚難認為有獨特的體系。

---

[14] 武德為唐高祖年號，貞觀為唐太宗年號，永徽為唐高宗年號，開元為唐玄宗年號，均係以其年號為其律名。

　　宋元明清各朝，囿於重禮治而輕法治的觀念，並以科舉取士，思想禁錮，重以北宋王安石變法而失敗，更不願重大改革，率由舊章，實係沿用唐律；元初雖循金律，後仍仿自唐律；明律則係淵源於唐律，清律又係承襲明律而來，即間接脫胎於唐律。各該朝代雖有法典的編訂，如所謂「明律」、「大清律例」、「大清會典」，惟實則多承唐律餘緒，而缺乏顯著的創制。

　　五代及宋元明清的法律思想，既係沿襲於唐律，故可謂為因襲時期。

五、變革時期

　　中華法系在清末及民國以來，可謂之為變革時期。

　　清代自鴉片戰爭失敗以後，海禁大開，列強侵凌，懍於外人的堅甲利兵，本「中學為體，西學為用」的觀念，對於政治法制，思有改革，以維持其統治，雖因戊戌變法失敗，仍開始修訂法律，派遣五大臣出國考察，宣布預備立憲，凡此措施，均足以啟發中華法系變動的契機。

　　清末，國父孫中山先生領導國民革命，推翻專制，建立共和，創造民國，倡行主義，自國民政府北伐成功，全國統一，政制法度，全面革新，雖國步艱難，而憲法仍能制定實施，憲政基礎，終告奠定，而成為一種獨特的及卓越的中華法系。

第二款　中華法系的特質

　　中華法系，無論在任何時期，幾均有其共同的特質，其最顯著者如下：

一、法治與禮治的配合

　　法治與禮治，在表面上似為中國過去士大夫所爭執的問題，或重禮而輕法，或崇法而誚禮。實則中華法系係由數千年文化孕育而成，道德與法

律，常互為表裡，以為化民成俗的工具，儒家的正名，法家的定分，要皆淵源於禮，而異曲同工，殊途同歸，所以引經義以決獄者有之，根據道德、禮教、倫常以聽訟，平亭曲直者有之，以及泣罪縱囚，蒲鞭示辱者亦有之[15]。統治者並不習法而能行法，被治者不知有法而能守法，實係法治與禮治觀念配合的結果，有時法律雖似僅立於輔助地位，亦係法治與禮治運用的調和與平衡。

二、法治與人治的並行

法治與人治，亦為我國過去談治道者的爭論所在，關於人治亦有謂之即為禮治者，若以之與禮治強為區別，則人治為著重人的本身，禮治則著重於人的外物。有謂：「有治人而無治法」。亦有謂：「有治法而無治人」。實則「徒善不足以為政，徒法不能以自行」。法治與人治，並非對立而係並行。中國歷代法律，迄未排斥人治的重要性；而賢者在位，亦無不重視法律的執行。吏制職司，詳載法典，而科舉用人，嚴為定制，實為法治與人治觀念並重平行的具體表現。

三、民本觀念的重視

「民為邦本，本固邦寧」，「民為貴，社稷次之，君為輕」。而省刑薄斂，便民以時，以及主張法簡便民，罪疑惟輕，重視人命，愛惜民力，幾成為歷代法制的優點所在。而嚴刑峻法，殘民以逞，每為致亂亡國的由來，因之，民本觀念的重視，潛存於歷代法制思想之中。

---

[15] 夏禹出行，見罪人下車而泣，謂其左右曰，吾德薄不能化民。

唐太宗親繫囚犯，見應死者憫之，縱令歸家，期以來秋就死，眾囚如期而至，太宗嘉其守信，乃悉釋之。

漢時劉寬為南陽太守，為政仁恕，吏民有過，但用蒲鞭罰之，僅以示辱而已。

四、宗教觀念的放任

中國古時法律，雖不無神權觀念雜擾其間，惟宗教則迄未定於一尊，地廣民眾，種族不一，宗教信仰，極端自由，法律對於任何宗教，既不鼓勵，亦不排斥，而採取放任態度，迄少宗教的爭議，更無所謂宗教戰爭，歷代法律中表現宗教色彩者極少，此與外國有以法律為推行宗教的工具，或法律規定某一種宗教為國教，甚或發生宗教戰爭者迴異。

五、家庭制度的維護

我國的家庭制度，為禮教的中心，亦為法律的本位，大學謂：「家齊而後國治」，「欲治其國者，先齊其家」；孟子謂：「天下之本在國，國之本在家」。而明倫弼教，以孝為先。孝道乃以家庭制度為其基礎，其過去所表現於法制者，為宗祧繼承，為宗法社會。由於家庭關係，為親屬間權利義務發生的淵源，且恆為罪刑輕重或減免的標準[16]，法律上對於家庭制度的維護，歷數千年來而不渝。

六、民刑事件的混同

我國昔時由於儒家重禮輕法的觀念，民事關係人民的風俗習慣，大抵歸屬於禮的範圍；刑事則須論罪科刑，而以法為之防止。故昔時所謂法，幾與刑名相當，所謂犯法，即指犯刑而言，雖有民事的規定，亦僅為刑事的附庸，法律均顯示刑法的畸重，而民事則形簡略，民刑法律混同不分，歷代皆然。

至於規定人民的權利義務，及構成罪刑的實體法，與行使權義及論罪

---

[16] 舊時法制，有因家庭關係，無辜而入獄者，如罪及妻孥，宗族連坐是；有因親老疾廢而免刑留養者；而親屬相姦，遺棄父母，歷代法制均懸為屬禁。
參照民法親屬編有關各規定，及刑法第 162 條第 5 項、第 170 條、第 272 條、第 295 條、第 224 條。

科刑的程序法，則尤混淆不分，更不待言。

第三款　中華法系的趨向

中華法系富於保守性，由於「利不百，不變法」的觀念影響，歷代大抵成規相循，憚於變動，自秦漢以迄清季，二千餘年來，法制上為重大顯著的變革者，僅有四次，即是：

一、秦商鞅的變法

因其嚴刑寡恩，當時雖獲成功，至始皇時，仍失敗於「酷」[17]。

二、王莽的變法

因其篡漢不久，民心未孚，遽行變法，致亂天下，而失敗於「驟」[18]。

---

[17] 商鞅相秦孝公，徙木立信，變法改制，廢除井田，使田開阡陌而致富；嚴禁私門，使勇戰怯鬥而致強。改定賦稅，連保禁奸，棄灰重罰，匿罪株連，太子違法，劓鯨師傅，嚴刑峻罰，誅囚渭水為赤，法令雖行，刑戮太慘，民見威而不見德，知罪而不知義，刻薄寡恩，終遭車裂。
　　迨秦始皇併吞六國，統一天下，襲用商鞅刑術之法，而酷虐尤甚，焚書坑儒，偶語棄市，誹謗誅族，世稱暴秦，二世滅亡，要係商鞅變法「殘酷」流毒之所致。

[18] 王莽篡漢，國號曰新，隨即改天下田為王田，實施限田政策，不得私相買賣，屬行五均、賒貸、六筦等法，微荒地稅，使無業者服役。廢五銖錢，作金、銀、龜、貝、錢、布等品，分天下為九州，依遠近為六服，定制封建，總為萬國。
　　王莽變法改革，雖有切中時弊之虞，惟操之過急，勇於立法，輕於廢改，尤其貨幣政策，名目繁多，貶價甚速，農桑失業，食貨俱廢，天下大亂，人心思漢。是新莽滅亡，乃因變法之過於「急驟」，欲速不達，光武中興漢室之機運，遂得實現。

三、北宋王安石的變法

因其執拗成性，未能因勢利導，朋黨鬥爭，國政日非，而失敗於「固」[19]。

四、清末戊戌的變法

因清德宗大權旁落，受制於慈禧，瞬息政變，而失敗於「懦」[20]。

往昔變法，既輒遭失敗，故僅因襲舊制，斟酌損益，少有重大的、革命性的變革。

中華法系歷代雖乏重大的變革，惟因朝代遞嬗，時移勢易，亦有進步的軌跡可尋，其趨向大致如下：

---

[19] 王安石相宋神宗，決心變法改革，達到富強目的：1.理財方面：置「三司條例司」，控制預算，減少浪費，行「方田均稅法」，以平均農民負擔；定「免稅法」，分「免役錢」與「助役錢」二種；行「市場法」與「均輸法」以穩定物價；訂「青苗法」，以免農民受富豪之高利剝削；2.軍政方面：實行精兵制，各路設將，授以操練專權；行「保甲法及保馬法」，以組訓人民，兵農合一，平時民養，戰時國用；3.教育方面：實行「三舍法」，為國儲才。
王安石之新法新政，規劃原屬宏遠，惟因其剛愎自信，執拗成性，致遭當時士大夫如司馬光、歐陽修等之極力反對，而又不能因勢利導，斟酌損益，致引發新舊之劇烈黨爭。安石去職，新法盡廢，國勢式微，要難謂非失敗於其「固執」的政治個性。

[20] 清末德宗鑒於外侮日亟，國弱民困，決意變法圖強，光緒24年（西元1898年），歲次戊戌，擢用康有為、梁啟超等人，推行新政，如：1.政治方面：裁汰冗員駢枝官署，鼓勵臣民上書論政，以廣開言路；2.教育方面：廢除八股，甄試策論，設立學堂及譯書局，以灌輸新知；3.實業方面：獎勵農、工、商、礦，並設立工商總局及礦務總局，以裕財源；4.軍事方面：武科改試槍砲，士兵學習洋操，裁減綠營，準備徵兵，以振積弱。
德宗連頒諭旨，屬行新政，引起宗室舊臣之猜忌，尤為慈禧太后所反對，幽禁德宗於瀛臺，慈禧三度臨朝聽政，將新政完全廢除，時僅數月，變法有如曇花一現，君權旁落，朝綱不振，戊戌變法之徹底失敗，加速清社之覆亡，與德宗之「懦弱」無能，實有直接的因果關係。

一、由專制思想而法治思想

往時君主，每以法律爲統制人民的工具，藉以鞏固其政權，迨後民智日啓，民權日張，認爲法律乃政府與人民共同遵循的行爲規範，而爲國家施政的準據。

二、由家族觀念而民族觀念

宗法社會逐漸崩潰，家庭制度，已非法律本位，而以整個民族的利益，爲法律的基點所在。

三、由農業社會而工商業社會

我國自古以農立國，法制思想充溢農業社會的色彩，自農業漸進而爲商業、爲工業社會，尤其清季海禁大開以後，農業社會大受外來工商業的刺激，法制思想已轉向於工商業，甚且有偏重工商業的傾向，而現時有關工商業的法律，繼受外國的法律思想者，比比皆是。

四、由階級意識而平等意識

中國古時社會，本無嚴格的階級，有之，亦僅係爵祿的世襲，職業的貴賤，及貧富的差別而已。且亦僅爲意識的存在，而無關於階級的立法。自封建制度廢棄，考試制度盛行，從業悉聽自由，社會機會均等，「法律之前，人人平等」，昔時殘存的階級意識，已完全失其存在。

五、由半成文法而完全成文法

昔日中華法系，並未具備一定的法條，亦未必均有文書的記載，例如：所謂令、例、格、式等名稱，雖均含有法律的性質，而並無法律的形態，良因當時禮治與法治，難以明確的劃分。自世益進，禮法分離，所謂

法律，已逐漸爲具有一定形式的成文法典，現已完全成文法化。學者有以中華法系亦屬於成文法的大陸法系者，此其一因。

六、由民刑法不分而公私法分離

往時民事及刑事的法律，混同不分，已見前述。晚近則民法與刑法分立，公法與私法分離，各成體系。尤以清末倡言維新變法，民事刑事法律草案的釐訂，多由日本迻譯而來，而日本則富於大陸法系的色彩，學者有將中華法系亦列放大陸法系的範圍者，此亦爲其主因。

中國往昔以天下自主，統治者以天子自居，國勢強大，文化燦爛，外邦朝貢，齊拜晃旒。因之，中華法系往時所及的區域，極爲廣泛，如：蒙古、高麗、安南、暹羅、緬甸及琉球、日本地區，幾無不深受中國法系的薰陶，日本在明治維新之後，受大陸法系的影響雖巨，然其固有的法律，仍富有中華法系的精神，潛存其間。

第七項　台灣法制現況

台灣實施憲政多年，雖早已具備民法、刑法、訴訟法、商事法或多種行政法規等基礎法制，惟仍不足以因應現代國家、社會之發展需要，且時至今日，法學理念、人權思潮已多所改變，不能再因襲舊法、舊制。因此，近十幾年來，不僅大量制定新法，同時，也大幅度修正原有法制。

前者，例如制訂「去氧核醣核酸採樣條例」，作爲 DNA 採樣之法律依據；或制訂「通訊保障及監察法」以作爲監聽之依據；又如制訂「通訊傳播基本法」，以促進通訊傳播健全發展；或制訂「地方制度法」，落實地方自治之憲法上要求；或針對現代科技產品制訂「光碟管理條例」，以俾管理；因應現代電子交易型態，制訂「電子簽章法」，以保障交易安全。

後者，例如行政訴訟法、訴願法、行政執行法等行政類法制，於 87

年至 89 年間，全面翻修，與昔日制度已截然有別。民法方面，也因應社會生活形態之改變，於 88 年 4 月間增修債編總則、債偏各論，於 91 年 6 月間大幅修正親屬編，96 年 3 月間更通過擱置多年之物權編修正案（尤其是擔保物權），堪稱是民國 18 年公布以來之首次修正。在民事訴訟法上，分別於 89 年 2 月與 92 年 2 月進行兩波大幅度修正，提供人民多樣化之紛爭解決途徑。在刑事訴訟法上，則在「改良式當事人進行主義」之目標下，在強制處分、證據法則上，增訂了不少迴異於以往之新制。商事法方面，公司法於 90 年 11 月間，修正逾百條文，海商法也於 88 年 7 月全文調整。其他有關商事、國際貿易法律，也在我國加入「世界貿易組織」（WTO）後，已經全面調整，以配合國際間商業習慣、模式。

由此可見，台灣法制早期雖以繼受外國法為基礎，然時至今日，由於國內社會、經濟局勢的改變，人民法治觀念的提升，也不乏源自本土之法制產生，使得我國法治化之程度，已日趨穩定。

第二編

國　家

Introduction
to Law

第一章

國家的意義

國家的意義如何，學說不一，略述如下[1]：

一、有謂國家乃是特定地域上一群人民的集合體，其中以某種階級的意思或力量，以統制其反抗的分子，如英國學者賀蘭（Holland）的主張。此說雖足以說明國家含有土地人民和統治的要素，惟側重階級意思，缺少現代國家民主共和的真義，故不足採。

二、有謂國家乃是一定領土，保持其獨立地位，其有一定目的，而長期建立的社會組織，如英國學者豪爾（Hall）的主張是。此說足以表明國家含有土地和主權的要素，惟於人民是構成國家的重要成分，尚未能充分表明，有欠完善。

三、有謂國家乃是社會特定人群所造成的一種政治組織，如美國學者韋羅比（W. W. Willoughby）的主張是，此說忽略土地是構成國家的要素，和一般政治組織，幾無所區別，亦欠妥適。

四、有謂國家乃是據有一定的領土，不受外力拘束，並保持一種有組

---

[1] 關於國家的意義第一、二、四說，見嘉納爾（Garner）Political Science and go-vernment、第三說見韋羅比（W. W. Willoughby）自著 Government of modern States。

織的政府，以獲得人民服從的組織體，如美國學者嘉納爾（Garner）的主張是。此說足以表示國家包含有土地、人民和主權的因素，較爲完善。

歸納以上各種學說，可得國家的定義如下：國家，乃是人類因生存的需要，在一定領土上，所組織具有統治權力的政治團體，茲析述之。

一、國家是人類所組織的政治團體

人類所組織的團體，其性質不一，如文化團體、職業團體、宗教團體等，國家則爲屬於政治性質的團體[2]。

二、國家是具有統治權力的政治團體

團體對於構成團體的分子，雖亦有其強制作用，如強制其分子履行某種義務，或使服從其決議。惟此種強制作用，或爲國家法令所賦予，或僅得在國家法令所容許的範圍內而存在，其性質與國家對於一般人民所行使的統治權力有別，國家爲政治團體，而此種政治團體必須具有統治權力，始得稱爲國家。

三、國家是在一定領土上具有其統治權力的政治團體

國家統治權力的行使，以其一定的領土爲其界限，原則上在領土以內始得行使其統治權，領土以外不得爲統治權的行使。國家須有一定領土以行使其統治權，此其所以與一般政治團體之無須領土者有別。

---

[2] 國家的性質，是團體（Association）而不是社會（Community），此點可以團體與社會的區別而認定之。團體與社會的區別有三：1.團體有具體的組織，社會則否；2.構成團體的份子有明顯的界限，社會則否；3.團體有一定的目的，社會則否。國家既有政府爲其具體的組織，國家人民，必須有其國籍，國家又必須有其目的，所以國家是團體，而非社會。不過國家是團體中的一種，即是政治團體。

四、國家是人類因生存需要在一定領土上所組織具有統治權力的政治團體

人類因生存需要所表現的作為甚多，饑則食、寒則衣，困倦則居處，均為適應生存的需要，至於對內維持安寧秩序，對外抵抗強權侵略，則非群策群力，組織一種具有統治權力的政治團體不可。安內攘外，是人類生存的需要，國家即是具有這種統治權力的政治團體。

第二章

國家的起源

　　國家的起源如何，即國家何以發生？亦有各種學說，因為人類社會進化於有歷史記載的時期，已經有國家的形態，在有史以前，國家究竟如何發生，只得依理論的推測及參證有史以後國家成立的事實，以為立論的根據。茲將關於國家的起源的學說，舉其重要者如下：

一、神權說

　　神權說又稱神意說，謂國家的發生，乃由於神的意思，因神欲統治人民，必有國家的形態，以行使其統治，中國古時稱帝王為天子，即是「代天行道」的意思，所謂：「天生民而立之君，使司牧之，勿使失性，……天之愛民甚矣，豈其使一人肆於民上」；又謂：「國將興，聽於民；將亡，聽於神」（均見左傳），這都是表示國家是神所創造。

　　神權說謂國家的起源，乃由於神意的創造，不僅中國古代有此種思想，即外國古時亦然，宗教觀念與國家觀念相混，宗教上的教主，同時即係政治上的領袖，即是含有君權由於神授，君主即是代表上帝以統治人民的意思[1]。

---

[1]　君權神授說，不僅在我國古籍中，含有此種觀念，在歐洲中古時代，此種神權

　　此說雖可以說明古時神道與國家關係的密切，但是天道冥冥，何能以意思授與人民以組織國家？古時以神道設教，假藉天意與神道，以愚弄人民，以鞏固君位，原無足怪，現在科學昌明，民智發達，所謂國家神授之說，自無足探。

二、社會契約說

　　社會契約說又稱民約說或社約說，謂國家的發生，乃由於各人意志的結合，因各人的共同意志遂成立國家，組織政府，因之，國家成立的方式，亦猶社會上私人間契約的訂立，1620 年英國的清教徒到美洲去的時候，在船上〔船名五月花（may flower）〕簽訂一種公約，預備到美洲去組織一個自治團體，便是此說的歷史根據[2]。

　　此說以人民的自由意志，為國家成立的原因，其重視人民的意志，對於政治思想的影響甚大；惟以人民自由意志而成立的國家，僅能以上述實例而強為說明，且英國清教徒原均係英國人民，已懷有一種共同的政治思想，而欲建立一個新的國家。但考之歷史的事實，則純然由於人民自由意志的結合，以成立國家者，則過於理想，因之，不能謂一般國家的成立，均出於社會契約的方式。

觀念，尤充分表現。例如：羅馬皇帝認為他即是上帝的代理人，他的一切權力，均為上帝所賦予，他對上帝負責，神聖不可侵犯，人民應無條件的服從，雖是暴君，其權力亦是由於神所授予的，6 世紀下半期格雷果里（Gregory）神父說：「好的統治者，是上帝對於人類的報酬；壞的統治者，是上帝對於人類的懲罰。」又如：英王詹姆士一世（James Ⅰ）說：「君主是上帝所定的代理人，他的行為除對上帝負責外，對於任何人都不負責。」18 世紀法國學者波秀特（J. Bosuet）說：「專制政治乃上帝所創造而為最適合神意的團體，國王為上帝的代表，君權便是上帝的權。」又如：日本稱其國君為天皇；1910 年南非聯邦憲法第 1 條規定「確認南非聯邦的主權與指導權屬於全能的上帝」（1996年南非所通過南非共和國新憲法已無此段文字）。均為國家神授說的充分表現。

[2] 主張社會契約說的學者，如英國霍布士（Hobbes）、洛克（Locke）、法國盧梭（Rousseau）等。

三、民族意識說

民族意識說又稱氏族說。謂國家的發生，大抵起源於血統關係，因為人類由生殖慾望，遂有男女的結合，人類社會最初並無正式的婚配關係，兩性生活大抵是亂婚狀態，人民知有其母，而不知有其父，是為母系中心社會時代。迨人類生活日漸進化，由狩獵經濟進化為畜牧經濟，更進化而為農業經濟，男子因生理關係，體力強壯，狩獵畜牧，操作耕耘，對於財產的貢獻力較大，漸成為財產上的主要人，而男女關係若長久是亂婚狀態，亦足以發生爭奪紛亂的現象，婚姻制度漸亦發生，無論是一夫多妻或一妻多夫，而要之女子因生理關係，大抵隨從於男子而為生活，處於服從或被支配的地位，遂形成為父系中心社會時代。

由男女婚姻關係所生的子女即為血統關係，這種血統關係，最初是家屬，由家屬而繁衍為宗族，由宗族繁衍為一民族，由親及疏，由近及遠，民族逐漸擴大，人口陸續增多，對內對外，關係頻繁，遂由族眾中的首長以統率其群家，對抗外族，由氏族擴大而為部落，乃有酋長，國家的形態，遂以出現，所以國家的發生，乃由於民族意識的結果，現在尚有若干國家，完全是一個民族所組成，歐洲有所謂民族國家（National states）即是此意[3]。

民族意識在國家起源的過程上，固然占著極重要的成分，此說自然可以說明有些國家的起源，但是亦不能概括一切國家，因為有許多國家，包含有多種的民族，而非單一的民族所組成。

四、武力說

此說謂國家的發生，由於武力造成的結果，因為人類由無國家狀態，

---

[3] 主張民族意識說的學者，如法國布丹（Jean Bodin）及英國梅因（Henry Maine）等。

演進而爲國家，必先由少數的民族，而漸進爲一部落，各個部落之間，彼此必有爭奪，優勝劣敗，適者生存，不適者滅，其中強有力者，即爲酋長，爲首領，爲國君，統率群眾，駕馭其他部落，兼併吞滅，占據一定土地，成立一個組織，國家於是發生，所以國家是武力的產物。

至於發動武力的因素，爲逞其野心，以侵略他人；或爲抗抵外侮，以消滅敵人；或爲爭取生存，以開拓疆土；或爲實行主義，以從事征伐；抑爲其他原因，而使用武力，則非所問。要之，建立一個國家，必淵源武力。最初係以少數的武力，集合爲大多數人的武力；個別的武力，變成團體的武力。攻伐征討，防禦抵抗，遂由部落演進而爲國家，故國家的起源是由於武力[4]。

此說很能說明國家發生的經過，而歷史上以武力建立國家的事實，亦比比皆是。惟關於國家的起源，若認爲單純的由於一種原因，而欲以一元論加以說明，則難以概括無餘[5]。因國家的起源，乃具有各種原因，後因時代的進化，國家成立的原因，今昔亦多不同，宗教上的共同信仰，亦是成爲國家的淵源[6]；民族血統的關係，亦自構成國家的重要因素；人民自由意志爲結合，亦難否認其爲國家造成的原動力；不過以武力爲國家成立的原

---

[4] 主張武力起原說的學者，如瑞士霍勒（Ludwg Von Haller）及歐本海默（Op-pen-heimer）等。

[5] 關於國家的起源，除神權說、社會契約說、民族意識說，及武力說以外，尚有所謂：
   1. 自然產生說。此說謂人爲政治的動物，國家乃是人性本能的自然產生的結果，如希臘哲學家亞里斯多德（Aristotle）曾主張之，此說與國家成立的事實不符，故不足採。
   2. 階級鬥爭說。此說謂國家乃爲階級鬥爭所造成的結果，如德國馬克思（Karl Marx）及恩格斯（Engels）等社會主義學者主張之。惟國家的成立，乃由於人群因須共圖生存，團結互助爲其目的，階級鬥爭乃爲團體生活中之病態現象，亦爲國家分裂的原因，而非國家成立的起源，是此說亦不可採。

[6] 因宗教上的共同信仰所成立的國家，如現在的梵蒂岡（Vatican City）是，惟梵蒂岡是否爲一國家，在法理上仍有爭執（參看第三章註5）

因，乃爲比較普遍的事實。

　　國家的起源，與國家的本質，彼此意義不同。國家的起源，乃指國家的發生原因，已如上述；國家的本質，乃指國家本身所具有的性質。學者有以武力說，氏族說（亦稱倫理說）有機體說及法人說，以說明國家的本質者，關於武力氏族二說，可參照上述的說明。有機體說，謂國家猶如一個有機體，以綜理各種機能，發揮各種功效，法人說謂國家爲法律上具有人格者，與自然人之具有人格，並無差異，所以無論在國際法上及國內法上，國家均爲權利義務的主體。以上各說，自法理上言，國家的本質，自以法人說爲較妥當，且爲公法人，在法理上已成定論[7]。

---

[7]　所謂法人，乃指非自然人而在法律上具有人格的組織體，換言之，可以爲權利義務的主體，其享有權利，負擔義務，發生法律上的效力。其依據私法而成立的法人，爲私法人；依據公法而成立的法人，爲公法人。故所謂法人，非依法律之規定，不得成立（參照民法第 25 條）。亦即必須法律有明文規定其爲法人者，始得謂之爲法人。例如：公司爲法人，合作社、商會、工會、農會、漁會等均爲法人，法律均有明文規定（參照公司法第 1 條。合作社法、商會法、工會法、農會法、漁會法等法各第 2 條）。惟國家爲法人，且爲公法人，則世界任何國家之法律均無此明文規定，即爲國家根本大法之憲法，亦未有關於國家爲公法人的規定，然則何以認定國家爲公法人？此殆因國家擁有統治權，對國內發號施令，對國外締結條約，交換使節，在法律上乃當然爲權利義務的主體，具有法律上的人格，亦猶自然人之具有人格，乃當然之事，固毋須法律之另有明文規定也。

第三章

國家的要素

　　國家必須具有某種條件，始得成為國家，是為國家的要素。國家有必須具備的要素，此等要素，若有缺少，則不成其為國家。國家行使其統治權，須有一定的對象，所以必須有人民；國家行使其統治權，須有一定疆域的界限，所以必須有其土；國家統治權的行使，即是國家主權的行使。人民、領土及主權三者，乃是國家的要素，其中人民及領土屬於物質的要素，主權屬於精神的要素，換言之，國家乃為人民領土主權三要素所構成具有強制力的政治團體[1]，析述如下：

---

[1] 國家的要素，學者有於人民、領土、主權三者之外，尚加入「憲法」或「政府」或「組織」一種，而認為有四種要素者。但是「憲法」或「政府」或「組織」，均是由於主權的作用而產生，自可包括於主權之內，因之，一般說法，仍認為國家之要素有三，即人民、領土、主權三者。

又孟子謂：「諸侯之寶三：土地、人民、政事」，政事實與主權的意義相當，與現代所謂國家三大要素之說，亦不謀而合。

一、人民

人民是構成國家要素之一，亦即「民為邦本」，確定某人為某國的人民，須以其人具有某國的國籍以為標準，若具有本國國籍，即為本國國民，在法律上與其國家便發生權利義務關係，與外國人之無此種權利義務關係者，迥然不同。而國家對於其國民，不問其住在國內或住在國外，均有其統治權，不過對於住在國外的本國國民，僅於不妨礙外國的統治權範圍以內，始得行使本國的統治權，國家對於其人民所行使的統治權力，稱為人民主權（Personal Sovereignty）。

中華民國憲法第 3 條規定：「具有中華民國國籍者，為中華民國國民」，至於如何方為具有中華民國國籍，與國籍的取得喪失及回復等問題，則由國籍法予以規定。

人民固然是國家的要素，但是需要若干人民，始得稱為國家，則並無一定標準。而世界各國人民多寡的懸殊，乃所習見的事實，因之，國家人數的多寡，對於人民為國家構成的要素，並無影響。

二、領土

領土亦是構成國家要素之一，凡為國家統治權所行使範圍的土地，是為領土；住在國家領土以內的人，不論他是本國或外國人，都要服從國家的統治，不過本國人與外國人在法律關係上的權利或義務，彼此殊有不同；又外國人如享有治外法權者，如外國元首、大使、公使等，則並不受所在國法律的支配。

國家在其領土以內，一方面可以積極的行使本國的統治權，他方面可以消極的排除外國統治權的行使，若僅有人民而無領土，亦不成為國家，國家對於其領土所行使的統治權力，稱為領土主權（Territorial Sovereignty）。

至於領土的涵義，則因時代的演進，而包含亦廣，除卻一定土地的地面地下之外，應同時包括領海及領空，在一定的領海及領空之內，凡為國家統治權力所及的範圍，亦即為國家的領土，合領土、領海及領空而言，亦得概稱之為領域 [2]。

領土與私人所有土地的性質不同，國家的領土，固然是多數私人所有的土地積聚而成，惟領土乃僅指國家統治權行使的範圍而言，與私人對於其所有土地，有使用收益及處分之權者有別，故外國人若依法於駐在國雖取得私人之土地所有權，於駐在國對於領土上統治權的行使，並無影響。

國家固須以領土，為其構成要素，惟其領土的廣狹，則並無限制；領土雖不可輕易變更，惟亦非絕對不能變更，國家往往因戰爭、割讓、買賣、或交換等方法，而取得或喪失領土的一部分者，這便是領土的變更。此種變更，在國家法律上必須經過一定的程序。中華民國憲法第 4 條規定：「中華民國領土，依其固有之疆域，非經國民大會之決議，不得變更

---

[2] 關於領土的界限，即是國界，其認定的方法有二：1.人為的國界，即是以人為的方法，勘定國界，如以界碑、界柱、關卡、運河、道路等作為國界；2.天然的國界，如以山嶺、河川、海洋等作為國界。現在國際上公認劃分國界的標準，則為：領海，係指與該國海岸鄰接的一部分海面，包括其海底及海空而言，至於此部分海面的寬度如何，國際法學者主張不一，各國的規定亦不盡同，然自一國沿岸低潮點起算三海浬為一國領海範圍的原則，仍為現代一般國家所採用。領海以外的海面，則為公海。以三海里為領海的範圍，始於 1703 年，因當時大砲的射程為三浬，近因大砲射程已超越三浬以上，所以有主張以四浬，六浬或十二浬為領海範圍者，因而彼此重疊，紛爭滋生。按我國領海範圍，依「中華民國領海及鄰接區法」第 3 條規定：「中華民國領海為自基線起至其外側十二浬間之海域。」

惟海關緝私條例第 6 條規定：「海關緝私，應在中華民國通商口岸，沿海二十四海里以內之水域，……」，則為緝私上需要，延伸為二十四海里，非謂我國領海範圍因此延伸至二十四海里。

之。」[3、4]

三、主權

主權亦為構成國家要素之一，國家的主權，即是國家的統治權力。國家有人民、有土地、若無統治權力，亦不能成為國家。這種統治權力，有其永久性，即隨國家存在而存在；統治權力有最高性，在一國之內，任何人民或團體，皆須受國家統治權的支配，僅得在國家最高統治灌所容許的範圍內，而為活動；統治權力對於國內有統一性，不得分割或轉讓拋棄，即是在同一領土與同一國家的國民中，絕對不能有兩個以上的政權和兩個以上中央政府的存在；統治權力對於國外有獨立性，即是一個國家絕對不應受外國的統治，以侵犯干涉或限制本國的統治，否則，便不是一個完全

3　各國憲法關於領土範圍的規定，有列舉主義和概括主義兩種。所謂列舉主義，是把構成國家領土的每一個單位名稱，一一規定於憲法之中；所謂概括主義，僅是概括的規定領土的範圍，而不是把國內每個地區單位名稱規定於憲法，我憲法僅規定「中華民國領土，依其固有之疆域」，便是採概括主義。
　　所謂「固有之疆域」，是以歷史的事實，為國家領土疆域勘定的標準，其意義一則是固有的領土，不願喪失；一則對於他國的領土，亦不願奪取。
　　關於領土範圍的規定，列舉主義和概括主義互有得失；列舉主義的優點，便是概括主義的劣點，反之，概括主義的優點，即是列舉的劣點。
　　一、列舉主義的優點：1.將各地區逐一明白規定於憲法之中，使國民易於明瞭領土的範圍，某一地區是本國的領土，某一地區不是本國的領土；2.領土是構成國家要素之一，在憲法中明白規定，就國內而言，可以喚起國民的愛護；就國外言，可以引起國際的尊重；3.假如領土有所變更，則變更前後的領土位置、方向、大小等，均可比照勘察易於明瞭。
　　二、概括主義的優點：1.可免列舉式的掛漏，可以消弭無謂的糾紛；2.若採列舉主義，則領土有所變更，勢必修改憲法，若採概括主義，則領土的變更，不致影響憲法的修改。
4　但我國憲法本文第4條之規定，已因增修條文第4條第5項之規定而暫時被凍結。按該條項規定「中華民國領土，依其固有疆域，非經全體立法委員四分之一提議，全體立法委員四分之三之出席，及出席委員四分之三之決議，提出領土變更案，並於公告半年後，經中華民國自由地區選舉投票複決，有效同意票過選舉人總額之半數，不得變更之」。

獨立的國家。這個主權，在君主國家則屬於君主；在民主國家，則屬於國民全體。

　　中華民國憲法第 2 條規定：「中華民國之主權，屬於國民全體」，此係規定主權的歸屬，而非規定主權的行使，換言之，主權為全體國民所有，而非國民大會或政府機關所有，國民大會代表全國國民行使政權，以及政府機關行使其統治權力，均係出於國民全體的賦予[5]。

　　具備人民、領土、及主權三要素，始得稱為國家，因之，教皇的所在地梵蒂岡（Vatican），有謂並非國家者[6]；又聯合國（United Nations）雖以國名，惟實際上並非國家，而僅為國際間大多數國家所共同組設的政治團體[7]。

---

[5]　主權與統治權有無區別，學說不一：1. 有謂主權係指國家對外的權力而言，所以謂主權獨立；統治權係指國家對內的權力而言，所以謂統治權至高無上；2. 有謂　孫中山先生主張國家的權力，分為政權與治權，選舉、罷免、創制、複決四權，為人民所享有，是為政權；行政、立法、司法、考試、監察五權，為政府所享有，是為治權，而認為主權是與政權相當，統治權與治權相當；3. 有謂主權與統治權性質相同，僅係對於一物而為二面的觀察，其用語致有差異，自其歸屬的靜態言之，是為主權；自其作用的動態言之，是為統治權。以上各說，均有所見，惟主權與統治權，乃二而一者，因國家的統治權，對內是最高的，對外是獨立的，這便稱為國家的主權。

[6]　梵蒂岡為教廷（Holy See）所在地，是否為一國家，尚無定論。主張其為國家者，認為梵蒂岡城及其宅地即為其領土，其官吏人員及衛隊等，即為其人民，有政府組織及法庭，且可派遣及接受外交使節及代表，與外國締結教約，即為其主權的行使，教皇並不隸屬於義大利政府，亦不隸屬於其他任何國家，且可享受國家元首的一切待遇和尊榮。

　　惟亦有謂其並非國家者，因教廷的所在地，不得即謂為其領土，其教徒不得即稱為其人民，其與外國交換的使節及所締結的條約，亦僅以宗教事務為限，且不得參與國際間政治性的會議，亦難謂有完整的主權，故尚非具備國家之三大要素，而與一般國家有別。

[7]　聯合國係第二次世界大戰後所產生的國際組織，萌芽於 1942 年 26 國在華盛頓發表之聯合國宣言。1945 年 6 月 26 日 50 國代表在舊金山會議，通過簽署聯合國憲章，其宗旨為：1. 維持國際和平及安全；2. 發展國際間以尊重人民平等權利及自決原則為根據的友好關係；3. 促成國際合作，以解決國際間屬於經濟社

會文化及人類福利性質的國際問題；4.構成一協調各國行動的中心，以達成上述共同的目的。1946 年 1 月在倫敦舉行成立會，會址設在美國紐約的成功湖，其主要機構，有：1.大會；2.安全理事會；3.經濟及社會理事會；4.託管理事會；5.國際法庭；6.秘書處。聯合國係以各個國家加入為其會員國，其加入與退出，一任各國的自由意志，截至 1993 年 12 月底止，已有會員國 184 國，聯合國因無領土及人民，且無統治的實力制裁方法，缺乏一般國家所應具有的構成要素，所以雖名為聯合國，而實非國家，僅為一國際間大多數國家所共同組設的政治性團體。

我國本為聯合國創始會員國，且為安全理事會常任理事國之一，民國 60 年（1971 年）10 月 25 日已退出聯合國，惟中華民國憲法第 141 條中仍有「尊重條約及聯合國憲章」之規定。

第四章

國家的分類

　　世界各國，因為政治制度的不同，及其他各種差別，可將國家分為許多種類。關於國家的分類，最普通者，略述如下：

一、君主國與民主國

　　這是以國家主權的歸屬為標準所為的分類，凡主體屬於君主的國家稱作君主國，例如英國有英王，日本有天皇，均為君主國；若主權屬於國民的國家，則稱作民主國或稱共和國，例如美國、法國等國家是，我國在前清時為君主國，革除清朝帝制，即建立為民主國家[1]。

　　君主國與民主國的區別，若分析言之，為：

（一）主權的歸屬不同

　　前者主權屬於君主個人[2]，後者主權則屬於國民全體。

---

[1]　君主制度自 1906 年起開始動搖，當時全世界除南北美洲外，幾皆為君主國家，歐洲僅有法國、瑞士及非洲之賴比瑞亞是民主共和國，時至現在，世界的君主國，歐洲有英國、荷蘭、比利時、丹麥、挪威、瑞典、盧森堡、希臘、西班牙、摩納哥等國；中東有約旦、沙烏地阿拉伯、葉門、阿曼等國；非洲有衣索匹亞、利比亞、摩洛哥等國；亞洲有日本、泰國、尼泊爾、不丹等國。

[2]　日本為君主國，惟其憲法（昭和 21 年——西元 1946 年 11 月 3 日公布）序言中有「茲特宣告主權屬於國民」一語，其第 1 條規定：「天皇為日本國的象徵，

（二）元首的產生方法不同

前者由世襲繼承而來；後者則由公民直接或間接選舉而產生。

（三）元首的稱謂不同

前者通常稱為國王或君主；後者則通稱為總統、統領或主席。

（四）元首的任期不同

前者為終身職，無任期的限制；後者則有一定的任期，期滿則改選，可否連任及連任次數，均以法明文規定之。

二、專制國與立憲國

這是以國家政治制度運用的方法為標準所為的分類，凡國家政治的最高權力，其發動或行使，並無根本法律的規定，僅歸於一人或極少數人的獨斷獨行，為所欲為，一般國民無干預國家政治的權利者，這稱做專制國家，古時專制國家甚多，我國在前清時亦為專制國家。若國家最高權力的發動行使，有根本法律明文規定，或則雖無法規定，仍然有一定的政治軌道可循，而國家的行政立法司法分別由各部門主管，彼此不相侵犯，人民亦有權參加國政，這稱作立憲國家，我國現在實行五權憲法，所以是立憲國，美、法等國亦是。

專制國與立憲國的區別，不能僅以國家有無成文憲法為標準，應從實質上的執政者是否專斷橫暴為標準，例如英國雖無成文憲法，然其國家政體有一定的習慣可以遵循，即不成文憲法，不得謂為非立憲國家，反之，國家雖有成文憲法，假若執政者不遵守憲法，專斷橫暴，仍不得謂非專制國家。

及日本國民統治的象徵，其地位基於主權所在的日本國民的總意」，又泰國為君主國，其憲法第 3 條規定「主權來自泰國國民，國家元首依憲法之規定，行使主權」，則以主權是否屬於君主個人或國民全體，以為君主國或民主國的區別，亦非絕對的標準矣。

三、單一國與複合國

這是以國家構成的各個單位，是否亦有國家的性質和權力為標準所為的分類。何謂單一國？即是一個國家內，只有一個中央權力機關，無論對內對外，都可以代表國家全體，另無具有相同性質或權力的單位，是即為單一國，如中國及日本等國家。

何謂複合國？即是二個或二個以上的國家互相結合，成為一個國家的構成單位，並且各具有國家的性質和權力，惟在國際上認為是一個國家，是即為複合國，不過這種情形不盡相同，種類亦不一致，大體可分為下列各種：

（一）君合國

二個或二個以上的國家，共同擁戴一個君主，各國對內對外，仍然保有各個的主體，這便是君合國，不過君合國往往是有時間性的，假若共戴的君主死亡或廢棄，則各個國家的結合，便即終止，例如 1714 年至 1837 年英國與漢諾威（Hanover）為君合國。

（二）政合國

二國或二個以上國家，共同在一個君主統治之下，對內雖然各個獨立，但是對外則結合成為一體，儼然是一個國家，這便是政合國，例如 1905 年以前的瑞典、挪威兩個國家，便是政合國。政合國其有永久結合的性質，所以較君合國的性質為堅強鞏固。

（三）邦聯

許多國家依據特定的條約，互相結合為一個同盟，各個國家對內對外仍然保有自己的主權，這便是邦聯。

邦聯本身並不是一個國家，只是由構成邦聯的各國外交代表，以邦聯會議的方式，聯絡各國的意志，表現邦聯的作用。以前的國際聯盟，和現

在的聯合國，都是邦聯的性質[3]。

（四）聯邦

許多較小國家，依據聯邦的憲法，結合成為一個永久的較大的國家，並且有共同服從的中央政府，以行使聯邦國家的最高權力。內政方面，各邦雖有一定限度的主權。但是對外交方面，則完全由聯邦政府主持，這便是聯邦。聯邦本身是一個國家，與邦聯不是一個國家者不同，所以聯邦的結合，較之邦聯的結合為堅強而永久，現在的瑞士和北美合眾國，均是聯邦。

關於國家的分類，因為著眼點不同，所以可分為許多種類，除以上所述者外，尚有：

1. 以國家主權是否完全獨立為標準，而分國家為獨立國、永久中立國、被保護國及附庸國四種。

2. 以國家的財力富源，已否開發及軍事實力為標準，而分為開發國家、開發中國家、未開發國家，及大國、強國、超級強國、弱國及小國。

3. 以國家主要實力的所在，和國家政策重心的所在，而分為海權國家、陸軍國家、軍國主義國家、帝國主義國家、農業國家、工業國家、商業國家、警察國家、極權國家、法治國家、民主國家等類。

關於國家的分類，僅為學理上研究的便宜計，至於實際上國家的分類，彼此互相交錯，任何一個國家，皆可同時列入於多種分類之中，例如某一國家，為一民主國家，同時亦為立憲國，單一國，又係一大國，且屬於陸軍國家及工業國家。

3　國際間組合，有似邦聯之形態而實非邦聯者，即所謂國協是。第一次世界大戰後，英法各國針對民族主義興起及海外殖民地紛紛獨立之趨勢，先後承續早年殖民的形態，自由結合類似為一國際性組織，如所謂英國協、法國協，其中尤以「大英國協」，又稱「不列顛國協」為然，至 1986 年已有 48 個會員國。國協並非正式的國際機構，亦非軍事上之攻守同盟，僅定期召集國協首長會議，協調各成員國家有關政治、經濟、文化、科技等共同所關注的事項。

第五章

國家的目的

　　國家的目的如何，亦可謂為國家的任務如何，學說頗多：有謂國家的目的，在於保障人民個人的自由；有謂國家的目的，在於實現社會的道德和維持人類的公道；亦有謂國家的目的，在於謀求人類的幸福，這些學說，都不免偏窄，不能包括國家的整個目的[1]。

　　國家的目的，是概括的、複雜的，乃包含多種目的在內，且隨時代的演進而不同；又每因各國所處的環境，及所推行的主義或國策的差別，國家的目的，彼此遂亦有區別，大體言之，以前國家的目的，僅是消極的抵抗外來的侵略，及維持國內的安寧秩序。「無為而治」，乃是國家求治的最高理想，亦即是「最好政府，最少統治」。其目的僅在維護國家的存在為已足。現代國家的目的，乃是更進而積極的增進人民的幸福，詳言之，

---

[1] 關於國家的目的，學說不一：個人主義者謂國家的目的在保障個人自由；道德論者謂國家的目的，在實現道德律；公道論者謂國家的目的在維護人類公道，英國學者洛克（Locke）謂國家的目的在求人類的幸福；美國學者柏哲士（Burgess）將國家的目的，分為基本的、次要的和終極的三種；德國學者霍春道夫（Holtsendoff）分國家的目的為真實的及理想的；嘉納爾（Garner）在其所著《Political Science and Government》一書中，謂國家初步的目的，在增進個人幸福及維持社會的安寧秩序；國家第二個目的，乃為促進社會生活的利益；國家最高目的，乃為促進世界文明與進步。

國家的目的，一方面要保全領土的完整，保障人民的自由，及保持主權的獨立；一方面須為全國人民發展及增進福利，舉凡國民教育的普及，文化水準的提高，生活狀況的改善，經濟事業的促進，社會安全制度的推行，以及其他各種福國利民的措施，均包含之，一方面是屬於「保」，一方面是屬於「養」，這保與養，是國家兩大目的，亦是國家的主要目的。

　　國家的目的，既因時代的演進而有不同，原非一成不變，亦難具體的列舉無遺，惟國家亦有對於某種重要事項，於其國家基本法中予以表明，以作為其特殊目的者，例如瑞士憲法第 2 條規定：「聯邦的目的對外為保障國家的獨立，對內為維持安寧與秩序，並保護各邦的自由和權利，以增進共同福利」，美國憲法弁言為：「為建設更完美的合眾國，以樹立正義，奠定國內治安，籌設公共國防，增進全民的福利，並謀今後人民永久樂享自由的幸福。」中華民國憲法的前言謂：「鞏固國權，保障民權，奠定社會安寧，增進人民福利」，第 137 條第 1 項規定：「中華民國之外交，應本獨立之精神，平等互惠之原則，敦睦邦交，尊重條約及聯合國憲章，以保護僑民權益，促進國際合作，提倡國際正義，確保世界和平」，亦均可謂為國家的目的 [2]。

---

[2]　現代國家的目的，已不僅是保衛本國安全和發展增進本國人民福利為限，已進而以維護世界和平，增進全世界人類福利，及泯除國際間的利害觀念為目的。
　　孫中山先生的民族主義，主張一方面抵抗外來侵略，一方面扶持弱小民族，其政治的最高理想，則為世界大同之實現。亦即可見現代國家之目的趨向的所在。

第六章

國家與民族、
政府及其他團體的區別

國家是在一定領土上具有統治權力的政治團體，以人民領土及主權為其構成要素，已見前述。國家須有人民，而國家的人民有為一個民族者，亦有為多數民族者，國家與民族有何區別？國家固具有統治權力，惟其統治權力，常假手於政府以行使之，國家與政府究有何區別？國家固然是一個政治團體，但社會上的團體不一，國家與社會上其他團體究有何區別？茲分述國家與民族、政府及與其他團體的區別，藉以更明瞭國家的觀念。

一、國家與民族的區別

民族雖不是產生國家的惟一原因，但仍是助長國家生存的最重要因素。國家與民族有何區別？本有不同的見解：1. 有認為二者的區別，在於政治組織的有無，國家是有政治組織的，民族是無政治組織的；2. 有認為兩者的區別，不僅是政治組織的有無，而且在於人民的多寡，民族不過僅構成國家的一部分的人民而已。這兩種見解，僅是說明彼此區別的小部分，而不能說明區別的全部。然則兩者的區別何在？

（一）造成的原因不同

國家是用人為的武力造成的，民族是由於天然力的血統等關係造成的。換句話說：由於王道自然力結合而成的是民族，民族既以自然力為基礎，所以民族是無強制性的；由於霸道人為力結合而成的便是國家，國家既以人為力為基礎，所以國家是帶有強制性的[1]。

（二）構成的範圍不同

構成民族的範圍，與構成國家的範圍，有些固然相同，即是一個國家為一個民族所構成，一個民族組織一個國家；但是一個國家方可以同時為幾個民族所構成，一個民族同時亦可以分別構成幾個國家[2]。

（三）法律的關係不同

國家是人民政治的組織體，在法律上規定有統治者和被統治者的關係，民族既是自然力的結合，在一民族內各個份子的相互間，即無所謂統治者和被統治者的法律關係。

二、國家與政府的區別

國家與政府固是互有牽連關係，如影隨形，有國家即有政府，有政府必有國家，但是彼此有何分別呢？

---

[1] 依　孫中山先生民族主義所講：構成民族基礎的自然力，約共有五種要素；即一為血統，二為生活，三為語言，四為宗教，五為風俗習慣，這五種要素，亦可以說為五種力量。完全是天然進化成功的，絕非以武力征服所能強制得來。

[2] 一個民族構成一個國家，例如英國為一個盎格魯撒遜民族所構成，日本為一個大和民族所構成。一個國家同時由數個民族構成，例如我國由漢滿蒙回藏五大民族所構成，而演進為中華民族；又如北美聯邦共和國包括世界各種民族。一國民族同時可以分別構成幾個國家，例如阿拉伯民族分別為組成伊朗、敘利亞、巴勒斯坦及伊拉克各國家的重要份子。又如拉丁民族在歐洲建立法國、義大利、西班牙、葡萄牙等國，在美洲建立智利、祕魯、巴西、墨西哥等國家。

（一）性質不同

國家僅是一個抽象的名詞，政府則是國家中具體的組織，所以國家的名稱可以永久不變，而政府的政治體制，時常可以變更。

（二）份子不同

國家的一份子，不一定即是政府的一份子，因為參加政府的人員，只有國家一小部分的人，而不是國家的全體人民。

（三）作用不同

國家是主體，政府是替國家發揮作用的機關，亦可說政府是行使國家權力的工具。此種區別，譬如耳目手足之與人的區別一樣。

三、國家與社會其他團體的區別

國家固然是人類社會中的政治團體，但是國家和社會上其他團體，有很多的區別，即是：

（一）性質不同

國家對於人民有強制性的服從關係，人民亦不能任意退出一個國家或加入另一個國家；團體則不然，並無強制性質，國民可以隨意參加或退出某種團體，而不受其拘束。

（二）權力不同

國家可以制定法令，以拘束國內的各種團體，且可解散團體；團體則僅能在國家法令所容許的範圍以內，而為活動，故團體對於團體所屬的份子，即使享有若干權力，亦為國家所賦予。

（三）份子不同

為國家的一份子，是為國民，必須具有國籍，一個人可以不加入任何團體，亦可同時加入數個團體，但是原則上是屬於一個國家；至於構成團體的份子，原則上並不以具有本國國籍者為限，有時一個團體可以包括其

他國籍的人民。

（四）要素不同

國家以土地人民主權爲其構成要素，團體僅以團體的份子爲其構成的要素，並無須占據一定的地域，更無所謂不受限制的最高的主權。

（五）目的不同

國家的目的是總括的，是很繁雜的，而且是永久存在的；團體的目的，則是個別的、單純的、暫時的，其目的完成後，即可終止其存在。

第七章

國家與法律的關係

　　國家對於人民行使其統治權力，必須有公的意思表示，此種意思表示，即為法律或命令。關於法律與命令的區別，容後再為詳述。有國家必有法律，法律為國家所制定，為國家所執行，為國家所維護，所以國家與法律的關係，至為密切，分述如下：

一、國家是法律的制定者

　　國家為行使其統治權力，須制定各種法律，以為施政的工具或準繩，法律僅能由國家制定之，任何私人或社會團體均無制定法律之權。主張自然法學者，謂法律自然存在於社會之間，乃由各種習慣繼續的輾轉的累積而成為人類生活的規範，即無形的成為各種法律，並非必須由國家制定。惟此說對於習慣法的形成，雖不無理由，但對於一般制定的法律，則顯與事實不合。

　　法律固為國家所制定，惟國家制定法律，必須假手於法定機關，例如各國的議會及我國的立法院，均為制定法律的機關，這些機關係代表人民行使立法權，而為國家的立法機關[1]。亦即係國家制定法律。國家對於制定

---

[1]　中華民國憲法第 62 條：「立法院為國家最高立法機關，由人民選舉之立法委員組織之，代表人民行使立法權。」

的法律，若認為已不合於需要，亦可以修正或廢止，所以國家亦是法律的修正與廢止者。

所應注意者，法律固係由國家所制定，惟人民亦有創制與複決法律之權，人民若因立法機關不肯制定人民所需要的法律，則人民行使創制權，以自行制定法律；立法機關制定的法律，若不合於人民的需要，人民亦得行使複決權，以修正或廢止其法律。不過此種創制複決權的行使，必須依法律的規定，且並非指單獨的個人，即可創制或複決法律，而係指集合多數的法定人數，其創制或複決法律始得有效成立[2]。

二、國家是法律的執行者

國家制定法律的目的，在於執行，否則法律成為具文，有法亦等於無法。法律的執行機關，無論為行政、立法、司法、考試或監察機關，要均係代表國家而為法律的執行者[3]。

法律的執行與法律的適用，其性質不盡相同：法律的執行，乃含有國家統治權的作用在內，有強制人民必須依照法律的規定，而實現法律之目的的意義，例如：行政執行法、強制執行法，均含有強制性質，乃為最顯著者。法律的適用，固亦可包括執行在內，國家為法律的適用者，亦為法

---

[2]　中華民國憲法第17條：「人民有選舉、罷免、創制、及複決之權。」第136條：「創制複決兩權之行使，以法律定之。」2003年我國通過公民投票法，乃落實人民創制、複決權行使的法律。

[3]　學者每謂國家的立法機關是制定法律，行政機關是執行法律，司法機關是適用法律，其意謂執行法律祇限於行政機關，立法機關及司法機關無與焉。實則不然，立法及司法機關有時亦為法律的執行者，例如立法機關關於立法權的行使，即係執行有關立法的法律，適用中央法規標準法的規定，對於各機關應以法律規定的事項，如以命令定之，則必須制定法律，以完成立法程序，即係執行法律；司法機關於司法權的行使，亦即係執行有關司法的法律，強制執行法乃為司法機關所適用而執行的法律，即其最著者。至於考試與監察機關亦得為法律的執行者，其理相同。

律的執行者，但人民祇得謂為法律的適用者，不得謂為法律的執行者，因國家始有執行法律之權，至於國家執行法律，必須假手於政府機關或公務人員以執行之，自不待言。

三、國家是法律的維護者

國家制定法律之後，而予以執行，若並不予以維護，則人民必將玩忽法律、違反法律或破壞法律，國家的統治權力將無法行使，法律規定的意旨，無由貫徹，國家威信，亦必蕩然無存。所以國家對於法律，必須盡力維護，即是對於玩忽、違反或破壞法律者，或事前加以防止，或事後予以制裁，以維持法律的效力，及推行無阻，所以國家是法律的維護者。

國家與法建的關係，不僅以國家是法律的制定者、執行者、及維護者各點以表現之。現代所謂法治國家，其真義乃在不違反法律而為治理之意。國家不僅是制定、執行及維護法律，其本身亦必須遵守法律，而不得違反、逾越或牴觸法律。從消極方面，國家亦祇得在法律所規定範圍之內，而為活動，若有違反、逾越或牴觸法律，即與法治的精神不符；從積極方面言：國家的施政，惟以法律為其準繩，有此法律，則必須絕對遵循；需要有某種法律，必須以制定法律的程序，以完成施政的目標。至於法律若已發現瑕疵，或不完不備，或有不適應實際需要的現象，則亦必須循法定的程序，以修正此種法律，在未修正以前，仍須遵守勿渝。國家守法，人民守法，然後能成為法治國家。

再就法治與民主及自由關係言之：民主、自由、法治，常為連稱的用語，幾為現代國家及政治進步的表徵。此三者關係極為密切，亦得謂為三位一體而不可分，而要以法治為其中心[4]。

---

[4] 「法治」與「自由」、「民主」，每多相提並論，此三者固為現代國家賢明政治所必具的條件，惟尤以法治為其中的核心，無法治則自由失其保障，無法治則民主失其作用，故法治亦可謂為自由民主的先決條件。

（一）法治與民主的關係

法治而不民主，其弊為專制政治，惟民主而不法治，則為暴民政治，故民主必須以法治為其基礎，能民主並須能法治，則民主始得鞏固。

（二）法治與民主的關係

法治而不自由，其弊為極權政治或奴役政治；惟自由而不法治，則為無政府狀態，故自由必須以法治為其界限，有自由並須有法治，則自由始得保障。

至於民主與自由的關係，則為：民主而不自由，是假民主；民主而有自由，始得發揮民主的真正作用；自由而不民主，非真自由；自由而又民主，始得貫徹自由的真正意義。國家崇尚民主、自由及法治，庶可遵循法律規範，發揚民主精神，維護自由權利。

第八章

國民

第一節　國民的意義

我國憲法及其他法令中，常有用「國民」及「人民」的名詞，用語殊不一致，亦無一定標準。國民的意義如何？與人民的意義有何區別？大體上說，人民是一般的廣泛名詞，若就人民具有國籍一點著眼，則可稱為國民，中華民國憲法第 3 條規定：「具有中華民國國籍者，為中華民國國民」，所以國民的意義，便是指具有國籍的人民而言，亦可謂為即國家的人民[1]。

各種法令中又常有「公民」一名詞，「公民」和「國民」及「人民」的意義，又有何區別？公民是指享有國家公法上權利及負擔公法上義務的國民或人民而言，因國民或人民並非人人均享有公權或負擔公法上義務，例如尚未成年的兒童，或因犯罪而褫奪公權的人，均不得享有選舉權、罷

---

[1] 有謂國民與人民的區別是：1. 國民是對本國人而言，即是對本國人稱國民；人民是兼指對外國人而言，所以對外國人只得稱人民，不得稱國民；2. 國民是指享有國家公法上權利的人而言，人民則不問享有公權與否的人，均包括之；但是此種區別，並不妥當，我國現行各法令上對於「國民」和「人民」的用語，並無這樣嚴格的限制。

免權、創制權、複決權和爲公務員的權利，亦無服兵役的義務[2]。

第二節　國民與國籍的關係

一、國籍的意義

　　國籍乃是國家與人民間的政治及法律關係的連鎖。凡國民對於國家一方享有種種權利，一方則負有種種義務，而權利與義務的淵源，均係由於國籍的關係。更就國家方面言：凡國家欲達到施政的目的，必先明瞭人民的身分，以定其對於國家的關係，例如國家對於本國人民，則賦予參與國政的權利，同時又課以兵役等義務，對於外國人則否。所謂人民的身分，即是因法律規定的結果，而認定其屬於某特定集合體之人，個人屬於特定國家的事實，稱爲國籍。

　　國家的人民，每因往來遷徙或生育於其他國家之內，由於各國法律規定關於國籍取得或喪失的差異，致一人同時具有二個以上國籍者，是爲國籍的積極衝突；亦有一人並未具有任何國籍者，是爲國籍的消極衝突。惟一人有一國籍，則爲極通常普遍的現象。

二、國籍的取得

　　關於國籍的取得，可分二類，有自出生以來即當然享有之者，是曰固有國籍；有於出生時已取得特定的國籍，後因他種事實而取得他國的國籍者，是曰取得國籍。分述如下：

---

[2]　有謂公民的意義，乃指國民對國家處於主動關係之時，稱爲公民，若國民處於被動關係之時，則稱爲屬民，此說不妥，因國民處於被動關係，有時亦須具有公民資格始可，例如服兵役義務，即係被動關係，須有公民資格。

（一）固有國籍

指因出生的事實，而即享有的國籍，又謂生來的國籍取得。其中又有二主義，即血統主義及出生地主義。我國籍法規定固有國籍乃以血統主義為主，而以出生地主義為救濟的方法[3]，依血統主義取得的國籍，其原因是：1. 出生時，父或母為中華民國國民（國籍法第 2 條第 1 項第 1 款）；2. 出生於父或母死亡後，其父或母死亡時為中華民國國民（國籍法第 2 條第 1 項第 2 款）。

依出生地主義取得的國籍，其原因是：「出生於中華民國領域內，父母均無可考，或均無國籍者。」（國籍法第 2 條第 1 項第 3 款），亦屬中華民國國籍，此所以避免無國籍者的發生。

（二）取得國籍

指外國人因出生以外的其他事實，而取得中華民國的國籍，又謂傳來的國籍取得，亦即「歸化」。我國國籍法第 3 條至第 10 條，即定有歸化之要件及限制。

取得國籍除上述各原因外，又因領土的併合或割讓，則被併合或割讓地的人民，因國際間併合或割讓行為的結果，而取得新國籍。

三、國籍的喪失

按國籍法第 11 條，中華民國國民，如有下列各款情形之一者，經內政部許可者，喪失中華民國國籍：

1. 由外國籍父、母、養父或養母行使負擔權利義務或監護之無行為能力人或限制行為能力人，為取得同一國籍且隨同至中華民國領域外生活。
2. 為外國人之配偶。

---

[3] 國籍法早在民國 18 年 2 月 5 日國民政府公布，同日施行，但民國 89 年 2 月 9 日修正公布全文 23 條，並自公布日施行。

3. 依中華民國法律有行為能力，自願取得外國國籍。但受輔助宣告者，
　應得其輔助人之同意。

　　另，如果依上述方法喪失中華民國國籍者，其未成年子女，經內政部許可，亦隨同喪失國籍。

　　凡屬中華民國國民的後裔，未經內政部許可喪失國籍者，不論其是否取得外國國籍，均仍屬我國國民，除經內政部許可出籍者外，一律無須辦理回復國籍手續，換言之，取得外國國籍時，既未依我國國籍法第 11 條規定，申請喪失國籍，自亦無需按同法第 16 條的規定，申請回復國籍[4]。

第三節　國民與國家的關係

　　國民即人民，為構成國家要素之一，人民既具有國籍而為國民，則國民對於國家，一方面負有各種義務，一方面則享有各種權利，是為國民對於國家的關係，亦可謂國民與國家在法律上的關係。此種關係，亦可謂為國民在國家所處的地位，得大別為四種：

一、被動的關係

　　被動的關係，乃是指這種關係的發生，是出於國家的意思，人民祇是以國家的意思而為轉移，換言之，人民須絕對服從國家統治權的支配，是為被動的關係，這便發生人民對於國家的義務。例如國家頒布法律和命令，人民遂有服從這些法令的義務。頒行稅法，人民遂發生納稅的義務；頒行兵役法，人民遂發生服兵役的義務。這便是被動的關係，又稱為被動的地位（Passive Status）。

---

[4]　參照內政部 54 年 10 月 29 日臺內戶字第 1853 號致行政院秘書處函。

二、消極的關係

人民在國家統治權行使的範圍外，有其自主的權利，不受國家統治權的支配，是爲消極的關係，換言之，人民在國家法令所容許的範圍之內，有其獨立自主之權，國家無加以干涉或限制之必要，這便是人民對於國家所享有的自由權。此種消極的關係，又稱爲消極的地位（Negative Status）。

三、積極的關係

人民對於國家，並非以國家消極的不干涉自由爲已足，更可以積極的要求國家行使其統治權，以增進自己的福利，是爲積極的關係，這便是人民對於國家所享有的請求權，例如人民因保障自己的權利或表達自己的願望，而行使的訴訟權、訴願權或請願權；因欲改善或發展某種事業，而請求國家爲某種設施。此種積極的關係，又稱爲積極的地位（Positive Status）。

四、主動的關係

主動的關係，乃是指這種關係的發生，是出於人民的意思，國家則是以人民的意思爲轉移；換言之，人民以國家一份子的資格，可以參加國家意思的決定，而爲國家統治權的行使，這便是人民對於國家的參政權。例如人民選舉某甲爲縣長，國家便須以某甲爲縣長，人民創制某種法律，國家便須施行這種法律。此種主動的關係，又稱爲主動的地位（Active Status）。

上述國民與國家的四種關係，是因時代進步及民權發達，而逐漸發生的，最初國民對於國家，只須絕對服從其統治權的支配，僅有被動的關係，其次國民在國家法令所容許的範圍內，享受相當的自由，遂有消極的

關係；再次國民請求國家行使其統治權，以增進自己的福利，遂有積極的關係；其後國民更進一步的自己參與國家統治權的行使，乃有主動的關係。此四種關係，雖係漸次發展，但可同時存在，即國民與國家同時具有此四種關係，而並行不悖。

第四節　國民與法律的關係

人民各種生活，與法律關係，至為密切，惟此種關係，或異常顯著，或隱而不現，或習焉不察，若分析言之，則國民與法律的關係如下：

一、國民與國家間的法律關係

國民與國家間的法律關係，可以前節所述國民與國家的關係以說明之，國民對於國家負有各種義務，享有各種權利，無論為被動的、消極的、積極的或主動的關係，要均屬於法律關係，亦即是國家對於人民，非依法律不得課以義務，非依法律亦不得任意賦予以權利；而人民負擔義務或享有權利，亦均須以法律為其依據。

二、國民相互間的法律關係

國民相互之間，彼此亦有權利及義務的關係，例如：債權債務、買賣租賃、婚姻繼承等關係，此種關係的發生、變更或喪失，亦均係以法律為其根據，至於私人間因權利義務而有爭執，致發生訴訟的情事，則須由國家依據法律而為裁判以解決之。

三、國民有創制及複決法律的權利

國民對於某種事件，認為有制定為法律的必要者，可行使創制權以創制法律；對於已經制定的某種法律，認為有修正或取消的必要者，則可行

使複決權，以複決法律[5]。創制、複決兩權，屬於人民的政權，乃人民在公法上所享有的權利。

四、國民有知法及守法的義務

國民既係國家的構成份子，依據法律始得負擔義務或享受權利，自非知悉法肆及遵守法律不可。因國民不僅以知法為已足，尤須知法而並須守法，若徒知法而並不守法，則是「知法犯法」，所謂：「明知故犯」，自為法所不許。

國民既有知法及守法的義務，故刑法上規定：「不得因不知法律而免除刑事責任」[6]，因為若因不知法律而可以免除其刑事責任，不啻鼓勵人民不必知法，且將使人人均可藉口不知法律，以逃避其刑事責任，顯與國家制定法律的主旨不符；又對於知法者則須負刑事責任，對於不知法者，則可免除刑責，亦顯失事理之平。故對於違反法律者，不問其知法與否，國家便須予以制裁，以維護法律，所以國民有知法及守法的義務。而現代所謂法治國家，一方面固在於國家依照法律而行使其統治權力，一方面亦有賴於人民的知悉法律及遵守法律。

---

[5] 中華民國憲法第 17 條規定：「人民有選舉、罷免、創制、複決之權。」選舉、罷免兩權是對人的權，以人為行使的對象；創制、複決兩權是對於法的權，以法為行使的對象。

[6] 刑法第 16 條規定：「除有正當理由而無法避免者外，不得因不知法律而免除刑事責任。但按其情節，得減輕其刑。」

第三編

法　律

Introduction
to Law

第一章

概說

　　法律為構成法學的研究內容，而法律為國家所制定、所執行、所維護，已於第一編及第二編具述。茲更就法律基本性及一般性的事項，例如：關於法律的意義如何？法律與宗教、道德、政治及命令的相互關係及彼此的區別如何？法律的淵源何自？目的何在？如何定名？如何分類？法律由制訂公布，而施行適用，而發生效力，而修正廢止；在法律適用時所遵循的原則，發生疑義的解釋，在施行時對於違法的制裁；法律與事實關係的錯綜複雜，法律思想所形成的趨勢，乃至我國現行全部法律中，各種法律所處的地位及其所屬的系統，均分別章節，予以闡述，藉以對於法律有整個的概念及適切的瞭解。

　　關於法律基本性及一般性的事項，其中有以現行法律為綜合性統一性的規定者，是即為中央法規標準法。該法係由已經廢止之舊有：1.中央法規制定標準法；2.法律廢止條例；及 3.法律施行日期條例等三種法律歸納制定而成，係將舊有三法中有關法規的制定、施行與廢止等事項，斟酌損益，並將關於法規的適用與修正等事項增列其中，歸納於一法之中，改定名稱為「中央法規標準法」[1]，以為共同遵循的標準，俾法規的制定、公

---

[1]　中央法規標準法，係於 59 年 8 月 31 日總統明令公布施行，同日並明令將：1. 中

布、施行、適用、修正與廢止等事項，先後程序，釐然不紊，查閱援引，明確方便，可謂綜合性及統一性的法典。此外關於法律其他基本性及一般性事項，則散見於其他有關法律的規定[2]，於各章節中有所涉及時，當分別敘述。

中央法規標準法對於法律的基本性及一般性事項，固有綜合及統一的規定，惟有應說明者，即：1.該法係以「法規」命名，故其所規定者，並不以法律的有關事項為限，即非立法院所制定的法律，而為各機關所發布的命令，具有法律條文式的規章，亦包括在內，該法各條文中以「法規」二字，同時連用並列者甚多，除有特別規定外，法律或規章，均適用之；2.該法冠以「中央」二字，乃中央法規所應遵循的標準；惟關於省（直轄市）、縣（市）地方法規的制定、公布、施行、適用、及修正、廢止等事項，則依現行「地方制度法」第26條規定辦理。

央法規制定標準法（民國40年11月23日公布）；2.法律廢止條例（民國41年11月20日公布）；3.法律施行日期條例（民國21年2月23日公布）予以廢止。
本法既為中央法規的制定、施行、適用、及修正廢止，所應依據的標準，乃為一般公務機關適用最普遍、最廣泛的法律，亦為研習法律者所應瞭解的基本法律。
2 關於法律其他基本性及一般性事項，散見於其他有關法律的規定者，例如：關於公文及印信事項，規定於公文程式條例及印信條例；關於違法的制裁事項，規定於各種刑事法及各種行政法。

第二章

法律的意義

　　法律的意義如何，學說甚多，大抵因時代的演進，及立國因素的不同，法律的意義亦異其揆，茲略舉其重要者如下：

一、神意法說

　　神意法說謂法律乃係直接或間接本於神的意思而制定的規律，此說在古代神權觀念濃厚時期，甚為盛行，歐洲中古時代，基督教極為流行，教權龐大，法律思想，多受其影響，而宗教的精神，亦常以法律的形態表現之，例如摩西的「十誡」，印度「摩拏法典」，幾將宗教與法律混為一體，此在神權社會時代，固無足異。惟社會進化，民智日啓，神體何在？神意何由得知？法律並非代表神的意思，無待煩言，即尚有以宗教思想以鎔鑄於法律之中，亦由於其他因素，而要不得謂為根據神意，故神意法說自不足採。

二、自然法說

　　自然法說謂法律是存在於自然之中，乃本於人類的理性而產生，無須國家的制定，因人類生活，無形中即有各種規範，何者可為或何者不可

為，何者應受社會的讚許或指摘，已自然的成為人類生活規範，此種規範，即為法律。

此說對於習慣法的成立，雖可予以說明，但人類良莠不齊，生活方式不一，因人因時因地而異，何者可為人類自然生活的規範，而應共同遵守，何者則否，缺乏一定的標準，此其一；違反這種人類自然生活的規範，亦無具體的制裁方法，而缺乏強制的效力，此其二；現在各國的法律，幾無不由國家制定之，即不成文法的國家，承認習慣有法律的效力，亦僅限於某種特定的習慣，並非認為一切習慣均具有法律的效力，且其多數法律仍須經過制定的程序，故若謂法律乃自然存在，顯與事實不符，此其三。至於國家因革命發生，政府更迭，舊有法制，概行毀棄，創制新法，甚且有與人民固有習慣及自然生活背道而馳者，然仍不失其為法律的性質，則法律並非存在於自然之中，更為明顯。

三、正義法說

正義法說謂法律乃為人類應遵循的正義標識，法律如不合於正義，即與法律的主旨相悖，人民即無遵守的必要。此說固足以說明法律的主要作用，在於維護正義。惟法律的內容，並非以完全合於正義為其成立的要件，所謂「惡法亦法」，即法律雖不合於正義的要求，若既經過合法程序而制定頒行，初不影響其為法律的性質，人民仍有遵守的義務；又如專制國家或極權國家所制定的法律，雖殘酷暴戾，違反正義，其仍須強制人民服從則一，故如以正義與法律混為一說，亦不足採。

四、命令法說

命令法說謂法律乃是主權者對於人民的命令。此說對於專制國家的命令即法律，雖尚有理由；但民主國家，命令不得作為法律，且命令不能變更或牴觸法律，命令與法律成立的程序亦迥然不同，彼此顯有區別，其詳

容於第三章第五節第六項「命令與法律的區別」再述之。

五、強者法說

　　強者法說謂法律是強者支配弱者的工具，統治者管制被統治者的方法。此說僅是說明法律畸形的或病態的作用，而與「法律之前，人人平等」的原則，顯然不符。

六、歷史法說

　　歷史法說謂法律乃是一國人民生活文化多年來繼續不斷所產生的結果。此說僅能說明法律的變遷和進步，而不能說明法律的意義。因法律的內容及其制定，有時並不以其人民原有的生活，或其國家固有的文化為其淵源，而係基於國家當時的政策，特殊的目的，或所採行的主義，而制定一種新的法律，與人民原有生活及國家固有文化完全相反，亦恆有之，故此說亦不足採。

　　以上各說，既均不足取，然則法律的意義何在？簡單言之：

　　法律是經過一定的制定程序，以國家權力而強制實行的人類生活規範[1]。茲分析說明之：

（一）法律是人類生活的規範

　　人類為求生存的必要，不能不有各種活動，對於國家或人民彼此間便發生種種關係，或有權利關係，或有義務關係，必須有一定的規範，以為

---

[1] 法律的意義，學者有分為實質的意義及形式的意義，法律是要以國家權力而強制實行的人類生活規範，是實質的意義；法律是經過一定制定程序的規範，是形式的意義。本書則兼採實質的與形式的意義。學者又有將法律分為廣義的及狹義的二種意義。廣義的法律，包括制定法與非制定法（即習慣法）而言；狹義的法律，僅指制定法而言，本書所謂法律，即採取狹義的意義。惟有時則兼指廣義的法律。

遵行的途徑，這種規範，猶如火車的軌道，若共同遵守，則可順利前進；若有越軌情形，則禍害立起。關於人類的生活規範，本不僅法律一端，即宗教及道德，亦為人類生活的規範，不過法律為人類生活規範的最顯著者。且此種規範，其中包含有權利及義務關係，亦可謂法律是指導人類的生活，範圍人類的生活，所以說法律是人類生活的規範 [2]。

（二）法律是強制實行的規範

人類良莠不齊，而人類生活又很複雜，範圍人類的生活，約束人類的行為，多為人所不樂意，違反此種規範者有之，破壞此種規範者亦有之，因之，不得不強制其實行，對於不應為之事，法律便予以禁止，對於應為之事，法律便強其實行，所以法律是強制實行的規範。

法律的內容，本有強制的規定及任意的規定，其屬於強制規定的事項，固不得違反；即屬於任意規定的事項，亦並非漫無限制，其最後限度，仍多有強制作用，例如買賣的成立，為私人間的契約自由，但因買賣而發生糾紛，仍須以法律的強制力以為解決；又如婚姻關係的成立，亦為男女雙方當事人的自由意思的結合，但是結婚的要件，應有公開的儀式及二人以上的證人，否則，其婚姻仍不得謂為有效成立。

（三）法律是以國家權力強制實行的規範

法律既為強制實行的規範，此種強制實行，只是國家始有此種權力，私人相互間絕無此種權力，國家是法律的制定者、執行者及維護者，對於違背或破壞法律的人，惟有國家有處罰或制裁的權力，此種權力，即是國家統治權力的行使，所以法律是要以國家權力而強制實行的規範。亦可謂

---

[2] 一般人對於法律，每有一種錯誤觀念，將「法律」與犯罪和刑罰混為一談，以為若不作奸犯科，即與法律不發生關係，此由於古代「法」與刑罰混淆之 所致；惟現代所謂法，其中僅以一小部分為刑法，絕大部分皆與犯罪、刑罰毫無關聯，大之如國家根本大法的憲法，小之如個人的日常公私生活，幾無不直接間接、有形無形與法律發生關係，所以法律是人類生活的規範。

法律的基礎，即是國家的權力，至於實行此種強制的權力，無論由國家的行政機關，司法機關或其他機關行使之，則非所問。

（四）法律是經過一定制定程序而強制實行的規範

　　法律是以國家權力而強制實行的人類生活規範，這是法律實質的意義；法律是要經過一定的制定程序，這是法律形式的意義。法律若不經過一定的制定程序，將與其他規範，如宗教、道德、命令等規範，即無所區別。所謂法律經過一定的制定程序，乃指由一定的立法機關依一定的手續而制定法律，此種立法機關，在各國為議會，在我國為立法院，中華民國憲法第 170 條規定：「本憲法所稱之法律，謂經立法院通過，總統公布之法律。」[3] 故若未經過上述的通過及公布程序，則法律的形式要件未備，即不得稱為法律，亦即無由發生強制實行的效力，所以法律是須經過一定的制定程序而強制實行的規範。

---

[3]　中央法規標準法第 4 條：「法律應經立法院通過，總統公布。」

第三章

法律與宗教、道德、政治及命令的比較

第一節　概說

　　法律是人類生活的規範，但為人類生活的規範，不僅法律一端，他如宗教及道德，亦均係人類生活的規範，然則法律與宗教及道德的關係如何？彼此有何區別？法律固須以國家的權力而強制實行，但是需要國家權力以強制實行的，亦不僅以法律為限，他如政治及命令，亦均須以國家的權力而強制其實行，然則法律與政治及命令的關係如何？彼此又有何區別？茲分別比較言之，以便更進一步瞭解法律的概念。

第二節　法律與宗教的比較

一、法律與宗教的關係

　　古時重視神道，宗教意識甚深，宗教與法律的關係至為密切，約如下述：

（一）宗教與法律互為表裡

以宗教意識鎔鑄為法律精神，凡教規上所認可者，法律亦容許之；教規上所反對者，法律亦禁止之。宗教與法律往往混為一體，例如摩西的「十誡」，印度的「摩拏法典」，便是以宗教的教規，用法律的形態規定之，這是二者不可分離的關係。

（二）以法律為推行宗教的工具

即是法律對於某種宗教予以獎勵，對於某種宗教則予以禁止，人民並無信仰宗教的自由，這是法律對於宗教的輔助關係。

（三）以宗教為國教

即是以教規視為法律，這是宗教與法律有名實相同的關係。

降至後世，文化日進，神道觀念，日趨薄弱，教權衰落，法律與宗教與觀念，逐漸分開，各國法律亦多規定信教自由，宗教與法律的關係，已遠不如古時的密切，惟宗教意識尚有遺留於法律之中者，例如：宣誓制度的存在，褻瀆祀典的處罰[1]，不得謂無宗教意識的潛在。而人類生活，法律所未規範或不能規範者，有時仍須藉宗教之力，以規範之，俾補法律之不足，仍不得謂宗教與法律不無關係。

---

[1]　各國憲法有規定某種宗教為國教者，如希臘憲法第 1 條中「希臘以東方正教為國教，不得改教及對國教任何方武之干涉」；伊拉克臨時憲法第 14 條「伊斯蘭為國教，為憲法之基礎」，惟均仍規定人民有信仰宗教之自由，又各國甚少專屬性之宗教法，我國亦無宗教法之制定。
宣誓制度，各國頗為重視，似含有宗教意識，例如法庭作證，婚禮舉行，均須宣誓，我國現亦有宣誓條例，係規定某種公職人員應於就職時宣誓。
關於褻瀆祀典之處罰，我國刑法第十八章有所規定，即第 246 條：「對於壇廟、寺廟、教堂、墳墓或公共紀念處所公然侮辱者，處六月以下有期徒刑，拘役，或九千元以下罰金；妨害喪、葬、祭、禮、說教、禮拜者，亦同」。

二、法律與宗教的區別

法律和宗教雖均是人類生活的規範；但是二者有下列的區別：

（一）產生方法不同

宗教是根據神意而創立的，法律則是本於國家權力而制定的。

（二）作用不同

宗教是約束各人內部的良心，所以宗教的存在，全賴教徒的信仰；法律是約束各人外部的行為，所以法律的施行，在於國家的強制力量。

（三）對象不同

一國人民，並非全體是信仰宗教的對象，信仰與否，有個人的自由；但是一國的人民，必須全體服從法律，而無個人願意服從或不願服從的選擇餘地，亦即全國人民均是法律施行的對象。

（四）內容不同

宗教所禁止或許可的行為，未必即為法律所禁止或許可，甚至彼此有完全相反的情形者；在此情形，應以法律所規定的內容為依歸，例如：不得因教義主張一夫多妻制，而得違反關於禁止一夫多妻的法律規定；亦不得藉口宗教上的信仰問題，而拒絕兵役法上的服兵役義務（參照大法官會議解釋第 490 號）。

（五）關係不同

宗教是教徒對於教主的私人關係；法律是國民對於國家的公共關係。

（六）效果不同

宗教的教徒違反教規，假託神的制度；國民違犯法律，則發生受國家制裁的效果。

第三節　法律與道德的比較

一、法律與道德的關係

　　道德亦是人類生活的規範，與法律的關係，至爲密切，所謂道德，固因時間空間之不同，而異其觀念，吾人所謂道德，大抵包括忠孝仁愛信義和平等意識在內。就個人言，即是優良品性的表徵；就社會言，即是善良風俗的形成。道德與法律關係的疏密，亦是隨時代演進而有差異。其一，古代無所謂法律，然在社會上即有認爲應爲之事，亦有認爲不應爲之事，道德的意識，即潛伏滋長於其間，是即以道德代替法律，亦即所謂「正義即法律」；其二，社會漸進化，認爲道德尚不足以拘束人類的行爲，應憑藉法律之力，以爲輔助，而將道德的意識，容納於法律之中，違反道德的法律，亦無存在的餘地，是即道德與法律混而爲一，古代中國法與羅馬法的情形，即係如此；其三，人類生活情形，愈趨繁複，道德的觀念與法律的觀念，漸趨分離，認爲道德的尺度，與法律的尺度並非一致，且亦無法使其一致，甚且違反道德的法律，仍無影響其爲法律的性質，是即所謂「惡法亦法」，而道德與法律的關係，遂成爲錯綜複雜的狀態。

　　法律的目的固在規範人類的生活，整齊人類的行爲，促使人類的進化；其本質原應合於道德，以道德的觀念而衡量法律，大體上固無不合；惟人類良莠不齊，社會情態複雜，道德的意識，亦非法律所能包括無遺，而法律的內容，有時亦並不合於道德觀念。法律與道德的關係，有如下述：

（一）道德所禁止、或許可的、法律亦是禁止或許可

　　例如殺人傷害、妨害風化、妨害家庭、墮胎遺棄、竊盜詐欺等行爲，自道德上言，是禁止的，法律亦予以禁止；誠實信用、善良風俗、親子扶養義務、慈善事業的倡導等，道德上是許可的，法律上亦予以許可。

（二）道德不許可，但是法律許可

例如夫妻之一方，以他方有不治之惡疾者，有重大不治的精神病者，或有生死不明已滿三年者，得向法院請求離婚，就道德上言，不應如此，但是法律是許可的[2]。又如法律上關於時效制度的規定，因時效完成而取得權利或免除義務，法律認為正當，但就道德的觀點言，則應見利思義，不應如此。又如刑法上規定對於刑事犯罪者的追訴權，因在法定期間內不行使而消滅。

（三）道德許可，但是法律不許可

即是法律所禁止的，但是並非不道德，例如為親報讎，就法律言，不僅獨犯刑章，且有蔑視法律之嫌，乃為法所不許；但就道德觀點言，則認為孝道，必表同情；又如訴訟法上所規定的各種程序，不得違反，否則便遭駁斥，但是違反這種規定，不得即謂為違反道德。

（四）道德不許可，但是法律亦不禁止

即是道德所禁止，但是法律則採取放任態度，既不禁止，亦非許可，只是不聞不問，例如無配偶者間的通姦，法律並不禁止，亦非贊成，惟認為以不干涉為宜，採取一種放任態度。但就道德觀點言，此種通姦行為，決不許可，又如狂妄、卑鄙、不誠實等情形，雖違反道德，但如不損害他人，法律並不處罰，亦即為法律所不禁止。

（五）道德與法律互不相涉

即是此二者在性質上不發生關聯問題，例如各機關組織法，及印信條例，公文程式條例等法律與道德的觀念，互不相涉。行政方面的法律，多係如此。

---

[2]　參照民法第 1052 條第 1 項第 7 款至第 9 款。

二、法律與道德的區別

法律與道德均是人類生活的規範，兩者的關係，已如上述，茲申述彼此的區別：

（一）產生方法不同

道德由於人類社會所繼續不斷的及無形中的意識產生而來，並非由任何機關所制定，如何始認爲道德，並無一定的認定方式，且某種道德，究自何時產生，殊難確切認定；法律則由國家經過一定的手續而制定的，這種手續稱爲立法程序。其產生時期，則有明確的公布和施行的年月日。

（二）內容不同

道德是指人類認爲善良風俗習慣、正義觀念，或指個人的善良品性而言；法律並不以風俗習慣、正義，或個人品性爲其內容，換言之，道德的內容，並非即爲法律的內容，彼此錯綜複雜，並不一致，已詳見前述二者的關係。

（三）觀念不同

道德只是使人盡其在我，只講義務，例如事親以孝，報答恩惠，賑貧救災等事，均是道德的表現，並不含有取得權利的觀念；法律則動輒講求權利，義務僅是與權利對待而存在，例如買賣僱傭等關係，權利與義務均互相對立。

（四）作用不同

道德的作用，在於拘束各人內部的良心；法律的作用，則在拘束各人外部的行爲。因之，一般人認爲道德主心；道德是禁止於未然之前，法律是制裁於已然之後；道德是治本，法律是治標。

（五）制裁不同

道德的違反者，僅是受良心上或社會上輿論的制裁，其制裁是渺茫

的、抽象的：法律的違反者，則須受國家的制裁，其制裁是確實的、具體的。

　　法律與道德的區別，已如上述，古時有重視道德而輕蔑法律者，如孔子謂：「道之以政，齊之以刑，民免而無恥；道之以德，齊之以禮，有恥且格。」（見《論語•爲政》，即是謂法律只能治標，而不能治本的意思。但是二者既有密切關係，必須相輔爲用，互助爲理，有道德而無法律，則道德有時失其作用；有法律而無道德，則法律亦有時而窮。孟子謂：「徒善不足以爲政，徒法不能以自行。」（見《孟子•離婁上》）即是表示道德與法律不可偏廢，亦即是人治與法治應予並重的意思。

第四節　法律與政治的比較

一、法律與政治的關係

　　法律與政治，均須以國家的權力，強制其實行，二者的關係甚爲密切。國家的政治，恆以法律的形式表現之，且必須藉法律爲推行的工具。所以法律猶如國家的骨骼，政治猶如國家的精神。無骨骼則精神即無所寄託，無精神則骨骼亦失其作用，彼此關係的密切，可以想見。

　　昔時學者每謂法律與政治的關係，乃是法律附隨政治而爲轉移，有某種政治，始克產生適合於某種政治的法律，將政治的主旨，構成法律的內容，而以形式的法律表現之，即是：「政治領導法律」或「政治支配法律」。但是近代法治國家的趨勢，乃是「法律領導政治」或「法律規範政治」，各國憲法規定許多的事項，均是指示政府應如何去推行，如何求其實施，如何在法律所容許的範圍內，以爲各種政治上的設施，即是最顯著的事例。

二、法律與政治的區別

法律與政治的區別，約如下述：

（一）產生機關不同

法律是由立法機關制定的，政治的發動，雖亦有由於行政機關以外的機關者，但仍以行政機關爲最習見。至於政治的措施或掌理，則亦多屬於行政機關。我國現在最高的立法機關爲立法院，而政治的總樞紐，則爲國家最高行政機關的行政院。

（二）產生方法不同

法律的制定，必須經過一定的程序，是爲立法程序，法律的修正或廢止，亦須經過法定程序始可；政治則不然，政治的設施或變更，並無一定的或嚴格的程序。

（三）形態及性質不同

法律是有形的具體的條文規定，其性質亦比較固定；政治則爲無形的抽象的動態作用，其性質亦容易變動。

第五節　法律與命令的比較

一、命令的意義

法律與命令，均須以國家權力強制其實行，法令二字且時常連用，法令即是兼指法律及命令二者而言。所以研習法律，對於命令，亦必須研究及之。命令是要以國家權力而強制實行的公的意思表示。茲分別說明其意義：

（一）命令是公的意思表示

從法律上的觀點言，私人相互間是平等關係，無所謂命令，必須站在公的立場，始有命令存在的餘地。命令是上級機關或上級人員表達的意

思，這種意思，便是公的意思表示，這種公的意思表示，亦不以行政機關為限，即立法、司法、考試及監察機關，在各機關的職權範圍以內，亦得發布命令，例如立法、司法、考試和監察機關，對於所屬人員或所屬機關發布命令是，不過行政機關發布命令的情事最多，且不僅對於所屬的行政人員或所屬的行政機關發布命令，對於人民發布命令，亦為最普遍之事。

（二）命令是要強制實行的意思表示

公的意思表示，並不是都要強制實行，例如各機關商議辦理某事，又如機關對於人民宣布某種事件，皆是公的意思表示，但並不以強制實行為其要件。命令是公的意思表示，則是帶有強制性的，無論上級機關對於下級機關，上級人員對於下級人員，或是機關對於人民，既然是命令，則必有強制作用，否則，命令等於具文，勢將玩忽命令或違抗命令，所以命令是強制實行的意思表示。

（三）命令是要以國家權力而強制實行的意思表示

命令既是公的意思表示，表達這種意思的，無論為機關或個人，要均是國家賦予他發布命令的權力，而強制實行這個命令，當然亦惟國家始有這種權力，機關或個人祇是代表國家行使這種強制的權力而已，對於違抗命令的告誡、阻止、制裁或處罰，都是以國家權力而強制實行的方法。

命令和處分，有時很難區別，大體的說，命令是抽象的個別的或對於一般的意思表示，處分則是根據命令對於特定事件所為的具體處理。有時命令的本身，即是一種處分。

二、命令的種類

關於命令的分類，因為著眼點不同，所以分類亦不一致，最普通的分類如下：

（一）單純命令與法規命令

這是以命令的形式做標準所爲的分類。單純的命令，指命令的形式，並無像法律一樣的條文規定，只是單純的對於某種事件的宣告或指示而言，例如現在各機關公布法令，任免官吏及上級機關對於所屬下級機關有所訓飭或指示時所用的法令[3]。

法規命令是指命令的形式，亦有法律一樣的條文規定，且往往對於人民發生強行的和拘束的效力，例如規程、規則、細則、辦法、綱要、標準或準則[4]，均是法規命令，其詳當於命令的名稱一項內，再爲說明。

（二）授權命令、職權命令與緊急命令

這是以命令的性質做標準所爲的分類。換句話說，即是按照命令的性質，又可分爲授權命令、職權命令和緊急命令三種：

1. **授權命令**：授權命令乃是各機關根據法律的明文規定，所發布的命令，例如法律條文中每有「本法施行細則，由某某機關定之」，又如法律規定「關於某某辦法另訂之」，則該機關根據這些條文所制定的細則或辦法，其性質便是一種授權命令。此種命令的發布，由於法律上的授權，故又稱爲委任立法。此即中央法規標準法第 7 條規定「各機關基於法律授權訂定之命令」。

2. **職權命令**：職權命令乃是各機關本於其固有的職權，不待法律明文的委任，即得發布命令，以爲法律的執行，例如因執行法律而訂定細則，因執行法律而另訂補充辦法，這種細則或辦法，其性質便是一種職權命令。此即中央法規標準法第 7 條規定「各機關依其法定職權訂

---

[3] 公文程式條例第 2 條中規定「令」，公布法律、任免、獎懲官員、總統、軍事機關部隊發布命令時用之，其他各機關間，不問其有無上下的隸屬關係，公文往復，均以「函」行之，是所謂「令」，不在形式上有無「令」的字樣，而在實質上是否含有「令」的作用。

[4] 參照中央法規標準法第 3 條。

定之命令」。

職權命令和授權命令，實質上很少分別，所不同的，即是授權命令是法律上有明文的授權，職權命令，則法律並無明文的授權，只由各機關根據它的職權，即得頒布的命令。

3. **緊急命令：** 緊急命令的頒布，是國家驟然遇到緊急事變，必須作急速處分，而議會又在閉會期間內，乃由國家元首發布緊急命令以代替法律，所以緊急命令又可叫做替代法律的命令，其效力與法律相等，並且可以變更法律，牴觸法律或停止法律的適用，所以緊急命令的頒布，必須憲法上有明文的根據，而且國家元首始有頒布緊急命令之權，一般行政機關則無此權。緊急命令在議會集會後，仍須得議會的追認，若不追認，仍然無效。我國憲法本文第 43 條及增修條文第 2 條第 3 項規定，有關於緊急命令的規定[5]。

三、命令的名稱

命令的名稱繁多，且時有變更，依照現行法律的規定，關於單純的命令，得叫做一個「令」字，例如公布法令，任免官吏，及上級機關對於所屬下級權關有所訓飭或指示時所用的指令，即單獨叫做「令」。

若是屬於法規性質的命令，則得依其性質，稱規程、規則、細則、辦法、綱要、標準或準則，並得概稱之為規章。這種定名的標準[6]在學理及

---

[5]　中華民國憲法本文第 43 條規定：「國家遇有天然災害、癘疫或國家財政經濟上有重大變故，須為急速處分時，總統於立法院休會期間，得經行政院會議之決議，依緊急命令法，發布緊急命令，為必要之處置，但須於發布命令後，一個月內提交立法院追認，如立法院不同意時，該緊急命令立即失效。」而增修條文第 2 條第 3 項規定「總統為避免國家或人民遭遇緊急危難或應付財政經濟上重大變故，得經行政院會議之決議發布緊急命令，為必要之處置，不受憲法第 43 條之限制。但須於發布命令後十日內提交立法院追認，如立法院不同意時，該緊急命令立即失效。」惟我國現在尚無緊急命令法的制定。

[6]　有法規性質的命令，昔日名稱甚為繁多，如規程、章程、規程、通則、細則、

慣例上大抵是：

（一）規程

關於規定機關組織，處務者屬之，亦即各機關之組織，編制或處理事務的程序，稱規程，如：「組織規程」、「處務規程」。

（二）規則

關於規定應行遵守或照辦之事項者屬之，亦即各機關執行法令或處理業務的規定稱規則，如：「會議規則」、「管理規則」。

（三）細則

關於法規之施行或補充事項屬之，亦即各機關就法規之特定範圍內，為詳細的規定者稱細則，如：「施行細則」、「辦事細則」。

（四）辦法

關於規定辦理事務之方法，時限或權責者屬之：亦即各機關執行法令時所指示或訂定的方法，稱辦法，如「實施辦法」、「處理辦法」。

（五）綱要

關於規定事件之原則或要項者屬之，亦即各機關處理業務為提綱挈領或大體概要的規定者，稱綱要，如「組織綱要」、「計畫綱要」。

（六）標準

關於規定一定程度、規格或條件者屬之，亦即各機關就某種業務確立尺度者稱標準，如：「審核標準」、「估價標準」。

（七）準則

關於規定作為之準據範式或程序者屬之，亦即各機關就某種業務，明

簡則、準則、大綱、綱領、綱要、要點、標準、辦法、須知、程序、注意事項等名稱。

惟現行中央法規標準法第 3 條已規定：「各機關發布之命令，得依其性質稱規程、規則、細則、辦法、綱要、標準或準則」藉以統一法規命令之名稱。

定準繩者，稱準則，如：「編製準則」、「測量準則」。

　　所以各機關頒行的命令，無論實質上為授權命令，為職權命令，或國家元首頒行的緊急命令，這些命令的名稱，則可分別叫做規程、規則、細則、辦法、綱要、標準或準則。

四、命令的效力

　　命令既是要以國家權力而強制實行的意思表示，所以具有強行和拘束的效力，換言之，無論對於機關或人民所頒發的命令，凡是接到命令的，即須遵照命令的意旨，負有作為或不作為的義務，因為機關就其職權範圍以內，對於所屬的下級機關或對於人民所頒發的命令，下級機關或人民即有服從的義務。但是：

（一）命令與憲法或法律牴觸者無效

　　命令不得牴觸憲法或法律（中央法規標準法第 11 條前段），命令與憲法或法律牴觸者無效（憲法第 172 條）。從反面說，命令若是與憲法或法律並無牴觸，便當然發生效力：但是根據憲法所頒發的緊急命令，則可以牴觸法肆，惟仍不得牴觸憲法。

（二）下級對於上級所發的命令，得陳述意見

　　下級機關訂定的命令，不得牴觸上級機關的命令（中央法規標準法第 11 條後段），但是下級機關對於上級機關所發的命令，或是公務人員對於長官所發的命令，如認為該命令違法，應負報告之義務。

（三）下級機關對於兩級上級機關同時所發命令，以最高的上級機關的命令為準

　　例如縣政府奉到省政府和行政院同時所發的命令，對於同一事項的指示彼此不同時，應以行政院的命令為準；依同一的理由，下級公務人員對於兩級長官同時所發命令，以上級長官的命令為準，例如科長對於部長和

司長同時所發的命令，彼此不同時，則以部長的命令為準。

　　主管上級機關和兼管上級機關同時所發命令，以主管上級機關的命令為準：依同一的理由，主管長官和兼管長官同時所發命令，以主管長官的命令為準[7]。

（四）人民對於機關所發布的命令，得請求救濟

　　機關所發布的命令，人民對之，如有不服時，往往可以用申請，聲明異議、請願、訴願或提起行政訴訟等方法，以請求救濟。

五、命令與法律的關係

　　法律和命令，有連帶關係，所以法令二字，時常連用，彼此關係的密切，可以想知，分述如下：

（一）法律須以命令而公布

　　法律雖經制定，但必須發布公布法律的命令，始得生效，這是制定和公布的關係。

（二）命令須根據法律

　　即是基於法律的授權，而訂定命令，換言之，根據法律的規定，而另行頒發命令，例如根據法律而訂定這個法律的施行細則，細則便是命令的性質。這種情形，法律是母法，命令性質的細則，便是子法。這是母法和子法的關係；惟命令有時亦為法律的淵源者，是為二者的淵源關係。

---

[7]　現行公務員服務法第3條規定：「公務員對於長官監督範圍內所發之命令有服從義務，如認為該命令違法，應負報告之義務；該管長官如認其命令並未違法，而以書面署名下達時，公務員即應服從；其因此所生之責任，由該長官負之。但其命令有違反刑事法律者，公務員無服從之義務。」
　　又，第4條規定：「公務員對於兩級長官同時所發命令，以上級長官之命令為準；主管長官與兼管長官同時所發命令，以主管長官之命令為準。」

（三）命令補充法律的不足

即是法律所規定的事項，尚不完備，各機關在其法定的職權範圍以內，可以發布命令，以補充法律的不足，這是補充的關係。

（四）命令不得與法律兩歧

即是命令不得違反、變更或牴觸法律，否則，命令即為無效，換句話說，命令必須在法律所許可的範圍以內，始得有其效力，這是二者相輔相成的關係。

（五）命令適用法律上的原理原則

即是法律上所適用的原理原則，命令亦常準用之，例如法律關於人的效力，及時的效力等問題，「法律不溯既往」，「後法優於前法」等原則，自法理上言，命令亦得適用之，並無二致。亦即同一機關所發布的命令，「命令不溯既往」及「後令優於前令」。

六、命令與法律的區別

命令亦是要以國家的權力強制實行，此點和法律相同，然則與法律的區別何在？[8]

（一）制定的機關不同

法律必須由立法機關制定，現在我國的立法院即為國家最高立法機關，非立法機關即無制定法律之權；至於命令，則任何機關在其職權範圍之內，都有發布命令的權力。又關於法律的修正或廢止，亦必須經過立法院通過；至於命令，則有權發布的機關，亦即有權修正或廢止其命令。

---

[8] 關於法律與命令的區別，參照中央法規標準法的規定，將二者互相比較，即可明瞭。

（二）制定的程序不同

法律的制定，無論由立法委員的提案，或由各機關送請審議的法律草案，均須由立法院經過審查、討論或三讀會的通過，始得謂為制定。至於各機關命令的制定，則依行政程序法第四章「法規命令及行政規則」之相關規定辦理。

（三）公布的程序不同

法律經立法院通過後，必須由總統公布，總統公布法律時，並須經行政院院長的副署，或行政院院長及有關部會首長的副署，始能生效；命令則不然，除由總統發布命令，仍須依照上述副署的程序辦理外，其他任何機關發布命令，均無這種繁重的程序；且法律必須公布，始得施行，命令則有不必發布，亦得實施，例如單純命令或各種秘密性質的命令是。憲法及中央法規標準法有關法律及命令的規定，對於法律用「公布」字樣，對於命令則用「發布」字樣，以表示二者的區別。[9]

（四）規定的事項不同

依照中央法規標準法第 5 條規定：「左列事項，應以法律定之：1. 憲法或法律明文規定應以法律定之者；2. 關於人民之權利義務者；3. 關於國家各機關之組織者；4. 其他重要事項之應以法律定之者。」第 6 條規定：「應以法律規定之事項，不得以命令定之。」換句話說：必須用法律規定的事項，即不得以命令代替法律而為規定，所以法律與命令規定的事項，並不相同。

---

[9]　參照憲法第 37 條、第 43 條及第 72 條、暨中央法規標準法第 3 條、第 7 條、第 13 條、第 22 條、第 24 條、第 25 條規定，對於法律均用「公布」字樣；對於命令，則均用「發布」字樣。按「公布」係公開向眾宣布之意，「發布」則僅向受命令者發出或表示即可，不必公開向大眾宣布。

（五）名稱的種類不同

　　法律的定名為法、為律、為條例、為通則四種（參照中央法規標準法第2條）；命令則有單純的命令，亦有含有法規性質的命令。單純的命令，例如各種機關通常所頒行的命令是；含有法規性質的命令，則有條文的形式，得依其性質，稱為規程、規則、細則、辦法、綱要、標準、或準則等七種名稱，若在學理上言之，命令又可分為授權命令、職權命令和緊急命令，其詳已於命令的名稱一項中述之。

（六）效力不同

　　各機關發布的命令，不得違反、變更或牴觸法律，命令與法律牴觸者無效，故法律的效力較強，命令的效力較弱。但是國家元首根據憲法所頒布的緊急命令，則得變更或牴觸法律，是為例外。[10]

---

[10] 國家在動員戡亂時期，總統依照動員戡亂時期臨時條款所發布的命令，及政府依照國家總動員法所發布的命令，均得變更或牴觸法律，而有其效力。惟動員戡亂時期已經總統宣告於中華民國80年5月1日終止。動員戡亂時期臨時條款亦經第一屆國民大會第二次臨時會議決廢止。目前總統發布緊急命令之依據為憲法增修條文第2條第3項（參前註5）。

第四章

法律的淵源

　　法律的淵源，簡稱爲法源。何謂法律的淵源？此一用語，每因觀點之不同，而有不同的意義，或指構成法律的法則而言，或指法律形成的原動力而言，或指法律制定的機關而言，或指法律產生的原因而言。自學理上言，所謂法源，指法律產生的原因。法律產生的原因甚多，而最普遍的原因，則爲下列各種：其中如憲法、法律、命令、自治法規、條約等數種，可以直接發生法律的效力者，謂爲直接淵源；其中如主義、習慣、宗教、道德、法理、判決先例、解釋、學說等數種，須經國家的承認，始能發生法律的效力者，謂爲間接淵源。惟所謂直接淵源或間接淵源，殊難爲明顯的區別，因既均係法律的淵源，其同爲法律產生的原因則一。

　　茲將法律的淵源分述如下：

一、憲法

　　憲法是國家的根本大法，規定國家基本組織，政治制度，與人民的基本權利及義務。憲法中規定某某事項應以法律定之[1]，根據憲法中這些規

---

[1] 中華民國憲法中有「依法」「依法律」或「以法律定之」等字句，均須另行制定法律，以爲依據，例如憲法第 19、20、24、39、40、41、42、53、76、82、89、106 等條，均有上述各字句的規定。

定，可以制定其他各種法律，所以憲法是法律產生的主要淵源。

二、法律

法律是由立法機關依照立法程序所制定的，根據已經制定法律的規定，亦可以制定其他各種法律，例如：根據土地法的規定，以制定土地法施行法；根據兵役法的規定，以制定兵役法施行法[2]。所以法律亦是法律產生的淵源。

三、命令

命令與法律固然有別，但國家為貫徹某種政策或欲實施某種事項，依據命令所規定的事項，而制成法律，亦為習見之事，所以命令亦是法律產生的淵源。

根據命令所規定的事項而制成法律，不外下述原因：1.命令所規定的事項，依照憲法或法律的明文規定，應以法律定之；或雖無明文規定，而依事項的性質，認為應以法律規定之者[3]；2.命令牴觸法律者無效，惟其所規定的事項，有須排除或變更法律的適用，須將命令制定為法律，始得適用「特別法優於普通法」的原則，以便利其施行者；3.命令的效力，不及法律效力之強，以命令所規定的事項，制定為法律，以加強其實施的效力者；4.上級機關的命令，依其職權僅對於所屬下級機關發生拘束力，其他非所屬機關則否，若將命令制成為法律，則各機關均有遵守的義務。無論其原因如何，命令既得制成為法律，即亦得為法律的淵源。

2　土地法第9條：「本法之施行法，另定之」；土地法施行法第1條：「本施行法依土地法第9條之規定制定之」；兵役法第51條：「本法施行法另定之」；兵役法施行法第1條：「本施行法依兵役法第51條制定之」。

3　參照中央法規標準法第5條第4款。

四、自治法規

　　自治法規爲一概括的名詞，乃有關地方自治事項的法規，或由有地方自治監督職權的機關所制定，或由自治機關本身基於自治立法權所制定。依照中華民國憲法關於地方制度一章的規定：省縣均得分別召集省縣民代表大會依據省縣自治通則，以制定省、縣自治法；依憲法增修條文第 9 條規定，已由立法院制定爲自治法，又縣（市）的立法權，分別由縣（市）議會行使之，此等自治機關，得制定自治法規。

　　自治機關所制定的自治法規，僅得於不牴觸國家法令的範圍內，始有其效力，此種自治法規，如有全國一般性、特殊重要性，或有永久制度性質等情形者，國家亦自得參酌採擇，或因演變的結果，以制爲法律，所以自治法規亦自得爲法律產生的淵源。

五、條約

　　國家與國家間所締結的契約，稱爲條約。根據條約的規定，而另制定各種法律，亦係常事。例如根據關稅條約、通商條約、著作權條約，或工業所有權條約等，可以制定各有關事項的法律，所以條約亦是法律產生的淵源。

　　條約爲國家與國家間意思表示一致的結果，本爲對外的國際關係，與對內的法律關係，原有不同；惟條約經締約國予以簽訂，必須經締約國的立法機關議決通過，復經國家元首批准，並且互換及公布之後，即有拘束締約國政府及其全體國民的效力，其實質上及形式上均具有法律的效力。故爲法律的直接淵源，惟條約在理論上雖有拘束效力，然在實際上，尚少制裁方法，學者有認爲條約非法律的淵源者以此。

　　條約固有拘束締約國政府及人民的效力，惟如法律與條約相牴觸時，以可者爲有效，自理論上言，若條約批准在前，應將法律牴觸之點修正，

若條約批准在後，原則上以條約之效力爲優。

又條約於依法批准公布之後，是否即有國內法的效力？究應如何方得作爲國內法予以實施？不無疑義。各國對於條約在國內實施方式。頗不一致，有規定於憲法者，有不規定於憲法者：

（一）規定於憲法者

如美國憲法第 6 條第 2 項規定：「本憲法與依照本憲法所制定的合眾國法律，及以合眾國的權力所締結的條約，均爲全國的最高法律，即使與任何州的憲法或法律有牴觸，各州法院推事均應遵守之，」法國憲法第 55 條規定：「國際條約或協定，經正式批准或認可而公布者，苟此項條約或協定，已由簽約對方國予以適用時，其效力在國內法之上。」阿根廷憲法亦有類似的規定。

（二）不規定於憲法者

對於條約效力的實施方法，約有二種：

1. 條約經依法批准正式公布後，即有法律效力；
2. 條約批准公布後，仍須依立法程序制定法律，方有法律效力。

我國憲法對於條約效力的實施問題，並無規定；條約在國內如何作爲國內法予以實施，現在亦尚無法律的規定。惟在慣例上，係依據已批准公布的條約，就其主旨，以另行制定法律，始有法律的效力。

六、主義

各國多根據其國家所奉行的主義，以明文規定於憲法中或制定其他法律者，例如中華民國憲法第 1 條規定：「中華民國基於三民主義，爲民有民治民享之民主共和國。」又如根據國父孫中山先生的民生主義的精神，而制定「耕地三七五減租條例」及「平均地權條例」等法律，所以主義亦是法律產生的原因，主義即是法源。

七、習慣

習慣，乃是一般人在長久期間就同一事項，不加勉強的反覆爲同一行爲的習俗。所謂「習慣成自然」。習慣成爲法的淵源，須具有下列各要件：1. 有內部要素，即人人確信以爲法之心；2. 有外部要素，即於一定期間內，就同一事項反覆爲同一的行爲；3. 係法令所未規定的事項；4. 無背於公共的秩序及利益（參照前大理院判決二年上字第 3 號）。習慣具有法的效力。係由於國家所承認，我國民法第 1 條規定：「民事，法律所未規定者，依習慣。」第 2 條規定：「民事所適用之習慣，以不背於公共秩序或善良風俗者爲限。」即是承認習慣有法律的效力，同時國家亦可根據某種善良習慣以制成法律，所以習慣亦是法律產生的原因。

八、道德

道德的觀念，固因時間空間之不同，而異而揆，惟道德既爲人類生活的規範，則國家根據道德的標準，認爲有制定爲法律的必要而制成爲法律時，亦所習見。故道德亦爲法律產生的原因，亦即是法源。

九、宗教

宗教爲法律的淵源，此在神權時代最爲普遍，例如印度的「摩拏法典」，猶太的「摩西十誡」，伊斯蘭教的「可蘭經典」，及歐洲中古的「寺院法」，現今歐洲各國中關於婚姻離婚諸法律中，多有淵源於宗教觀念者，故宗教亦爲法律產生的原因，亦即是法源。

十、法理

法律上通常的正當的道理，稱爲法理，亦有謂爲條理者，乃是有關法律的一般原理原則，亦即從法律全體精神所生的眞理，例如正義、公平、

立國主義等均是。法理有補充成文法及習慣法的效力，我國民法第 1 條規定：「民事，法律所未規定者，依習慣，無習慣者依法理。」依據法理而制定法律，法理即是法律產生的原因，亦即是法源。

十一、判決先例

判決先例，乃是法院對於訴訟案件所為的判決，反覆作為參考依據的成例，換言之，法律對於某一案件所為的判決，以後若遇有同樣或類似的案件，亦必為同一的判決，是為判決先例。判決先例乃係對於法律上的見解，可以補充法律規定的不備。現在實際上各級法院是以最高法院的判決為準繩，因為：1.最高法院全國祇有一個，可以統一各級法院對於法律上的見解；2.最高法院法官的經驗學識，大抵比下級法院的法官為優；3.下級法院所為裁判的法律見解，若與最高法院的判決見解相違背，則上訴時易被廢棄，故須以最高法院的判決為例。至於最高法院所為判決的法律見解，本身亦應使其一致，始得成為判決先例。

過去我國有所謂「判例」制度，依照舊法院組織法第 57 條規定，關於最高法院之裁判，其所持法律上之見解，認有編為判例之必要及判例之變更時，須經民事刑事庭會議決議後，報請司法院備查。但現已廢除判例制度。所有最高法院作過之判決，均為判決先例，不需經過會議挑選。

判決先例既為各級法院所援用，幾與法律有同一的拘束力，若將這些判決先例而以法律規定之，則判決先例即是法律產生的原因，亦即是法源。

十二、解釋

各機關適用法律，對於法律的規定發生疑義時，得由有權機關為之解釋，我國現制，司法院有解釋憲法及統一解釋法令之權，由大法官會議行使之，其所為的解釋，有拘束各機關的效力，若依據解釋而制定法律，

則解釋亦爲法律產生的原因，亦即是法源。至關於法律的解釋，容後詳述之。

十三、學說

　　所謂學說，乃是學者對於某種學科所具有的思想和發表的見解。各種學科的進步，有賴於學說的研討，法律亦然，學者的私人學說，當然非法律，亦不能具有法律的效力，惟學說既能闡明法律的眞理和研討法律的得失，則足以促使法律的改革與進步；乃極爲顯然之事。而有關法律的學說。常能影響法律的適用，學說既經採用以制定爲法律，即成爲法律的產生淵源，古代羅馬戴育杜二世（Theodous II）採當時五大法家的學說，使其具有法律的效力；查士丁尼帝（Justinianus）採當時三十九大家的學說，編成法典，故學說是法律產生的原因，亦即是法源。

十四、外國法

　　社會進化，國際間的往還頻繁，各國的典章文物，必更發生互相交流的現象。其在法律方面，有國際間互相遵循的規範，是爲國際公法；亦有涉外事件，逕行接引外國法律以爲本國審判的依據者，是爲國際私法[4]。而模仿或承襲外國法律的思想，以制定爲本國法律者，亦事所常有，是則得稱爲繼受法。又現在聯合國憲章所規定的事項，各國亦有以之制定爲法律。要之，外國法律亦得爲法律產生的原因，故亦爲法源。

---

[4]　我國關於國際私法的適用，現有「涉外民事法律適用法」係民國 42 年 6 月 6 日公布。在此以前，則適用「法律適用條例」，乃民國 7 年 8 月 6 日前北京政府公布，同日施行，依民國 16 年 8 月 10 前，則適用「法律適用條例」，乃民國 7 年 8 月 6 日前北京政府公布，同日施行，依 16 年 8 月 12 日國民政府令暫准援用。

第五章

法律的定名

　　所謂法律的定名，即是法律應用何種名稱。因之，關於「法」字及「律」字的語源，有先予說明之必要：

　　「法」字，古文寫作「灋」，從水，從廌，從去。說文上解釋法字謂：「灋，刑也，平之如水，從水，廌所以觸不直者去之，從廌去。」廌即解廌，據說文云：「獸也，似山牛一角，古者決獄，令觸不直。」法之名稱，在我國上古之時，即已使用，如尚書呂刑所說：「苗民弗用靈，制以刑，惟作五虐之刑曰法，殺戮無辜，爰始淫爲劓刵椓黥。」[1]而古時所謂「法」，亦大抵是指狹義的刑罰而言[2]，其後逐漸演變，而包括廣義的典章制度及其他人類生活的規範在內。

　　「律」字爲整齊劃一之意，說文謂：「往，均布也」，段注：「一律

---

[1]　尚書呂刑：「苗民弗用靈，制以刑，惟作五虐之刑曰法，殺戮無辜，爰始淫爲劓刵椓黥。」按末句字義：爰，於是也；淫，大也，大肆刻毒，異於皋陶之明刑也，劓係割鼻，刵係截耳；椓，破陰也，即以本塞陰；黥係刺面。係以劓鼻、刵耳、椓陰、黥面並大辟爲五虐之刑。（參見第一編第六章註11）

[2]　我國古時所謂「法」，大抵與「刑」的觀念相混，所謂法律，亦大抵指刑事法規而言，幾乎以刑事法規代表整體的法律，說文釋「法」爲「刑」，尚書呂刑謂「惟作五虐之刑曰法」，李悝以所作刑名爲法經，漢高祖入關時，約法三章：「殺人者死，傷人及盜抵罪」，均是以法指刑罰而言的充分證明。

者，所以防範天下之不一而歸於一，故曰均布。」又「律」亦是音樂上
「六律六呂」的律，律所以正音樂的聲調，亦猶刑書正罪的輕重一樣，所
以稱刑事書為律。

　　「法」「律」二字，本可互訓，爾雅釋詁謂：「法，常也；律，常
也」。「法」與「律」字均含有規範整齊及治罪處罰的意義與作用。戰國
時，魏國李悝以其所撰的刑典稱為法經，秦國商鞅傳習法經，並改「法」
為「律」，秦始皇滅六國，法令統一，二世趙高申法令，改為「法律」。
「法律」二字即已連用[3]。而現在「法律」二字，已為極普遍、極習慣的名
詞。

　　法律二字是一個概括的及抽象的名詞，而非個別的及具體的名詞。法
律兩字的連用，是泛指一般的法律，至於每種法律的各別名稱，則並非二
字連用，例如民法、刑法、公司法、戰時軍律等法律的具體名稱，僅稱
「法」字或一「律」字，而不連用法律二字。

　　關於法律的定名，可以分為下列各點說明之：

一、法律定名的種類

　　法律的定名，自古至今，變遷甚多，名目不一[4]，即現在的法律，亦並

---

[3]　法律二字的連用，我國古時已然，韓非子飾邪篇：「人臣又以徒取舍法律而言
　　先王」；急就章：「皋陶造獄，法律存也」；後漢書引張敞上疏：「皋陶謨虞
　　造法律」；唐律謂：「化外人……異類相反者；依法律論」，惟其法律兩字，
　　仍與刑罰的觀念相混。

[4]　法律的定名，變遷甚多，我國歷代的法律，命名為律者更多，例如漢律、魏
　　律、晉律；南北朝分立時，南齊有永明律，惟未施行。繼而有梁律、陳律，稱
　　為南支律，因陳亡國而南支律亡；在北朝北魏拓跋氏創北魏律，後有北齊律，
　　隋朝統一，有開皇律，唐有唐律，係融合歷代法律及各民族的精神而形成，為
　　我國古時代最完善的法典。爾後明有明律，清有清律，其法律均以律名，惟北
　　遼的法律則名為條例，元代的法律，名為條格，清朝的法律亦有名為定例者，
　　如盛京定例是。民國以後，政府頒布的法律，稱法稱律，稱條例、綱要、大
　　綱、綱領……等，名目龐雜，殊無限制，民國32年6月4日修正公布之「法規

不以「法」字或「律」字為限，依照中央法規標準法第 2 條的規定：「法律得名為法、律、條例或通則。」所以法律的定名，可以稱法，或律，或條例，或通則。亦得謂為法律以此四種名稱為限。既係法律，即須用此種名稱。反之，若非法律，即不得濫用此種名稱。這四種名稱，無論使用其中任何的一種，其為法律的性質，制定法律的程序，以及所具有的法律效力，則彼此完全相同。

　　法律的定名，固須使用上述四種名稱中之一種，惟在何種情形，始得定名為法？何種情形，始得定名為律？何種情形，始得定名為條例或通則？在中央法規標準法及其他法律中並無明確之規定，亦無具體的標準，可資依循。惟就學理上及立法慣例上言，大體的標準如下：

（一）法

　　凡法律所應規定的事項，無論為民事、為刑事、為行政事項、或為其他典章制度，含有一般性、普遍性或基本性者，均得定名為法。換言之，屬於全國性、一般性或長期性事項的規定者稱「法」。故法的名稱，適用最為廣泛而最普遍，現在所有法律之中，定名為「法」者，亦占最大多數。

（二）律

　　「律」與「法」二字，其意義本屬相同，惟易經上載：「師出以律，失律凶也，」其後演變的結果，「律」字便含有正刑定罪的意思，且屬於軍事性質之罪刑較為嚴峻者，其法律則定名為律，換言之，屬於戰時軍事機關特殊事項的規定者稱「律」。例如戰時軍律是[5]。

　　制定標準法」，規定法律得授其規定事項之性質，定名為法或條例。自民國 40 年 11 月 23 日公布「中央法規制定標準法」以後，關於法律的定名，以「法」、「律」、「條例」及「通則」四種定名為限，現行的中央法規標準法亦然。

[5]　我國曾於民國 39 年 11 月 2 日公布「戰時軍律」，惟該「律」已於民國 91 年 12 月 25 日廢止。換言之，我國現行法律中，已無定名為「律」者。

（三）條例

法律在何種情形，始定名爲條例，亦無明顯的標準，大抵係就法律已規定的事項而爲特別規定，或暫時規定，或爲補充的規定，或就特殊事項而爲規定者，得名爲條例；換言之，屬於地域性、專門性、特殊性或臨時性事項的規定者稱「條例」，又如依據母法所制定的子法，其子法多定名爲條例。現行法律以條例定名者，亦甚普遍，其種數僅次於法[6]。

（四）通則

凡法律所規定的事項，僅爲原則性的或共同性的，尚須根據這種法律，以分別制定各別的法規者，得定名爲通則，換言之，屬於同一類事項共同適用的原則或組織的規定者，稱「通則」[7]。

二、「法律」與「法令」的區別

「法令」二字亦常連用，與「法律」的區別如何？簡言之，「法律」是僅指經過立法程序的法律而言，其範圍較狹；「法令」則是兼指法律與無須經過立法程序的命令而言，其範圍較廣。至於法律與命令的詳細區別，已見前述。

三、「法律」與「法規」的區別

法規二字亦時常連用，與「法律」的區別，亦猶法律與命令的區別一樣，即是：法規二字，乃是兼指法律及含有命令性質的規章而言，因各機關發布的命令，得依其性質，稱爲規程、規則、細則、辦法、綱要、標準或準則等類名稱，所以法規亦得稱爲法令。惟現在習慣上，無論稱法律或

---

[6] 就法律已規定的事項而爲特別的規定者，例如：就刑法上「賄賂罪」而爲特別規定者，有貪污治罪條例；就特殊事項制定為條例者，如宣誓條例，印信條例、姓名條例等是。

[7] 現行法律以通則定名者，例如：地方稅法通則，行政執行處組織通則。

稱命令，常混稱為法規。至於章程一名稱，政府機關現在已少有使用，多於私人團體或營業機關的章程中用之。

又法律在觀念上有所謂「陽光法案」及「落日條款」者：

（一）陽光法案

乃指法律所規定之事項正大光明，亦即合於正義而言。實則法律與正義之涵義不一，不得混為一談，法律既經制定，而公布施行，則「惡法亦法」，即難否認其為法律之性質及其效力。

（二）落日條款

乃指法律所規定之事項，在某種情事發生或若干日期到來，即予廢止或喪失其效力而言，實即與限時法之性質相當。

陽光法案與落日條款，均為法律之觀念問題，而非法定名稱。

第六章

法律的目的

關於法律的目的，可分爲個別的目的及一般的目的：

一、個別的目的

若分別就每種法律言之，則各有個別的目的，換言之，爲適應某種事件的需要，而制定某種法律，某種法律的主旨所在，亦即其目的之所在。例如國家總動員法（已廢止）的制定，乃因政府於戰時爲集中運用全國的人力物力，加強國防力量，以貫徹抗戰目的爲目的；實施耕者有其田條例的制定，其目的即在實施耕者有其田的政策。

二、一般的目的

此指一般法律的共同目的而言，就一般法律的整體研究，必有其概括的共同目的，亦有謂爲法律的理想者，本章所謂法律的目的，即係指此。

所謂法律的目的，其說不一：

（一）有謂法律的目的，在於正義的執行

即是法律規定何者爲人類所當爲，何者所不當爲，其所當爲者，必合於正義；其所不當爲者，必非正義所容許。法律既能指示正義執行的途

徑，復能防止為違反正義的行為，故法律的目的，不外是正義的執行。

這說有將法律與正義混為一談之弊，因法律的本質，固須合於正義，固應以正義為制定法律的衡度；但法律與正義，畢竟彼此有別，法律不合於正義的標準者，亦所不免，所謂「惡法亦法」，而極權國家的法律，違反正義者，尤所習見，初無影響其為法律的性質。故謂法律的目的，在於正義的執行，未便採取。

（二）有謂法律的目的，在使人民止於至善

因法律頒布之後，則人民須知法守法，循規蹈矩，以達到尚書所講：「刑期於無刑」，孔子亦謂：「聽訟吾猶人也，必也使無訟乎」！「聖人之設防也，貴其不犯也。制五刑不用，所以為至治」，故雖有完善的法律，若事實上並無作奸犯科之人，即毋須適用法律，這便是法律的目的。

這說有以法律與道德的觀念相混之弊，因法律僅能防止或制裁人的外部行為，而非如道德之能約束人的內部良心，故使人民止於至善，乃道德的目的，而非法律的目的。且法律的範圍甚廣，並不以刑事法律為限，刑事法律固多禁止人民不得為某種行為。不為某種行為，固可刑措不用，而無須適用法律；但其他非刑事性質的法律，則多常要求人民為某種行為，例如法律規定選舉權的行使是；又如其他行政法令，常有規定負有行為義務而不為其行為者，得為處罰的原因，亦即不啻要求人民適用其「負有行為義務」的法律，故謂無須適用法律，乃為法律的目的，亦不足採。

（三）有謂法律的目的，在於人類生活規範的維持和保護

因為法律既是人類生活的規範，而這些規範，無論是否完全合於正義的標準，要之在法律制定施行以後，及廢止以前，國家仍有強制人民有遵守服從的必要，亦即對於此種人類生活的規範，予以維持及保護。所以法律的目的，即在於人類生活規範的維持及保護。而人類生活規範的內容，不外是個人的權利及義務，社會的權利及義務，與國家的權利及義務，法

律的目的，亦即是維持及保護此等權利及義務。此等權利及義務的維護，人民始得安樂，社會始得安寧，國家始得安定及富強康樂，所以法律的目的，亦可謂「止於至治」，與道德的目的「止於至善」，仍不得謂無區別。所謂法律的目的，自以此說爲可採取。

　　法律的目的，既在個人權義的維護，社會權義的維護，及國家權義的維護，茲分別略舉其重要者如下：

1. 關於個人權利義務的維護：

　　（1）身體和人格的保護，例如生命、名譽、和信仰自由等權利的保護；

　　（2）親屬關係的保護，例如婚姻、繼承等權利的保護；

　　（3）財產權、職業自由和契約自由等權利的保護：

　　（4）服兵役義務和納稅義務的維持。

2. 關於社會權利義務的維護：

　　（1）公共秩序的維持相交易的安定；

　　（2）公共道德的提倡和公用事業的維護；

　　（3）慈善事業的倡導和保障。

3. 關於國家的權利義務的維護：

　　（1）國家統治權的維護，對於外患、內亂、或其他犯罪行爲，有抵抗、戡平、或處罰等權利，即係國家的權力；

　　（2）國家義務的規定，有保障人民自由，維持治安和增進人民福利等義務。

第七章

法律的類別

第一節　概說

關於法律的種類，因為對於法律觀點之不同，得為各種的類別，這些類別，在學理上可以知悉某種法律係屬於某一類的範圍，在適用上亦可明瞭某種法律的性質及其功用。

依通常見解，可將法律分為下列數類，即：1.成文法與不成文法；2.普通法與特別法；3.強行法與任意法；4.公法與私法；5.實體法與程序法；6.母法與子法；7.原則法與例外法；8.固有法與繼受法；9.國內法與國際法等類及 10.其他類別。其詳容分別述之。

某一種法律，同時可以分屬於其他類別之內，例如：民法就其有制成的形式條文言，為成文法；就其適用的範圍言，為普通法；就其規定的關係言，為私法，就其實質上言，為實體法。又如：刑法為成文法，同時亦為普通法及實體法，但為公法。

又某一種法律屬於某一類別，亦非絕對的，而為相對的，換言之，其在某一類別的地位上，常因受其他法律的影響，而變更其類別，茲以普通法及特別法為例：乙法律對於甲法律而言，本為特別法，但若乙法律對

於丙法律而言，則乙法律又立於普通法的地位，丙法律則立於特別法的地位[1]。又就固有法及繼受法爲例：乙法律對於甲法律原爲繼受法，若乙法律後又被他國所繼受，則乙法律此時亦由繼受法而變爲固有法。

茲將法律的類別，於後列各節分述之。

第二節　成文法與不成文法

成文法與不成文法的區別，是以法律有無制成形式的條文，爲分類的標準。成文法又稱爲制定法（Statute），是由國家依一定的程序以制定公布的法律，具有形式的條文，通常稱爲「法典」（Code），例如我國現行的民法、刑法、公司法等法律，均爲成文法。

不成文法亦有簡稱爲不文法者，又稱爲非制定法，即是不依制定的程序及未具有形式的條文，但是由國家認許其事項具有法律的效力者、爲不成文法。不成文法或亦有文字的記載，但並無制定完整的法典，例如社會上的習慣，學者所主張的學理，及法院所爲的判決先例等，均是。有稱不成文法爲習慣法者，惟不成文法雖可包括習慣法在內，然習慣法三字實不能包括不成文法全部的內容。現在世界各國以英美爲不成文法國的代表，但所謂不成文法國家，亦並非謂全部法律，均無制定公布的法文，亦僅指其中一部分法律爲不成文法而已。例如美國憲法，即是世界上著名的成文法典。

茲將成文法與不成文法的區別及其優劣，分述如下：

1　例如土地法對民法而言，才爲特別法，若土地法對平均地權條例而言，則土地法又爲普通法，而該條例則爲特別法。

一、成文法與不成文法的區別

（一）是否經過立法程序的不同

前者（成文法）經過一定的立法程序而制定，並須依法定程序公布之；後者（不成文法）則否。

（二）有無整齊法典的不同

前者在形式上具有條文，有整齊劃一的法典；後者則否。

（三）是否為一般性規定的不同

前者係對於某種事件，為一般性及抽象性的規定；後者係就個別的及具體的事件，而為認定。

二、成文法與不成文法的優劣

成文法與不成文法相較，彼此互有優劣：

（一）成文法的優點，即不成文法的劣點

即：1.成文法經過一定的制定及公布程序，其規定的內容，具體明確，便於施行；不成文法既不制定公布，有欠明確，不便適用；2.成文法的修正或廢止，亦均有一定程序及明確日期，國家依據法律而發號施令，人民依據法律，而行使其權利或履行其義務，易收整齊劃一之效，不成文法則否；3.成文法為適應某種事實而制定某種法律，其非法律明文規定者，人民即有廣泛的自由，而無有動輒違法之處，不成文法則否；4.成文法規定某種行為將發生法律上的效果，使人民預免觸犯，足以安定社會秩序；不成文法因須先有事實，始能成為判例或習慣，以有法律效力，不免影響社會的安定；5.成文法常能革新社會，推進政治；而所謂不成文法的習慣或判例，其性質多屬於故步自封，缺乏改革作用。

（二）成文法的劣點，即不成文法的優點

即：1.成文法無論規定如何完備，但仍難適應千變萬化的社會各種事

實，不成文法則可隨各種難以預期的事實而爲適應；2.成文法每多遷就各種事實的流弊，不成文法則否；3.成文法以固定的條文表達其立法意旨，每難完善周密，常須以解釋方法以表達之，又未必與立法意旨相符，不成文法則無此種缺點。

成文法與不成文法雖互有優劣，但比較言之，法律既爲人類社會生活的規範，而又含有強制實行的作用，自應明確規定，便於適用，成文法自較不成文法爲優，現代世界各國，幾無不趨向於成文法的立法。惟國家是否臻於法治，與法律爲成文法或爲不成文法並無重大關係。因國家是否法治，乃在國家的政府與人民有無守法精神以爲衡，而非以其國家的法律是否成文法或不成文法以爲區別。

第三節　普通法與特別法

普通法與特別法的區別，是以法律適用範圍的廣狹大小，爲分類的標準。凡全國一般人民及一般事項均可適用的法律爲普通法（亦稱廣義法）；若僅限於特定人，或特定事項或特定地域適用的法律爲特別法（亦稱狹義法）。茲分別述之：

1. 以人爲區別的標準

凡適用於一般人民的法律爲普通法，例如民法、刑法等法律是；若僅適用於特別身分的人（即特定人）的法律，爲特別法，例如軍人婚姻條例，爲民事特別法；陸海空軍刑法爲刑事特別法。

2. 以事爲區別的標準

凡適用於一般事項的法律爲普通法，僅適用於特定事項的法律爲特別法，就民事言：民法乃規定各人一般事項的法律關係，故民法爲民事的普通法；至若規定民事特定事項的法律，如公司法、票據法、海商法、保險法等則屬民事特別法。就刑事言：刑法乃規定一般犯罪者的刑事責任及其

制裁方法，故刑法為刑事的普通法；至若規定特種刑事的法律，如懲治盜匪條例及妨害國幣懲治條例等，則屬於刑事的特別法。

3. 以地為區別的標準

凡適用於全國各地域的法律為普通法，例如刑事訴訟法；僅適用於國內某一地域的法律為特別法，例如戰爭或叛亂發生，對於某一地域應施行戒嚴而宣告戒嚴時所適用的戒嚴法，即為特別法[2]。

關於普通法與特別法的構成要件及其區別，有尚須說明者如下：

一、普通法與特別法構成的要件

中央法規標準法第 16 條前段規定：「法規對其他法規所規定之同一事項，而為特別之規定者，應優先適用之」，是即為「特別法優於普通法」原則之適用，依此規定，則普通法與特別法的成立，必須具備三要件，即：

（一）須有二種以上法律同時有效存在

所謂普通法與特別法，乃就二種以上法律所規定的內容，互相比較而為認定，若僅係一種法律有效存在，同時並無其他有效的法律，即無普通法與特別法成立的餘地，所謂「法規對於其他法規」，則必有二種以上之法律，故此二種以上法律，必須同時有效存在方可。

---

[2] 依戒嚴法第 1 條第 1 項規定，「戰爭或叛亂發生，對於全國或某一地域應施行戒嚴時，總統得經行政院會議之議決，立法院之通過，被本法宣告戒嚴或使宣告之」，故若宣告某一地域戒嚴時，則戒嚴法在該地區內即排斥刑事訴訟法及有關行政事項等法律而優先適用，即為特別法。
學者有以地方之自治法規，認為屬地域的特別法者，未免欠妥，因「省法規與國家法律牴觸者無效」（憲法第 116 條、第 125 條），地方之自治法規僅得在不牴觸國家法令之範圍內有其存在，不發生二者是否普通法與特別法的問題。因特別法優於普通法，若認各省的單行法規為特別法，則其效力反在中央法律之上，而優先適用，於法理欠妥。

（二）須此二種以上法律對於同一事件均有所規定

此二種以上法律，雖均有效存在，若其所規定的事件，彼此並不相同，即為互不相涉，亦即無所謂普通法與特別法，故此二種以上的有效法律，必須對於同一事件，均有所規定方可。

（三）須此二種以上法律，對於同一事件有不相同的規定

此二種以上法律，對於同一事件的規定，若彼此相同時，則就其事件，適用其中任何一種法律的規定，其結果將屬一致，亦即無所謂普通法與特別法，故此二種以上法律，對於同一事件，必須有不相同的規定，亦即係「為特別之規定者」方可。

具備上述各要件，始構成普通法與特別法，例如：民法與土地法及平均地權條例，為普通法與特別法的關係，因其均為現行有效的法律，對於同一的土地事件，均有所規定，惟對於土地所有權的使用、收益及處分，其有無限制及如何限制，則彼此的規定，互不相同，換言之，土地法對於民法就土地事項有特別規定，故民法為普通法，土地法為特別法；而平均地權條例對於民法及土地法就同一之土地事項，又更有其特別規定，故民法及土地法又均為普通法，該條例則為特別法。

二、普通法與特別法認定的標準

此二者的區別，乃因二種法律同時有效存在，彼此對待比較而來，有時殊難認定何者為普通法，何者為特別法，其認定的標準，大抵是：

1. 就同一事件規定的範圍較為廣泛，且為一般性質的規定者為普通法，例如民法為民事的普通法；規定的範圍較為狹小，且為專有的特殊的規定者為特別法，例如公司法為民事的特別法。

2. 就同一事件的某一部分內容，規定較為簡略者為普通法，例如關於強盜罪，刑法的規定較為簡略，為普通法；規定較為詳盡者為特別法，例如懲治盜匪條例。

三、普通法與特別法的區別並非固定

　　所謂普通法與特別法的區別，乃是相對的，而非絕對的，甲法律對於乙法律而言，固爲普通法，但若對於丙法律而言，則爲普通法者，其本身又立於特別法的地位，有時其本身原爲特別法反變爲普通法。例如關於土地事項，土地法爲普通法，實施耕者有其田條例爲特別法，若以土地法與民法相較，則民法爲普通法，土地法又立於特別法的地位。因之，一種法律得同時具有普通法與特別法的地位。

四、普通法與特別法的區別，不以兩種法律規定的全部事項為限

　　就普通法規定的全部事項爲特別的規定者，固爲特別法，例如刑法（普通法）與陸海空軍刑法（特別法），此時所謂普通法與特別法，係指兩種法律的全部規定事項而言；就普通法規定的某一部事項，而爲特別的規定者，亦爲特別法，例如就刑法內第四章「賄賂罪」（第 121 條至第 123 條）爲特別的規定，即貪污治罪條例，亦即特別法，此時普通法與特別法，係指兩種法律的某一部分規定事項而言。

　　又一種法律得爲多種法律所規定事項的普通法，或多種法律所規定事項的特別法，例如民法爲公司法、海商法、票據法、保險法等法律所規定事項的普通法；戒嚴法則爲刑事訴訟法，及有關行政法等多種法律規定事項的特別法。

五、普通法與特別法區別的作用

　　欲明瞭二者區別的作用，須先瞭解特別法制定的原因，其制定原因不外是：1. 無論任何一種法律，在制定時，不能將所有可能發生的以情事，預先規定無遺，尤其對於特殊情況，未便歸納於適合一般情況的法條內，以割裂其整個立法精神，故須於普通法之外，有另行制定特別法的必要；

2.對於某種特殊事件，僅在特定期間或特定地區有其存在，若修正平時適用或一般地區適用的普通法，則有牽一髮而動全身之虞，故不如另定特別法，以為暫時的適應，而與普通法並存，則將來若特別法不需要時，即可以廢止，而不影響普通法的存在。

　　特別法制定的原因，既如上述，故普通法與特別法的區別，在法律適用上，有重大的作用，即「特別法優於普通法」的原則。此即上述中央法規標準法第 16 條前段所謂：「法規對其他法規所規定之同一事項，而為特別規定者，應優先適用之」。凡對於同一事項，同時規定於兩種不相同的法律，而其規定彼此又不相同時，應先適用特別法的規定，若特別法無規定，始得適用普通法的規定，此即特別法排斥普通法而優先適用，是即為「特別法優於普通法」。例如關於軍人犯罪，須先適用陸海空軍刑法，若陸海空軍刑法無規定時，始適用普通刑法；又如關於賄賂案件，須先適用貪污治罪條例，若該條例無規定時，始適用刑法的規定。若其他法律修正後，仍應優先適用之，此即上述同法同條後段所謂：「其他法規修正後，仍應優先適用」，是為「新普通法不能變更舊特別法」的原則。

　　所謂「特別法優於普通法」，乃謂特別法較普通法而優先適用，亦即特別法有排斥普通法而為適用的效力。惟此時普通法並非廢止其存在，而根本失其效力，僅其適用為特別法所排斥，致其效力隱而不現。若特別法一旦廢止，則普通法即表現其固有的效力。至於普通法廢止，特別法的效力，在原則上亦不受其影響，惟特別法若係以普通法為其根據，則有時普通法的廢止，即影響特別法的存在，特別法的效力，亦自發生問題，此則須視普通法與特別法規定的內容及立法意旨等情形以為認定。

　　又「特別法優於普通法」原則的適用，並不以特別法與普通法係同類性質的法律為限，其同為民事性質、刑事性質或行政性質的法律，固有此原則的適用，即不同性質的兩種法律，亦適用此原則，例如：行政法常以特別法的地位，而排斥民法或刑法有關事項的適用，又如依刑法的規定，

褫奪公權者，其褫奪公權期間雖滿而恢復公權，恢復其爲公務員的資格，惟若依公務人員任用法的規定，犯內亂外患罪，或有貪污行爲的瀆職罪，經判決確定者，則雖褫權期滿，仍不得爲公務人員（參照公務人員任用法第 28 條）。

第四節　強行法與任意法

一、強行法與任意法的意義

強行法與任意法的區別，是以法律效力的強弱爲分類的標準。

（一）強行法

強行法乃是法律規定的事項，因爲國家的安寧，及公共秩序的維持，或其他公益上的理由，不容許私人自由意思有選擇伸縮的餘地，必須要切實遵守，例如憲法、刑法、行政法等屬於公法範圍內的法律，多爲強行法。

公法中固多爲強行法，但並非盡爲強行法，例如刑法爲公法，其中關於「告訴乃論」的規定[3]，即是不告不理，乃是任意法的性質；又民事訴訟法爲公法，其中有「合意管轄」的規定，即關於訴訟事件的管轄法院，得以雙方當事人的合意定之[4]。亦即爲任意法。

強行法又可細分爲命令法與禁止法兩種：1.命令法是強制爲某種行爲的法律，例如兵役法規定人民有服兵役的義務，各種稅法規定人民有納稅的義務，均爲命令法；2.禁止法是禁止人民爲某種行爲，例如刑法禁止人

---

[3]　告訴乃論之罪，刑法第 238 條及 240 條第 2 項關於「妨害婚姻及家庭罪」及第二十七章妨害名譽及信用罪。

[4]　民事訴訟法第 22 條：「同一訴訟，數法院有管轄權者，原告得任向其中一法院起訴」，第 24 條：「當事人得以合意定第一審管轄法院，但以關於由一定法律關係而生之訴訟爲限。前項合意，應以文書證之」。

民有犯罪行爲，社會秩序維護法乃禁止人民有違反社會秩序行爲，皆爲禁止法。

（二）任意法

任意法乃是法律所規定的事項，與公益並無直接影響，私人可以自由選擇伸縮於其間，而不必一定適用法律的規定，僅於當事人間無特別約定時，始有其適用，例如民法、商事法等私法範圍內的法律，多爲任意法。任意法乃是法律規定一個相當範圍，容許私人在其範圍以內，有適用與否的斟酌餘地，故又稱爲容許法。

私法中固多爲任意法，但亦有強制的規定，例如民法爲私法，其總則編中關於無能力制度的規定，債編中關於暴利行爲的取締，利息的限制，物權編中關於物不得自由創設，親屬編關於親屬關係的規定，均不許當事人自由意思而變更法律的規定，亦即爲強行法。

任意法又可細分爲補充法與解釋法兩種：1. 補充法乃補充當事人意思欠缺的法律，由國家預設規定，對於當事人意思表示有欠缺時，使之遵守適用，以完成其法律關係的效力，例如夫妻關於財產之所有，未以契約訂立夫妻財產制者，應依民法親屬編的規定適用法定財產制（參照民法第 1005 條），是即爲補充法；2. 解釋法乃解釋當事人意思的法律，由國家本於通常的慣例，所設適於當事人意思的規定，於當事人意思表示不完全，無從知其眞意時，使之適用，以釋明當事人的意思。例如甲買受乙的物品，關於價金的交付，當事人未有規定時，應適用民法第 371 條的規定，其價金應於標的物的交付處所交付之；又如民法第 1207 條規定「繼承人或其他利害關係人，得定相當期限，請求受遺贈人於期限內，爲承認遺贈與否的表示，期限屆滿尚無表示者，視爲承認遺贈」，均爲解釋法的適例。

二、強行法與任意法區別的損益

　　強行法與任意法區別的實益，乃在法律上效果的不同，凡違反強行法者，其行為不僅無效，甚至須受刑罰或行政罰的制裁，如刑事處分或行政處分是；若違反任意法，只須當事人間別無異議，其行為仍為有效，並不因違反法律（任意法）的規定，而影響其行為的效力。

第五節　　公法與私法

　　法律應否分為公法與私法，以及公法與私法區別的標準如何，學說不一：

　　有謂法律無區別為公法與私法的必要者，如奧地利學者威亞（Tranz Weyer）、克爾生（Hans Kelsen）等。其說略謂國家與人民的關係，就法律上言，不是權力服從關係，而是權利義務關係，與個人相互間的對等關係，其性質並無所異，將法律區分為公法與私法，在實際上並無利益，且有礙法律體系的統一。

　　這所謂國家與人民的關係，不問其內容如何，均與個人間的對等關係相同，此於國家統治權的行使，人民有服從義務的觀念，顯不相侔。若謂人民在法律上對國家無權力服從的關係，勢將影響國家統治權的行使，且在採取行政裁判制度的國家。私法上權利義務的爭執事件，屬於普通法院；公法上權利義務的爭執事件，則屬於行政裁判機關（如我國現制的行政法院）。則公法私法的區別，為決定爭訟事件管轄的先決問題，不得謂法律區別為公法與私法，並無實際的作用。故此說不妥。

　　有謂凡法律皆為公法者，其說略法律，要皆由國家本於公的權力所制定頒行，以維護公共的利益，人民即有共同遵守的義務，是即法律均具有公共性，亦即均為公法，無所謂私法。此說以法律係由公的權力所制頒，以保護公共利益，遂謂凡法律皆為公法，而昧於法律亦有以保護私人利益

爲目的者，故不足探。

亦有謂凡法律皆爲私法者，其說略謂國家制定法律，不外由於各個私人的遵守，以維護私人的利益，故應均認爲私法。此說昧於國家有強制人民遵守法律的義務，而法律亦有維護公共利益爲目的者，故謂法律皆爲私法，而無公法，亦是不妥。

法律既有區別爲公法與私法的必要，而法律又並非皆爲公法，或皆爲私法，然則公法與私法區別的標準何在？茲略述如下：

一、權力說

權力說又稱爲意思說，這說以權力關係爲區別公法私法的標準，公法爲規定不平等的權力關係的法律，有強制人民服從的權力，人民並無取捨意思的自由，例如刑法是；私法爲規定平等關係的法律，不含有權力服從的性質，而得以私人意思取捨於其間，如民法。

但是公法中亦有規定平等關係的，在理論上並無權力服從的關係者，如國際公法；私法中亦有規定權力及服從的不平等關係者，例如民法中關於親權行使的規定，便是具有權力及服從關係，故權力說不妥。

二、主體說

這說以法律規定的主體爲區別公法私法的標準，凡法律規定的主體，一方或雙方爲國家或公法人者爲公法，若規定的主體，雙方均爲私人或私團體者爲私法，換言之，凡是規定國家或公法人與人民間或私法人間的法律，是公法；僅規定人民相互間，人民與私法人間或私法人相互間的法律，便是私法。

此說亦欠妥當，例如刑法是公法，但刑法對於人民相互間的侮辱罪，亦有規定；又如民法是私法，國家與人民間的買賣行爲，仍然須適用民法中關於買賣的規定。

三、利益說

利益說又稱為目的說，這說以法律是否保護公益或私益，為區別公法私法的標準，凡以保護公益為目的者為公法，以保護私益為目的者為私法。

此說亦欠妥當，因為公益與私益，有時殊難為明顯的分別，國家及社會的公益，有時亦與個人的利益，直接或間接有關，而個人的私益，亦常影響國家及社會的公益。例如刑法上對於內亂外患及公共危險罪的規定，其目的固在保護國家及社會的公益，但與個人的私益，亦極有關係；又如殺人、傷害、強盜、強姦等罪刑的規定，其目的固在保護個人的生命、身體、財產及貞操，但與公共秩序及善良風俗有關，而刑法是公法。又如民法是私法，亦有尊重公益的規定，例如民法第 72 條規定：「法律行為有背於公共秩序或善良風俗者無效」，即其適例。

四、應用說

這說以法律的應用為區別公法私法的標準，凡法律規定的權利，不許私人的意思自由拋棄者為公法，其可以自由拋棄者私法。

此說亦不盡妥，例如有關選舉的法律是公法，但是人民可自由拋棄投票選舉的權利；又如民法是私法，但依民法第 16 條及第 17 條的規定，人的權利能力，行為能力及自由，均不得拋棄。

五、法律關係說

此說以法律規定的關係，為區別公法私法的標準。公法是規定公的權力關係，換言之，公法即是規定國家與國家間，或國家與人民間公的權力關係，例如國際公法為規定國家相互間公的權力關係的法律；憲法、刑法、行政法等為規定國家與人民間公的權力關係的法律，均屬於公法的範

圍。至於法律規定國家與公法人間、公法人相互間或公法人與人民間的權力關係，其性質亦不是屬於公法。

私法是規定私的權利關係，換言之，私法是規定個人相互間或國家與個人間私權關係的法律，例如民法、公司法等為規定個人相互間的法律，均為私法。至於法律規定國家與私人間，國家與私法人間，私法人相互間，或私法人與個人間的私權關係，亦是屬於私法的範圍。

此說以法律規定公的權力關係為公法，規定私的權利關係為私法，自法理上言，自屬適當。因法律所規定者，不問其主體為誰，意思何在，及利益誰屬，凡法律規定公的權力關係者，即為公法，故不僅國家得為公法的主體，即私人亦得為公法的主體，例如人民所行使有關選舉、罷免、創制、複決等權的法律是；凡法律規定私的權利關係者即為私法，故不僅私人為私權利義務的主體，以適用私法，即國家為私權利義務的主體時，亦應適用私法，例如國家租賃房屋，僱用工人，買賣物品等行為，均為私法上的權利義務，其與私人在私法上的權利義務關係無異，亦須適用私法的規定。

以上關於區別公法私法之各種學說，自以法律關係說為較妥。

第六節　實體法與程序法

關於實體法與程序法的分類，得就其意義及作用，分別說明之：

一、實體法與程序法的意義

實體法與程序法的區別，是以法律的實質及其施行的手續為分類的標準。實體法是規定權利義務或具體事件的法律，又稱為主法，例如民法為關於民事的實體法，刑法為關於刑事的實體法。

程序法是對於實體法如何運用或如何施行的法律，又稱為助法或手續

法[5]，例如民事訴訟法乃是規定實施權利義務的方法的法律，亦即是輔助民事施行的程序法；刑事訴訟法乃是規定實施國家刑罰權的方法的法律，亦即是爲運用刑法的程序法。

　　實體法與程序法的分類，亦是相對的，在實體法中亦有關於手續或方法等程序的規定者：如民法可謂爲典型的實體法，但其中亦有若干條文爲屬於程序的規定，例如關於法人登記事項，拾得遺失物的呈報，親屬編、繼承編規定中亦有報告官署呈報法院的明文規定，皆屬於程序法。又同一法律中包括實體法與程序法者甚多，例如社會秩序維護法及其他行政法。至於一種法律有施行法或施行條例者，其爲主法的法律，則爲實體法，例如土地法、國籍法；其爲助法的施行法或施行條例，則爲程序法，例如土地法施行法、國籍法施行條例。

二、實體法與程序法區別的作用

　　實體法與程序法區別的作用，在於彼此相輔爲用。有實體法而無程序法，則實體法等於具文，無從實現實體法上所規定的內容，和完成其目的；有程序法而無實體法，則程序法失所附麗，不啻無的放矢，亦無由發揮其作用。二者互有相輔相成的實益。

　　在學理上，實體法固與程序法相對稱；惟在實務上，則程序法恆先實體法而爲適用。例如：就民事案件而言，須先依民事訴訟法審究其在程序上應否受理，其不應受理者，法院應以裁定駁回之，此時已無適用其實體法（民法）的餘地；若認爲應依法受理時，然後再就民法的規定，從實體上以判決其有無理由；再就刑事案件言：須先在程序上依刑事訴訟法的規

5　將實體法稱爲「主法」、程序法稱爲「助法」，乃著眼於其表面之形式，事實上，程序法本身亦具有其自成一格之法理、準則，仍爲獨立之學門，非謂其附屬於實體法而存在，二者相輔相成，不可偏廢。

定，審究其公訴或自訴，應否予以受理，若認爲應依法受理時，再進而依刑法的規定，從實體上以判決被告有無罪行，其他如訴願及行政訴訟案件，亦莫不先從程序法而後及於實體法規定的適用。

依上所述，某種事件，有程序法及實體法之先後適用者，亦有僅以適用程序法爲止，而不及適用實體法者，因此其程序既不合法，即無在實體上以適用實體法的餘地。

第七節　母法與子法

關於母法與子法的分類，得分爲下列各點說明之：

一、母法與子法的意義

法律就其產生的關係著眼，得分爲母法與子法，凡一種法律係直接根據他種法律而產生者，其所根據的法律爲母法，其被產生的法律爲子法。惟母法與子法的關係，並不以根據法律而產生他種法律爲限，其根據甲法律以產生乙法律，因爲母法與子法的關係，即根據甲法律以產生命令性質的規章，或由規章而再產生規章，就法理上言，亦是母法與子法的關係，因根據法律而制定爲規程、規則、細則、辦法、綱要、標準或準則等規章，及由規章而再產生規章，比比皆是。

母法與子法的分別，既係從兩種法規的產生淵源關係著眼。因之，一種法規，得同時具有母法與子法的性質，乙法規根據甲法規而產生，甲法規爲母法，乙法規固爲子法；但若根據乙法規而再產生丙法規，則此時乙法規又爲丙法規的母法，丙法規爲乙法規的子法。

二、母法與子法的關係

此可分爲淵源關係與補充關係：

（一）淵源關係

此二者有其產生的淵源關係，已見前述，此種淵源關係，得巡稱之爲母子關係。其根據母法全部條文，以產生子法者，固有其淵源關係，即僅根據母法中某部分條文或僅係根據一條文以產生子法者，亦係淵源關係。

（二）補充關係

母法所未規定的事項，均得以子法規定以補充之。一種母法可以產生多數子法，其中包括法律或命令性質的規章，以補充母法規定的不周。

母法所規定的意旨，法例、及文句等，常由子法予以詮釋闡明，以便於適用，此亦係補充作用。

母法與子法有補充關係，二者係同時適用，並非先後適用，或彼此排斥，此與特別法排斥普通法而優先適用者不同。

三、母法與子法的區別

（一）制定先後的不同

子法既係由母法所產生，故母法的制定時期，恆在子法之前，惟公布及施行日期，彼此有相同者，且有以子法的施行日期爲其母法的施行日期者。

（二）內容詳略的不同

母法多爲原則性，基本性及一般性的規定，子法多爲具體性，細節性及個別性的規定。

（三）效力的強弱不同

二者既有淵源關係，故母法的修正或廢止，恆影響子法的修正或存在；反之，子法的修正或廢止，則於母法的存在，並無影響。

二者的區別，除上述各點外，若母法與子法，均爲法律案，其制定機關及制定程序，均須由立法院經過立法程序以制定之；若母法爲法律案，

子法爲命令性質的規章，則母法爲立法機關循立法程序所制定，子法則否，僅由有權制定該項規章的機關予以制定之，亦爲此二者區別之點。

四、母法與子法區別的作用

此二者區別的實益，乃在表現彼此間的淵源關係及補充作用，從而明瞭其相互間的效力。

第八節　原則法與例外法

原則法與例外法的區別，是以法律所規定的事項是否爲一般的原則性，以爲分類的標準。

一、原則法與例外法的意義

原則法是關於某特定事項的規定，可以一般適用的法律，換言之，其他法律對於某特定事項，雖無明文規定，除有特別限制者外，均得適用對於特定事項有規定的法律，例如民法第 6 條規定：「人之權利能力，始於出生，終於死亡」，此種原則性的規定，無論其他法律關於人之權利能力的始終，除有特別限制者外，均可適用，是爲原則法。

例外法乃是關於某特定事項，不應受原則法的規定，而另有特別規定的法律，例如民法第 7 條規定：「胎兒以將來非死產者爲限，關於其個人利益之保護，視爲既已出生」，即是民法第 6 條的例外法，而第 6 條亦即係第 7 條的原則法。

所謂原則法，係指含有一般性質均可適用其規定而言，例外法係指某特殊事件而不適用其原則性的規定而言。此與法律條文中常用「但書」的規定，其作用頗相類似，例如民法第 71 條規定：「法律行爲違反強制或禁止之規定者無效；但其規定並不以之無效者，不在此限」；第 1001 條

規定：「夫妻互負同居之義務，但有不能同居之正當理由，不在此限」。各該條文中「但書」以前是原則性的規定，「但書」以後，則是例外性的規定。不過法文用「但書」字樣，恆為相反意義的規定，且其涵義包括較廣。而例外法對於原則法雖並不以相反的意義為限，惟以例外法所明文規定者，始得不適用原則法的規定。

　　法律條文上先有原則性的規定，再附以例外的規定，原無不可；惟若例外漫無限制，則原則性的規定，將失其作用，而形同具文。

　　又原則法與例外法的區別，亦是相對的，常因法律思想的轉變，或社會情勢的變遷，法律規定的事項，原為原則法者，反變為例外法；有時本為例外法者，反變為原則法，要視立法意旨之所在及其明文規定以為斷。

二、原則法與例外法區別的作用

　　原則法與例外法的區別，在適用上有實際上的作用：即是「例外法應從嚴解釋」，不得為類推解釋、擴張解釋或縮小解釋，在適用時應以例外法的明文規定為限，始排斥原則法的適用。從大體上言之，民事方面例外法較多；刑事方面例外法較少。

第九節　固有法與繼受法

　　固有法與繼受法的區別，是以法律思想的來源為分類的標準。凡是根據本國原來的文化、風俗習慣、社會狀況及政治組織而制定的法律，稱為固有法，我國在海禁未開以前各代的律例，完全以歷代的文化及國情民俗為其精神，可謂為固有法，因而固有法在私法方面較多；凡是受外國文化及法制思想的影響，因而參酌制定為本國法律，稱為繼受法。因而繼受法在公法方面較多。我國自清朝維新變法以後，其採西歐的法治思想，以修訂的法律，即是繼受法。又如德國在公元 15 世紀時，多繼受羅馬法，日

本古時多繼受我國隋唐諸律，近世紀則多繼受歐美的法制。

固有法與繼受法的多寡與文化是否進步，交通是否發達，至有關係。古代民智閉塞，交通阻隔，國際的往還甚少，法制思想無由交流，故各國多為固有法；迨後文化日啓，交通便利，國際往返頻繁，法制思想遂亦受其影響，取人之長，補己之短，固有法逐漸變質而成為繼受法。繼受法又浸浸駕凌固有法而上之，將來各國固有法將日見減少，繼受法將益見增多，恐為必然的趨勢。

固有法與繼受的區別，亦是相對的，甲法律本為繼受法，惟乙法律若係依據甲法律思想而制定，則甲法律對乙法律而言，甲法律又為固有法，而乙法律則為繼受法。故一種法律其所繼受的法律，及其所產生的法律而言，得同時具有固有法與繼受法的兩種性質。

固有法性對繼承法而言，固有法即被繼受法，因係產生外國法的淵源，故亦得稱為廣義的母法；繼受法為固有法所產生，亦得稱為廣義的子法。此與第七節所述母法與子法，均係以本國法為著眼點，根據一種法律，而另行制定其他法律或規章者，其觀念仍屬有別。

第十節　國內法與國際法

國內法與國際法的區別，是以法律的制定是否由一個國家，及法律的施行是否以一國領土為限，為其分類的標準。凡法律由一個國家所制定，其施行區域，僅以一國的領土為其範圍者，為國內法，如我國的民法、刑法等法律均是。若法律為一般國際社會所公認的法則，其施行的區域，並不以一國的領土內為限，而在國家與國家的相互間，方可以施行者，為國際法。例如以前的「關稅貿易總協定」，現在「世界貿易組織」各會員國

間之各種協定。[6] 關於國際法的觀念，有尚須說明者二點。

一、國際法並非條約

條約僅是規定特定國家相互間的關係，締約國以外的國家，即不受其拘束，換言之，締結條約的國家，無論僅為兩國，或為兩國以上的國家，要僅能拘束締約的當事國，未參加締約的第三國，即無受其拘束的餘地，故與國際法之為一般國家所公認為國際社會間的法則者，性質不同，此其一；又國與國間條約的締結，未必合於公理正義，且多特定的時間性，此與國際間所公認的國際法合於一般的公理正義，及含有永久性質者不同，此其二。

二、國際法的種類

國際法可大別為國際公法及國際私法。而國際公法又可分平時國際公法與戰時國際公法。所謂平時國際公法，乃是規定國際間和平時期所應相互遵守的法則，例如：國家獨立權、平等權、自衛權、相互尊重權、交通權，及在彼此國境內，互設使領館或其他代表機構、派駐人員，及行使國際禮節等事項的規定。所謂戰時國際公法，乃是規定國際間戰爭時期所應相互遵守的法則。例如，關於俘虜的處理，傷病敵人的待遇，以及關於交戰國與中立國權利義務等事項的規定。至於國際私法，雖冠有「國際」二字，實為國內法的一部分，因國際私法，乃係以本國主權的立場，對於不同國籍的當事人間所發生的私法上權利義務事件，而確定這些事件應適用何國的法律，例如我國現行的涉外民事法律適用法，其性質即為國際私法。

6　「關稅貿易總協定」即所謂 GATT（General Agreement on Tariffs and Trade）；其即為現在「世界貿易組織」（World Trade Organization, WTO）之前身。

學者亦有謂國際法並非法律者，其理由有三：

（一）國際法無強制力

因法律以強制力為其成立的要素，故對於違反法律者，國家即予以制裁；國際法則無強制力，對於違反國際法者，並無制裁的方法，惟有訴諸戰爭一途，以為解決方法，而戰爭的勝敗誰屬，亦難預料，故國際法非法律。惟法律固多含有強制性質，其無強制性者，亦並非無之，如民法及各種商事法律，即有任意性質的規定。國際法既為國際間所認許，即含有各國應予遵守的作用在其間，不得謂無一定的制裁方法，遂謂為無法律的性質，且現在國際上有所謂集體制裁，對於違反國際上法則的國家，而聯合的予以譴責干涉，或出以禁運絕交等方式，甚或以聯合戰爭的手段，以加諸違反國際法的國家，亦不失為國際上的制裁方法。

（二）國際法無立法機關

國內法律須由國家的立法機關制定之；國際法則並無國際上的立法機關，故不得謂為法律。惟國際法的成立，或為各國間相互的協議，或為國際間所共同承認，即不啻亦有立法的作用，故國際法不得因無具體的立法機關，而遂謂為無法律的性質。

（三）國際法無裁判機關

違反國內法者，有司法機關或行政審判機關以為裁判；而對於國際法的違反者，則無裁判機關以裁判其曲直，故不認其具有法律性質。惟現在之國際法庭，雖非加國內法庭之具有效力，然對於國際上的糾紛案件，仍依據國際法例以判斷曲直，固不得謂非國際間的裁判機關，從而否認國際法的存在。

國際法既亦具有法律的性質，其與國內法的關係如何？二者的效力如何？分述如下：

一、國內法與國際法的關係

（一）國內法與國際法互為淵源

例如國際間關於領土移轉的規則，國際法即受羅馬法的影響[7]，而各國間關於罪犯引渡的法律，又多採取國際法的原則，即政治犯不得為引渡的對象。

（二）國內法與國際法互為補充

即是二者在適用時，對於某種名詞或某種事例的定義，常互相援引，或彼此作為依據，以為認定。又國內法得規定對於某類事項，在國內法無規定時，得參照國際法辦理[8]。

（三）國內法輔助國際法的執行

即是國際法在執行上常有賴於國內法的輔助，例如關於外交上使節所享有的治外法權，為國際法所賦予，而此種治外法權所包括的事項，如免除所在國法權的管轄，免除賦稅的繳納等事項，恆於國內法中規定之，以實現國際法的要求。

---

[7] 羅馬法大抵為私法思想之淵源，關於領土移轉，本屬於公法之範圍，惟羅馬法尊重當事人之自由意思，及重視既成之事實，舉凡國家之領土，因交換、買賣、贈與及割讓等方法而取得者，仍認為具有公法上之效力，此或因當時羅馬帝國之領土大增，東至小亞細亞，西至葡萄牙，南至北非海岸，北至英國邊疆，多係由於攻略占領而來所形成之觀念，浸至演變成為現代平時及戰時國際公法對於領土移轉之一般法則。

[8] 民用航空法第121條規定：「本法未規定事項，涉及國際事務者，民航局得參照有關國際公約及其附約之所訂標準、建議、辦法或程序報請交通部核准採用，發布施行」。

電信法第71條：「本法未規定事項，交通部得參照有關國際電信公約及各項附約所定標準、建議、辦法或程序採用施行」。

郵政法第13條規定：「關於各類郵件或其事務，國際郵政公約或協定有規定者，依其規定。但其規定與本法牴觸者，除國際郵件事務外，適用本法之規定。」

（四）國內法有時須受國際法的限制

即是國內法在立法時，其涉及國際事項者，有時須受國際法的限制，例如所謂電信、所謂領海、所謂海盜，在國際法上大抵有一定的涵義與範圍，國內法對於此等定義或範圍，不得爲擴充或變更的規定。

二、國內法與國際法的效力

國內法與國際法的規定，其內容互相牴觸時，其效力如何？此時究應適用國內法？抑適用國際法？換言之，二者孰應優先適用，即是應以何者的效力爲強，關於此問題，學者的見解不一：

（一）有謂國內法的效力優於國際法

因爲國內法的制定，由於國家主權的行使，而國家的主權乃爲至高無上，不受任何限制，故國內法若與國際法有所牴觸時，應適用國內法而排斥國際法。

（二）有謂國際法的效力強於國內法

因爲國際法既爲各國所承認，即有相互遵守的義務，若國際法與國內法互有牴觸時，捨國際法而適用國內法，則國際法勢必等於具文，有違國際道義，亦非國際和平之福，故應以國際法的效力爲強。

（三）有謂國際法與國內法效力的強弱

應就規定的內容，分別從法理及事實上而爲認定。換言之，國內法所規定的事項，完全基於國家主權的行使，並不涉及國際性質者，則國際法如與國內法相牴觸時，自當適用國內法的規定；又國際法的規定事項，如與國家主權者的意思相違反，或含有強制壓迫或凌辱等性質時，自無遵守的義務與必要。在此情形，國際法自無發生其效力的可能。反之，國內法規定的事項，雖由於國家主權的行使，惟涉及國際性質，例如領海範圍的規定，若國內法與國際法有所牴觸時，應以國際法的效力爲強，否則，國

內法雖有相歧的規定，然在實施時在國際間仍屬窒礙難行，不能生效。關於國內法與國際法牴觸時效力的認定，以此說爲較妥當。

第十一節　其他類別

關於法律的類別，除以上所述者外，尚有下列之分類：

一、衡平法與嚴正法

此二者的區別，是以適用法律時裁量程度的強弱，爲分類的標準。衡平法乃指法律所規定的事項，法院或其他適用法律者，得斟酌事理以爲裁判或予以處理。例如：民法第 252 條規定：「約定之違約金過高者，法院得減至相當之數額」；第 318 條第 1 項規定：「債務人無爲一部清償之權利。但法院得斟酌債務人之境況，許其於無甚害於債權人利益之相當期限內，分期給付，或緩期清償」是（並參照民事訴訟法第 397 條）。

嚴正法乃指法律所規定的事項，法院或其他適用法律者，必須嚴謹硬性的適用，而無斟酌伸縮的餘地者是，亦稱爲嚴格法。

二、直接法與間接法

此二者的區別，是以法律對於一定的社會生活事項，是否直接規定，而逕予以適用，爲分類的標準，直接法乃就社會法律關係直接規定，而逕行適用的法律，如民法、刑法、行政法及各種程序法。

間接法乃對於直接法所規定的事項，如何輾轉適用之法，例如現行之涉外民事法律適用法，即爲間接輾轉適用外國法，以解決國內外法律相互間的衝突，得謂爲間接法[9]。

---

[9]　直接法亦稱爲實質法，間接法亦稱爲形式法。實則此二者的區別，殊難有明確

三、永久法與暫時法

此二者的區別，是在制定法律時是否有永久存續的性質，以為分類的標準。永久法是於制定時，即含有永遠需要及繼續存在的法律，例如：民法、刑法、民事訴訟法、刑事訴訟法等法律，故永久法又稱為經常法。

暫時法是於制定時，即含有臨時的、短暫的性質，因適應一時的需要，而予以制定，迨事過境遷，即予以廢止，或因而另訂他法，故暫時法亦得稱為過渡法，如憲法實施準備程序及訓政結束程序法[10]。凡臨時性機關的組織法，均為暫時法。暫時法有於條文中明定其施行期間者，故又稱為限時法。

四、平時法與戰時法

此二者的區別，是以法律究於平時或戰時適用，以為分類的標準，平時法乃為平時所適用的法律，如民法、刑法、著作權法、商標法、訴願法等多數法律，其於戰時雖亦照常適用者，仍不失其為平時法。又平時法與永久法的觀念，不得混為一談，因雖係平時適用的法律，未必有經常而永久存在的性質。

戰時法乃為戰時適用的法律，如戒嚴法等法律。依我國現行立法例，舉凡法律名稱冠以「戰時」、「非常時期」、「戡亂時期」、或「動員戡亂時期」等字樣者，大抵皆為戰時法。又戰時法與暫時法的觀念，亦不得混為一談，因雖係暫時法，未必即有戰時法的性質。

的標準，因任何一種法律，對於某種事項或法律關係，均直接有所規定，以為適用；且此種分類，與實體法與程序法的分類，極為近似，而易於混淆，有無區分為直接法或間接法的必要，不無存疑的餘地。

[10] 憲法實施準備程序，係於民國 35 年 12 月 24 日國民大會通過，36 年 1 月 1 日國民政府公布，該程序雖未以「法」名，惟立法院歷次所編之「中華民國法律彙編」中，均認為其有法律的性質與效力。

　　關於法律的類別，因著眼點不同，得為各種的分類，具見上述。此外法律得分為，行政法、立法法、司法法、考試法及監察法，係以五種治權的屬性，為分類的標準。而行政法之中，又得依行政事項的種類，而再分為內政法、外交法、軍事法、教育法、財政法、經濟法及交通法等類別，不勝枚舉，意義明顯，毋庸闡述。

第八章

法律的制定

關於法律的制定，可分爲法律的制定機關、法律的制定程序、法律的制定形式及法律的規定事項，茲分節說明之。

第一節　法律的制定機關

法律的制定機關，即爲立法機關，在各國制定法律之權，屬於國會，國會即爲立法機關；在我國五權分立的制度，法律的制定機關爲立法院。惟我國憲法採均權制度，屬於中央的立法權，由立法院行使之；屬於直轄市的立法權，則由直轄市議會行使之；屬於縣的立法權，則由縣議會行使之。若自廣義言之，立法院及市議會縣議會均爲立法機關，惟立法院爲國家最高立法機關，由人民選舉的立法委員組織之，代表人民行使立法法權（參照憲法第 62 條）。

依照憲法第 170 條規定：「本憲法所稱之法律，謂經立法院通過，總統公布之法律」，又依中央法規標準法第 4 條規定：「法律應經立法院通過，總統公布」，故凡屬法律，必須經立法院通過。直轄市、縣議會雖亦均有立法之權，惟其所通過的立法事項，不得稱之爲法律，究應用何種名稱？抑僅以規程、規則、細則、辦法、綱要、標準或準則等名稱爲限？現

行法律尙無明確的規定[1]。而要之關於法律的制定機關，則爲立法院。其他任何機關均無制定法律之權。

立法院爲立法機關，有議決法律案、預算案、戒嚴案、大赦案、宣戰案、媾和案、條約案及國家其他重要事項之權，此等職權得槪稱之爲立法權，立法權雖包括上述各事項，惟議決法律案，即係制定法律，乃爲立法院主要的及經常的職權。

法律的制定機關，固爲立法院，惟依憲法第 17 條的規定，人民有創制及複決之權，而創制複決兩權的行使，以法律定之（憲法第 136 條）。我國於 2003 年制定公民投票法，乃具體規範如何落實人民創制、複決兩權行使的法律。人民提出立法原則之創制案，倘經公民投票通過，仍須由行政院研擬提出具體法律草案，送立法院審議三讀通過，才能正式成爲法律（公民投票法第 30 條）。

第二節　法律的制定程序

所謂法律的制定程序，乃指制定法律時所經過的步驟或階段而言。通常稱爲立法程序。各國制定法律的程序，並不一致。我國現在的立法程序[2]，得分述如下：

---

[1] 中華民國憲法第 116 條、第 117 條及第 125 條均規定有「國家法律」、「省法規」、及「縣單行規章」等不同用語，其由中央立法固然稱爲法律，但地方自治法規之名稱，則依地方制度法第三章第三節「自治法規」之規定，視情形分別稱爲「自治條例」或「自治規則」。

[2] 民國 17 年 3 月 1 日前國民政府公布有「立法程序法」，因民國 21 年 6 月 23 日公布「立法程序綱要」後而失效，嗣該綱領亦早已失效。現在有關立法程序的法規，可參看立法院組織法、立法院職權行使法，立法院各委員會組織法，及立法院通過的修正立法院議事規則。

一、提案

　　所謂提案，乃指法律案的提出。法律的提案與法律的制定，涵義不同，提案僅爲制定法律整個程序中的初步階段，制定法律之權，僅以立法院爲限，惟法律的提案權，則並不以立法院的立法委員爲限，行政院、司法院、考試院及監察院、均有向立法院提出法律案之權[3]。

　　立法委員提出的法律案，應有立法委員法定人數的連署；行政、司法、考試、監察四院關於所掌事項，得向立法院提出法律案，不過各該院提出法律案，須先經各該院會議議決通過後始可。至於行政、司法、考試、監察四院的所屬機關，如欲提出法律案，亦必須經過其主管院，以其主管院的名義提出之，各該所屬機關，不得逕向立法院提出法律案。

　　法律案提出時，是爲法律草案，應以書面爲之，並應附具條文，其所以提出該項法律案的理由，或總括的說明，或逐條說明，均無不可。

　　法律案提出後，原提案的立法委員，或提案的各機關，得撤回原提案，惟原提案的立法委員如撤回提案時，應先徵得連署人的同意。至於撤回原提案，應於何時爲之？換言之，法律案提出後，已進行討論而在讀會程序中，在未完成二讀前，原提案者，得經院會同意，撤回原案[4]。

二、審查

　　依憲法提出於立法院的議案，由機關提出者，應先經立法院有關委員會審查，報告立法院會議討論，但於必要時，得逕提院會討論；議案由立

---

[3]　行政院及考試院有權向立法院提出法律案，憲法第58條及第87條有明文規定，監察院、司法院亦有權提出法律案，是司法院大法官會議釋字第3號解釋及第175號解釋有案。自憲法精神言之，總統並無向立法院提出法律案之權，總統如欲制定或修改某種法律，以透過行政院，而由行政院提出之爲宜。

[4]　依立法院職權行使法第12條第1項之規定：議案於完成二讀前，原提案者得經院會同意後，撤回原案。

法委員提出者，應先提出院會討論。法律案屬於議案的範圍，亦自適用此種程序。

立法院各委員會審議案件，須經初步審查者，由委員若干人輪流審查；必要時得由召集委員推定委員若干人審查。各委員會所議事項，有與其他委員會相關聯者，除由院會決定交付聯席審查者外，得由召集委員報請院會決定與其他有關委員會開聯席會議。

立法院各委員會開會時，應邀列席人員，得就所詢事項說明事實或發表意見。至於應邀列席人員，不以原提案機關的人員為限，即其他有關機關的人員，亦得應邀列席備詢或發表意見。

三、討論

立法院各委員會審查議案的經過及決議，應以書面提報立法院會議討論，並由決議時的主席或推定一人向院會說明。所謂討論，即是進行議會的程序：第一讀會大抵是將議案朗讀後，即交付有關委員會審查，或議決逕付二讀，或不予審議；第二讀會應將議案朗讀，依次逐條提付討論，議案在第二讀時，得就審查意見或原案要旨先作廣泛討論，廣泛討論後，如有出席委員提案，十五人以上連署或附議，經表決通過，得重付審查或撤銷之；第三讀會，除發現議案內容有互相牴觸，或與憲法及其他法律相牴觸者外，祇得為文字的修正，因之，第三讀會應將議案全案逐付表決[5]。

四、決議

立法院對於法律案應經三讀會議決定之，法律案的決議，以出席委員過半數的同意行之，可否同數時，取決於主席[6]。法律案既經立法院決議通

---

[5]　參照立法院職權行使法第二章「議案審議」（第 7 條至第 15 條）。

[6]　依照立法院議事規則的規定，討論終結或停止討論的議案，主席應即提付表決，或徵得出席委員同意後，定期表決。立法院議案的表決方法，分為：（一）

過後，制定法律的程序，即告完成，是即所謂「立法程序」。

　　關於法律之制定，有所謂「包裹立法」者，乃指法律所規定的內容甚或各別法案，並不逐案、逐條或逐項分別討論或議決，而係就全部法案，予以整體的議決通過，即為完成立法程序，此於立法品質，自不無負面影響，衡以立法程序之主旨及作用而言，未免不合。

　　法律案經立法院議決通過後，尚須送經總統公布施行，始得發生效力，容於次章詳述之。

第三節　法律的制定形式

　　法律的制定，應具備何種形式？現行中央法規標準已有明文規定，自成文法的意義及立法慣例言之，法律自應具有一定的形式，即：

一、法律應具有條文式

　　法律在形式上表現於文句者，應分為若干條，是即所謂「法條」，亦稱條文式。中央法規標準法第 8 條規定：「法規條文應分條書寫，冠以『第某條』字條，並得分為項、款、目。項不冠數字，空二字書寫；款冠以一、二、三等數字；目冠以（一）、（二）、（三）等數字，並應加具標點符號，『前項所定之目再細分者，冠以 1、2、3 等數字，並稱為第某目之 1、2、3』」。換言之，若於某條文之中分有段落，每股均係另行敘起，不冠數字者，通常稱為「項」，若於每條或每項文句中，再分段落，而冠以順序的數字者，即稱為「款」：在每款文句之內，冠以附有括弧的

口頭表決；（二）舉手表決；（三）表決器；（四）投票表決；（五）點名表決。表決應就可否兩方依次行之，用口頭方法表決，不能得到結果時，改用舉手或其他方法表決；用舉手方法表決可否兩方均不過半數時，應重行表決；用投票或點名方法表決，可否兩方均不過半數時，本案不通過。

順序數字者,則稱為「目」,例如某某法第幾條第幾項第幾款第幾目,或第幾條第幾款第幾目是,此乃法規條文習慣上的稱謂及法例上應具備的形式,以便援引,此其所以與預算案須立法院議決及總統公布而無條文式者有別。

法律內容繁複或條文較多者,得劃分為:編、章、節、款、目(參照中央法規標準法第 9 條),例如:民法、刑法、民事訴訟法及刑事訴訟法等法律,每以法律條文的內容或性質相近者,分別為編、章、節、款、目,以便於查考適用。

至於法律在修正時所具有的條文形式,容於「法律的修正」一章中另述之。

二、法律應有其定名

法律固應具有形式的條文,須立法院議決及總統公布之,此與條約案亦須經立法院議決,有時並須總統公布,且亦具有條文式者,並無不同,然則法律與條約案究有何區別?是在法律必須有其定名。換言之,法律在形式上表現於名稱者,則定名為法、為律、為條例、為通則,前已於「法律的定名」一章中詳述之。條約案不得為上述的定名,自與法律有別。

第四節　法律的規定事項

所謂法律的規定事項,乃指某種事項,應以法律規定之,換言之,構成法律的內容,究係何種事項。關於法律的規定事項,各種法律本不相同,例如國民大會組織法所規定者,為有關國民大會的組織事項;民法所規定者,為民事的實體事項;刑法所規定者,為刑事的實體事項;著作權法所規定者為關於著作權的事項是。此乃屬於各別法律的內容,及各別法律所應研究的範圍。茲所敘述者,乃為一般法律所規定的事項,在原則上

應以何種事項爲其規定的內容。

　　依照中央法規標準法第 5 條規定：「下列事項，應以法律定之：一、憲法或法律有明文規定應以法律定之者；二、關於人民之權利、義務者；三、關於國家各機關之組織者；四、其他重要事項之應以法律定之者。」亦可謂爲此等事項，即是法律所應規定的事項，茲分述如次：

一、憲法或法律有明文規定應以法律規定的事項

　　憲法有明文規定應以法律規定的事項甚多，例如第 61 條：「行政院之組織，以法律定」，第 46 條：「總統副總統之選舉，以法律定之」等是，其他各條有「以法律定之」的規定，不勝枚舉。又憲法條文中雖非逕用「以法律規定之」的字句，而有「依法律」或「依法」的字句者，亦是應以法律規定的事項[7]。

　　憲法條文中並無「以法律規定之」，亦無「依法律」或「依法」的字句，而有「由中央立法」的規定者[8]，則其事項，是否必須以法律規定之？自法理上言，以採肯定說爲宜，其事項亦應認爲有明文規定應以法律規定之。因憲法既規定係「由中央立法」，而中央的立法機關則爲立法院，經過立法院依立法權所規定的立法事項，自應認爲應以法律規定的事項。

　　至於法律有明文規定應以法律規定的事項，亦所習見，例如司法院組織法第 6 條規定：「司法院設各級法院、行政法院及懲戒法院；其組織均另以法律定之」；土地法第 9 條規定：「本法之施行法，另定之」，法律既有明文規定應以法律定之，則其事項，自爲法律所應規定的事項。

---

[7]　中華民國憲法第 19 條：「人民有依法律納稅之義務」，第 20 條：「人民有依法律服兵役之義務」，第 24 條：「凡公務員違法侵害人民之自由或權利者，除依法律受懲戒外……」，第 41 條：「總統依法任免文武官員」，第 42 條：「總統依法授與榮典」等條文，則凡關於此等事項，即應以法律定之，亦即現有的兵役法、兵役法施行法、各種稅法、公務員懲戒法、公務人員任用法等法律。

[8]　參照中華民國憲法第 107 條、第 108 條。

二、關於人民權利義務的事項

　　人民的權利，應予保障；人民的義務，應使其履行。故關於人民的權利義務，為法律所應規定的事項，乃為法治國家所應爾。惟所謂：「關於人民權利、義務」，其涵義甚廣，社會上各種事項，幾無不直接或間接與人民的權利義務有關，即小之如公園遊覽規則，街道車馬通行規則等，亦不得謂與人民的權利義務毫無關係，若一一制定為法律，亦顯非所宜，因之，人民的權利義務為法律所應規定者，在理論上應認為人民權利義務的得喪或變更的事項為宜，若與人民的權利義務，並不發生得喪或變更的影響者，亦自非必須以法律規定的事項。

三、關於國家各機關的組織事項

　　國家各機關的組織，關係制度的建立、職權的歸屬及預算等問題，故為法律所應規定的事項，以昭鄭重，例如各機關的組織法是[9]。這些組織法的內容，大抵包括下列事碩。至於各機關經費的來源，在組織法完成立法程序後，即可照編列的預算動支，無庸在組織法中予以規定：

（一）職權

　　機關職權的根據如何？內容如何？範圍如何？應予明白規定。

（二）系統

　　機關隸屬於何機關？由何機關指揮監督？有無所屬機關？在系統上的地位如何？亦應明定。

9　中央法規標準法規定國家各機關的組織，應以法律定之，而關於地方各機關的組織，則並不在其列，其原因乃由於我國憲法係採中央與地方均權制度，國家各機關的組織，屬於中央立法的事項；地方自治機關的組織，地方制度法另有規定。

（三）單位

機關的內部，分爲若干單位，應有規定，例如：分爲局、廳、司、處、組、科、股等單位。這些單位，是一整個機關的構成部分。

（四）員額

機關的人員應用何種職稱，例如：院長、部長、次長、參事、司長、秘書、科長、科員等類名稱是，需用若干人員，其名額及官等或職等，亦須明確規定。

四、其他重要事項之應以法律定之者

依憲法第 63 條的規定，立法院有議決其他重要事項之權，立法院或有權向立法院提出法律案之機關，若認爲國家其他重要事項，有以法律規定的必要者，雖非中央法規標準法第 5 條第 1、2、3 各款所指的事項，亦得制定爲法律，如關於國徽國旗事項，宣誓事項，公文程式事項，並非上述各種事項所能包括，但亦以法律規定之，而制定爲中華民國國徽國旗法、宣誓條例、公文程式條例[10]。

關於法律所應規定的事項，已如上述，應以法律規定的事項，即不得以命令定之（中央法規標準法第 6 條）。否則，即爲違法。

又法律關於事項的規定，有所謂「擬制規定」者，乃指某種事件在本質上本非如此，惟法律則賦予其性能，以形成爲另一種事件者，例如團體

---

[10] 關於應以法律規定的事項，中央法規標準法第 5 條第 4 款規定：「其他重要事項之應以法律定之者」，而將民國 40 年 11 月 23 日公布的中央法規制定標準法第 4 條第 4 款：「關於法律之變更或廢止者」（按民國 18 年 5 月 14 月公布法規制定標準法，才有同樣規定），予以刪除。所謂法律的變更，不外是法律的修正和特別法變更普通法的規定，惟現行的中央法規標準法，對於特別法變更普通法，以及法規的修正和廢止，已均有所規定（本法第 16 條、第 20 條、第 21 條、第 22 條），均須經過立法院通過，則「關於法律之變更或廢止之者」，應以法律定之，已無再在本法第 5 條規定的必要，自可予以刪除。

組織本非自然人，而無人格，惟法律若規定其具備某種要件，即為法人，賦予人格，使其有權利能力及行為能力，並無不可，是即為擬制規定。

第九章

法律的公布

　　法律制定的目的，乃在於施行，欲使法律施行，必須予以公布，法律的公布，乃是國家將法律向外公開表示的行為，國家於法律公布之後，始得適用該法律，一般國民始得明瞭法律的內容，而遵守勿替。茲將關於法律的公布方法，法律的公布機關，及法律的公布與施行等問題，分別述之。

一、法律的公布方法

　　關於公布法律的方法，因時代進步而有不同，約有下列數種：

（一）朗誦法

　　古時公布法律，每於人民集合的場所朗誦之，以使一般人民周知法律的內容，惟朗讀後，易於忘記，難以查考，是其缺點。

（二）公簿登錄法

　　將法律的條文，登記於公共的簿冊上，置於公共場所，以備人民閱覽，這方法難使法律普遍周知，是其缺點。

（三）揭示法

　　將法律條文揭示於公共場所，使眾周知，其缺點易於塗抹毀損，難以保存久遠。

（四）傳觀法

將法建條文輾轉傳遞，以供人民閱覽，惟手續繁複迂緩，不無缺點。

（五）公報公布法

將法律登載於政府的公報，作為公布，既便於閱覽，復易於保存查考，這方法現在各國均採用之。惟因人民智識尚不整齊，閱讀公報者為數不多，所以公布法律，每兼採公報公布及揭示的方法。

二、法律的公布機關

法律制定之權，屬於立法機關；法律公布之權，則屬於國家元首。惟國家元首對於立法機關通過的法律案，是否必須公布，不得否決（Veto）？各國制度不一。其不許元首否決者極少，波蘭 1921 年憲法，即其一例。其准許元首否決者，又得大別為兩種情形，即：（一）絕對否決權。法律案經議會通過之後，移送元首公布，元首不予公布，該項法律案即歸消滅，是為絕對的否決權。此制創始於英國，君主國家多採用之，惟實際上君主國的元首行使這種權力者甚少；（二）限制的否決權。法律案經立法機關通過之後，移送元首公布，元首若不贊同，僅得交還立法機關覆議，立法機關不維持原案時，該項法律案始歸消滅，而不成為法律，是為限制的否決權，或停止的否決權。此制創始於美國各邦，現代民主國家多採用之，而於憲法中予以明文規定。要之，國家元首對於立法機關所制定的法律，除憲法有特別規定外，不得拒絕其公布。

依我國現行制度，法律須由總統依法公布之。法律既經立法院通過後，即移送總統及行政院，總統應於收到後十日內公布之，但是行政院認為法律案有窒礙難行時，得經總統的核可，移請立法院覆議[1]。而移請覆

---

[1] 中華民國憲法第 37 條：「總統依法公布法律，發布命令，須經行政院院長之副署，或行政院院長及有關部會首長之副署」；憲法增修條文第 3 條第 2 項第 2

議，不以法律案的全部內容窒礙難行為限，即僅以法律案的少數條文窒礙難行亦可。法律案既移請覆議，即應暫緩公布，覆議時，如經全體立法委員二分之一維持原案，行政院院長應即接受該決議或辭職，如接受該決議時，總統應即將該法律案依法公布。

　　總統公布法律，須經行政院院長的副署，或行政院院長及有關部會首長的副署，始具備公布法律的要件，否則，未經副署而頒布的法律，自應認為無效[2]。至於此種副署制度的作用，不外是：（一）表示行政院代總統對立法院負責，含有責任內閣制的意義；（二）表示行政院所屬的有關部會首長，與行政院院長負有連帶責任；（三）使行政院院長與有關部會首長對於總統頒布的法律，於公布前有知悉明瞭的機會，並得在該法律施行前預為必要的準備工作，如認為有窒礙難行時，得依法報經總統核可，移請立法院覆議。

三、法律的公布與施行

　　法律或規章應規定其施行日期，或授權以命令規定其施行日期（參照中央法規標準法第 12 條）。

　　法律固須於公布後始得施行，惟公布與施行，仍不得混為一談，法律因公布施行而生效，若僅公布而不施行，則尚無效力可言。因之，法律的公布、施行及生效、互有關係，而仍有區別。有所謂同時施行主義與異時施行主義。同時施行主義，乃不問全國各地距離的遠近，一律以法律公布

款：「行政院對於立法院決議之法律案、預算案、條約案，如認為有窒礙難行時，得經總統之核可，於該決議案送達行政院十日內，移請立法院覆議。」；第 170 條：「本憲法所稱之法律，謂經立法院通過，總統公布之法律。」中央法規標準法第 4 條：「法律應經立法院通過，總統公布。」

[2] 依憲法增修條文第 2 條第 2 項規定：總統發布行政院院長與依憲法經立法院同意任命人員之任免命令及解散立法院之命令，無須行政院長之副署，不適用憲法第 37 條之規定。

之日爲其施行之日，或由公布之日起算，經過一定日期之後，方爲全國施行之日；異地施行主義，則以全國各地距離的遠近，爲施行日期的標準，或以公布之日施行，或於登載法律的公報到達之日施行，或經過一定期間後施行。

　　關於法律的公布與施行，依照我國現行中央法規標準法的規定，約可分爲三種情形，即是：法律有明定自公布日施行者，亦有特定其施行日期者，亦有同一法律而異其施行日期及區域者，茲分述之。

（一）法律自公布日施行者

　　法律每於最末一條明文規定：「本法自公布日施行」，是法律公布之日，即爲其施行之日，惟並非其生效之日。中央法規標準法第 13 條規定：「法規明定自公布或發布日施行者，自公布或發布之日起算至第三日起發生效力。」就法律及規章分別言之：法律若明定自公布之日施行者，則自公布之日起，算至第三日起生效，不問全國各省市與公布法律的首都，距離的遠近，其法律生效的日期，則各省市完全相同；如係規章，則自發布之日起，算至第三日起生效，不問各地與發布該項規章的機關，距離的遠近，其規章生效的日期，則各地完全相同。

（二）法律另定有施行日期者

　　法律亦有於最末一條規定：「本法定於某年某月某日起施行」，或規定：「本法施行日期另定之」。是則法律公布之日，並非施行之日，法律既特定有施行日期者，則自特定日期起發生效力。此即中央法規標準法第 14 條所規定：「法規特定有施行日期，或以命令特定施行日期者，自該特定日起，發生效力」。在此情形，法律公布之日，與施行及生效之日不同，惟施行與生效的日期則彼此相同。

（三）同一法律而異其施行日期及區域者

　　法律條文中，有明文規定：「本法施行區域另定之」，或「本法施行

日期及施行區域，由某機關以命令定之」，是則同一法律，雖已公布，但因特殊情形，全國難以普遍的同時施行，特以法律授權於有權的主管機關，斟酌事實的需要，另以命令定其施行日期及施行區域。該法律在每個區域的施行日期，自該特定日起，即為該法律發生效力的日期。此參照中央法規標準法第 15 條「法規定有施行區域，或授權以命令規定施行區域者，於該特定區域內發生效力」的規定意旨，即可明瞭。

　　以上三種情形，其中第一、第二兩種情形，可謂關於法律的公布，採同時施行主義，是為原則；第三種情形，則係採異時施行主義，是為例外[3]。

　　關於法律的施行，有尚須說明者，即是：

1. 法律有另定施行法或另定施行細則者，則該法律恆須其施行法或其施行細則制定公布施行時，始得實際上施行。惟法律有與其施行法或其施行細則同時公布施行者，亦有先於其施行法或其施行細則而公布施行者，是在視各別法律規定的情形如何，而為決定[4]。

2. 法律本身並無關於公布及施行日期的規定，而當然另須以命令定其公布及施行日期者[5]。

---

[3] 關於法律的公布施行，舊有法律施行日期條例（民國 21 年 2 月 23 日公布，民國 59 年 8 月 31 日因中央法規標準法公布，而同日廢止）係採異時施行主義，因依該條例規定，自法律刊登公報，或公布該法律的命令，依限應到達各主管官署，或各省市最高主管官署之日起發生效力，因之，法律發生效力之日，係以全國各省市距離首都的遠近，而彼此先後不同，有欠合理，且滋流弊。現行中央法規標準法則採同時施行主義，法規發生效力之日，全國各地，完全相同，整齊一致，彼此無殊，自較妥適。

[4] 法律有明文規定須另訂其施行法或其施行細則者，例如土地法、兵役法等法律，均明文規定其施行法另訂之（即土地法施行法、兵役法施行法）商標法、戶籍法等法律，均明文規定須另定細則，或明定施行細則，由某某機關訂之（即商標法施行細則、戶籍法施行細則）。法律有並無明文規定須另訂施行細則，而亦另訂有施行細則者。

[5] 法律的本身並未有關公布及施行日期的規定者，例如：民法、刑法、民事訴訟法、刑事訴訟法、土地法等均是。

3. 法律雖已公布施行，但仍須在規定的時期，始有其適用者，例如：戒嚴時期內的警戒地域或接戰地域，始有戒嚴法有關規定的適用。

要之，法律的公布日期、施行日期，及生效日期，不得混為一談，應依法分別認定之。至於法律定有施行期限者，期滿之延長，當於第十一章「法律的廢止」中另述之。

第十章

法律的修正

關於法律的修正，得分為下列各點說明之：

一、法律修正的意義

法律的修正，乃就現在已有的法律而予以修改，此與法律的制定係原無某種法律而從新制定某種法律者不同，惟通常每以法律的修正，包括於法律的制定範圍之內，所以自廣義言之，法律的修正，亦得謂為法律的制定。

又法律的修正，乃就現有的法律予以修改，增減或變更其內容，並非根本上廢止現有法律的存在，此其所以與法律的廢止亦有區別。惟法律的修正，其實際上亦即將現有法律中某部分條文予以廢止，所以在立法技術上有時可以法律的修正方式為之。亦可以法律的廢止方式為之。若出以法律廢止的方式，即此時一方面廢止某種法律，一方面則必須另行制頒某種新法律，否則，即不能達到修正法律的目的。

法律之修正，亦得謂為法律之修改，「修正」與「修改」二用語，在適用上尚乏法定之界說，即在憲法第 27 條及第 174 條之各條文中，同時有「修正」及「修改」之用語；惟中央法規標準法中既僅用「修正」一

詞，而法律之修正，由總統公布時，亦明令「茲修正某某法公布之」，自以「修正」一詞較為符合通常觀念及立法體例。

二、法律修正的機關及程序

　　法律的修正，亦即為法律案，故關於法律修正的機關與程序，與法律的制定相同。申言之：有權提出法律案者，即有提出法律修正案之權。有權制定法律者，即有修正法律之權。法律修正案，亦須經立法院之讀會通過，完成立法程序始可，亦須由總統依法公布之（參照中央法規標準法第 20 條第 2 項），其公布時亦須經行政院院長或行政院院長及有關部會首長的副署[1]。

三、法律修正的原因

　　法律經制定公布施行後，並非永久不可更改。國家對於已制定公布或施行的法律，因主義的實行，或因政策的變更，或因環境的改變，或因事實的需要，或因法律內容尚欠完備，或因配合其他法規之適用，或因適用上發生窒礙或困難時，均得將法律予以修正，以求完善，而便適用。

　　依照中央法規標準法之規定，法律或規章有下列情形之一者，應予修正，即：1. 基於政策或事實的需要，有增減內容的必要者；2. 因有關法規的修正或廢止，而應配合修正者；3. 規定的主管機關或執行機關已裁併或變更者；4. 同一事項規定於二以上的法規，無分別存在的必要者（參照同法第 20 條第 1 項）。以上關於法律或規章修正的原因，於提出修正

---

[1] 憲法及其他法律上所謂法律案，原包括法律的制定、法律的修正，及法律的廢止等意義在內，惟總統依法公布時，其用語則稍有不同，例如制定法律公布時，則為：「茲制定某某法律公布之」；修正法律公布時，則為：「茲修正某某法律公布之」，或「茲修正某某法律第 條公布之」，或「茲將某某法律修正為某某法律公布之」或「茲將某某法律名稱修正為某某法律，並將條文修正公布之」；廢止法律公布時，則為：「茲將某某法律廢止之」。

時，自應概括的或分析的予以敘明。

四、法律修正的範圍

法律的修正，不論爲法律的名稱，或爲法律的條文；亦不論屬於原則性方面，或屬於文字方面；亦不論其爲大部分的內容，或僅係極少數的文句，凡對於現有法律的規定，予以增減或其他任何變更者，均爲法律的修正。

五、法律修正的條文形式

修正法律廢止少數條文時，得保留所廢條文的條次，並於其下加括弧，註明「刪除」二字；修正法律增加少數條文時，得將增加之條文，列在適當條文之後，冠以前條「之一」、「之二」等條次（參照同法第 10 條第 1 項、第 2 項）。此與法律的初次制定所具有的條文形式，彼此不同。此種關於增減少數條文後的條次安排等規定，俾於修正法律時，在程序上簡便見行，不致因修正法律中少數條文，而牽涉同一法律或有關法律中其他條次的全部變動 [2]。

---

[2] 關於法律並未廢止，若僅於修正時刪除其中若干條文，應否將未刪除的條文次序遞改，各國立法例不一，在法、日等國修改法律的體例，仍保留原有條文的順序，而不遞改，其理由在保持法律原有的體形，且因原有法律的條文，援引已經稔熟，不予遞改，可節省檢閱之煩；又原有法律的條文，其他法律恆有明文規定予以適用或準用之者，若於法律修正時，而刪除或增加若干條文，而將原有條文的順序遞改，勢必須將其他法律所適用或準用的條文一併予以修改，在立法程序上，自不免繁瑣。我國歷年來修正法律的體例，如於法律的條文，有所增刪，須將其全部條文次序予以遞改，其優點固可淨化條文的形式，而收整齊劃一之效；惟其缺點，則如上所述。現在中央法規標準法第 10 條規定：修正法規廢止少數條文時，得保留所廢條文之條次，並於其下加括弧，註明「刪除」二字；修正法規增加少數條文時，得將增加之條文，列在適當條文之後，冠以前條「之一」、「之二」等條次，不僅法律如此，即規章亦然。此於修訂法規時，在程序上簡便易行，不致牽一髮而動全身。在程式上亦有增刪的適當

惟中華民國憲法增修條文，則附於憲法本文之後，與憲法原有條文同時並存，原有條文完全照舊保留，隻字未予修改，僅於新訂條文所規定之事項與憲法所規定之同一事項彼此不相同時，則排斥憲法原有規定之適用，或於憲法並無規定時，則適用新訂條文之規定，此種憲法增修條文之方式，可否適用於一般法律之修改，其得失如何，尚有待於立法體例之審酌評估。

六、法律修正無時間及次數的限制

法律的修正，並無時間的限制，凡法律已經施行者，固得修正之；其僅係公布尚未施行者，亦得修正之；即僅甫經制定，尚未公布者，亦得予以修正，此可分為兩種情形：就立法院方面言之：法律案已經決議，尚未公布者，得就法律案部分條文或全案，提請復議，予以修正[3]。就行政院方面言之：行政院對於立法院決議的法律案，如認為有窒礙難行時，得經總統的核可，於該決議案送達行政院十日內，移請立法院覆議[4]，亦係在法律制定後公布前所得為的修正。

法律的修正，亦無次數的限制，即一而再，再而三，乃至無數次的修正，均無不可，不過法律的制定與修正，與國家的政令及威信，至有關係，要不可修正頻繁，以免有朝令夕改之譏。至於修正的法律，在法律名稱上不必冠以「修正」二字，惟應在每次修正某條文，註明其修正的年月日，以資查考。

標準，可謂為改革性、創造性的法例。惟法條中用「得保留」、「得將增加」及「少數條文」等字樣，仍無確切的標準可循，則在適用時或難免紛歧之弊。
[3] 參照立法院議事規則第 42 條至第 45 條關於復議的規定。
[4] 參照中華民國憲法增修條文第 3 條第 2 項第 2 款。

七、法律修正後的適用或準用

　　法律或規章對於某一事項，規定適用或準用其他法規的規定者，其他法規修正後，適用或準用修正後的法規（參照中央法規標準法第 17 條）。現行立法例，每有「本法未規定者，適用或準用其他有關法律之規定」，或「本法對於某某事項，適用或準用某某法律之規定」等類規定，乃係指適用或準用本法當時之其他現行有關法律而言，若嗣後其他有關法律已經廢止，自無適用或準用的餘地；若其他有關法律已經修正，除另有特別規定，或其規定內容與本法主旨不相容者外，即應適用或準用該修正後的有關法律，而非固定的仍適用或準用本法制定公布當時所指的其他有關法律，是即為「後法優於前法」原則的適用，且足以免除因其他法律修正後，適用或準用其他法律的法律本身的修改程序。

　　所應注意者：法律對某一事項，得規定適用或準用其他法律的規定，而不得規定適用或準用其他規章的規定；至於規章對某一事項，規定適用或準用其他法律或其他規章，均無不可。因規章為命令性質，自無由法律規定適用或準用其他規章之理。

第十一章

法律的廢止

關於法律的廢止，得分為下列各點說明之 [1]：

一、法律廢止的意義

所謂法律的廢止，乃係將現行有效的法律，廢棄其存在，而不再予以適用。法律經公布施行後，即發生效力；法律若予以廢止，即喪失其效力。法律現已施行者，固得予以廢止，法律若僅係公布，尚未施行生效者，亦得予以廢止。

二、法律廢止的機關

有權提出制定法律案之人或機關，即有提出廢止法律之權。法律的廢止，應經立法院通過，並應由總統公布之。

若係規章（命令），其廢止則由原發布機關為之。若規章的原發布機關或主管機關已裁併者，則由承受其業務的機關或其上級機關廢止之（參照中央法規標準法第 22 條、第 25 條）。

---

[1] 關於法律的廢止，原有民國 41 年 11 月 20 日公布之法律廢止條例為之規定，迨 59 年 8 月 31 日中央法規標準法公布，已將有關法律的廢止事項，規定於內，該條例於同日由總統明令公布廢止。

三、法律廢止的原因

法律或規章有下列情形之一者，應予廢止：1.機關裁併，有關法規無保留的必要者；2.法規規定的事項，已執行完畢，或因情勢變遷，無繼續施行的必要者；3.法規因有關法規的廢止或修正，致失其依據，而無單獨施行的必要者；4.同一事項已定有新法規並公布或發行施行者（參照同法第21條）。

四、法律廢止的程序

關於法律的廢止程序，與法律的制定程序相同，換言之，法律的廢止，應經立法院通過，並由總統公布。惟在立法院討論時，無須經過三讀會程序而已。

若係規章，則由原發布機關廢止之。

依前二項程序所廢止的法規，得僅公布該法律或發布該規章的名稱及其施行日期（參照同法第22條第3項前段）。

惟法規若原已定有施行期間者，期滿則當然廢止，法律便不須經立法院決議通過及總統公布，但應由主管機關公告之；如係規章，應由原發布的主管機關公告之（參照同法第23條）。

五、法律廢止的失效日期

法律或規章如予以廢止，則喪失其效力，惟並非於公布或發布之日起，即行失效，而係自公布或發布之日起算至第三日起失效（參照同法第22條第3項後段）。此與「法規明定自公布或發布日施行者，自公布或發布之日起算至第三日起發生效力」（參照同法第13條），其理相同。

惟法律已定有施行期限者，期滿即當然廢止，其廢止之日，即為其失效之日，而不適用「自公布或發布之日起算至第三日起失效」的規定（參

照同法第 23 條）。此與「法規特定有施行日期，或以命令特定施行日期者，自該特定日起發生效力」（參照同法第 14 條），其理相同。

六、法律施行期限的延長

法律定有施行期限者，期滿原係當然廢止，已見前述；惟主管機關認爲需要延長者，應於期限屆滿一個月前送立法院審議；但其期限在立法院休會期內屆滿者，應於立法院休會一個月前送立法院（參照同法第 24 條第 1 項）。

法律定有施行期限的延長，應送經立法院審議，其規定的方式，大抵爲：「本法施行期間爲（若干年），必要時得延長之」，或僅規定：「本法施行期間爲　年」，因法律並未明定由政府機關逕以命令延長之，故其延長施行，須經立法院審議；惟法律中若有明文規定其施行期間得以命令延長之者，則其施行期間的延長，即無須送經立法院審議，逕可由總統以命令延長其施行期間[2]。

規章定有施行期限，主管機關認爲需要延長者，應於期限屆滿一個月前，由原發布機關發布之（參照同法第 24 條第 2 項）。

七、法律廢止後的例外適用

法律或規章若已施行期滿，而當然廢止，或予以廢止，則因期滿或廢止，而喪失其效力，不得再行適用，是爲原則；惟亦有例外，即：

1. 在該法規未廢止前所發生的事實，有時仍得適用當時的法規以認定之，亦得謂爲：「依其性質應適用行爲時之法規」（參照同法第 18 條前段除外規定），所謂「行爲時之法規」，可能即爲現已廢止的法規。

---

[2] 關於法令施行期限的延長，無論於法律中規定「必要時得延長之」，或規定以命令延長其施行期間，因其於法律時效的確定性，不無影響，且近於立法授權的擴大，所以此種立法例，現在已不多見。

2. 「各機關受理人民聲請許可案件適用法規時，除依其性質應適用行為時之法規外，如在處理程序終結前，據以准許之法規有變更者，適用新法規；但舊法規有利於當事人，而新法規未廢除或禁止所聲請之事項者，適用舊法規」（同法第18條），所謂「法規有變更者」，所謂「舊法規」，當包括已廢止的法規在內。依但書的意旨，則此時不適用新法規，而仍適用已廢止的舊法規，以發生其效力。此與刑法第2條第1項：「行為後法律有變更者，適用行為時之法律。但行為後之法律有利於行為人者，適用最有利於行為人之法律」的但書規定，不採從新而採從輕主義者，其主旨完全相同，乃在尊重及保障人民的權益（參照第十二章第二節內關於「後法優於前法」的原則）。此時已廢止的舊法規，其效力反在現行有效法規之上。

第十二章
法律的適用

一、概說

所謂法律的適用，乃指法律經制定公布施行以後，而予以實際上的應用。因法律本身僅係抽象的或一般的規定，法律的適用，則是對於具體的或個別的事實而予以適應。制定法律的目的，在於實用，故法律的實用，即是法律的適用。

法律的適用，與法律的執行，其觀念不盡相同。法律的執行，乃法律上所要求的效果促其實現之謂，且含有國家對人民的強制作用於其內，僅為法律適用的一種狀態。故法律的適用，可以包括法律的執行在內，其涵義較廣；法律的執行，其涵義較狹。

法律的適用，其意義甚為廣泛，舉凡關於法律適用的原則，如特別法優於普通法，法律不溯既往，後法優於前法，一事不再理，一罪不二罰的原則，以及法律的立法意旨如何，法律條文的意義如何，乃至事實的認定，是否與法律所規定的條件相符合，均為適用法律時所應注意的事項，故欲對於法律的適用，正確無誤，俾能發揮法律的作用及其所要求的功效，則仍惟法律的適用者是賴。

法律的適用者，並不限於國家，即人民亦為法律的適用者，換言之，

人民就法律所規定的事項亦有其適用。例如私法中的民法，乃為人民相互間所適用的法律；公法中有關選舉的法律，乃為人民對於國家行使其參政權所適用的法律。不過通常觀念，每以代表國家行使職權的機關，為法律適用的主體，人民為法律適用的客體。實則此種觀念，並不妥當，因無論國家或人民，均得為法律適用的主體或客體，只以法律的適用為主動或被動，而得為主體或客體的認定。惟國家適用法律，有強制執行的權力，人民則否。

機關與人民固均得為法律的適用，惟機關適用法律，乃為最普遍的事實，其所適用的法律，亦以其職權所應適用者為限。各機關關於法律的適用，得分為法律適用的一般原則，及法律適用的各別原則，茲分節述之。

二、法律適用的一般原則

所謂法律適用的一般原則，乃指各機關在適用法律時不問其職權如何，均應共同依循此等原則，而無彼此的差別。綜合法律的規定，及法理與慣例言之，此種一般原則適用最廣泛，最普遍，其所習見者，則為法律不溯既往，特別法優於普通法，後法優於前法，一事不再理，一罪不二罰，及法律修正後的準用等原則。其中關於特別法優於普通法的原則，已於第三編第七章第三節「特別法與普通法」中，詳予說明；法律修正後的準用，於第十章「法律的修正」中，有所敘述；一事不再理及一罪不二罰的原則，當於第十三章第三節「關於事的效力」中，予以述及。茲就法律不溯既往，及後法優於前法的原則，分別闡述如下：

（一）法律不溯既往的原則

關於法律的適用，就時的效力而言，祇能適用於該法律實施以後所發生的事項，而不得溯及於該法律施行以前所已發生的事項，是為「法律不溯既往」的原則。因法律在尚未施行之前，人民尚無受約束而予遵守的義

務，亦無從受其約束而為遵守的標準。若以施行在後的法律，而溯及法律施行以前所發生的事實，亦須受其支配，而有其適用的效力，則法律施行前的合法行為，可以變為不法行為；法建施行前所取得的權利，可予以剝奪，則人民將有無所適從之感。是以維護社會秩序安寧為主旨的法律，適足以影響社會的安寧秩序，而對於法律的尊嚴，政府的威信，亦均將受其影響。故法律的效力不應溯及既往。

　　法律不溯既往，為羅馬法以來所公認的原則，美國憲法第 1 條第 9 項內明文規定：「追溯既往的法律，不得通過之」；法國民法第 2 條，日本舊法例第 2 條亦有明文規定，我國民法總則施行法第 1 條規定：「民事在民法總則施行前發生者，除本施行法有特別規定外，不適用民法總則之規定」。其他如民法債編施行法，物權編施行法，親屬編施行法，及繼承編施行法亦均有類似的規定，要皆為「法律不溯既往」原則的適用。

　　惟這個原則的適用，亦有其標準及限制，即是：

1. 法律不溯既往的原則，僅為解釋上的標準，而非立法上的限制。此在學理上已趨一致。換言之，法律上若並無明文規定有溯及既往的效力，則在解釋上自不得認為有溯及既往的事實而為適用。但是在立法上的理由，若認為關於某種事項有溯及既往的必要，而於法律中以明文規定溯及既往而為適用時，固無不可[1]。因對於既往的事實，若認為不當或應予改革，或認為有以立法上補救的必要，而以新制定的法律以改革之，或補救之，乃係國家必要而正當的措施。否則，各種事項將無促進改革及挽救的機會，亦非國家為政之道。

2. 法律不溯既往的原則，並非僅以保障人民的「既得權」為限，此種既

---

[1]　法律中以明文規定溯及既往而為適用者，例如：民法總則施行法第 3 條第 1 項規定：「民法總則第 8 條、第 9 條及第 11 條之規定，於民法總則施行前失蹤者，亦適用之」；民法親屬編施行法第 4 條規定：「民法親屬關於婚約之規定，除第 973 條外，於民法親屬編施行前所訂之婚約亦適用之。」

得權，亦並非絕對不得以法律溯及既往。詳言之：此原則的適用，其主要作用，固在保障人民的既得權，以免社會上人民一切權利義務的複雜關係，因新法施行而引起無限的糾紛。但是在舊法下所確定的法律關係，即使人民並無既得權於其間，若以新法律變更之，於人民私人間的既得權雖無影響，亦不免影響於社會一般的安寧秩序，故法律不溯既往的原則，在理論上應不以保障人民的既得權為限。

不特此也，人民的既得權，雖以盡可能避免以法律溯及既往為宜，然亦非絕對不得以法律溯及既往，因此原則的適用，並非立法上的限制，已見前述。而各國關於進行社會政策的立法，每有溯及既往的法律，例如我國團體協約法第 33 條規定：「本法施行前已簽訂之團體協約，自本法修正施行之日起，除第十條第二項規定外，適用修正後之規定」。至於因政治性革命的立法，推翻舊法，制定新法，否認舊法的效力，而以新法為依歸，其為法律溯及既往，尤為顯然。惟此為政治上的變態，而非法理上的常態。對於法律不溯既往原則的適用，自法理上言，自法治精神言，自尊重舊有法律關係所發生的效力言，仍以嚴格的遵守此原則為宜。

（二）後法優於前法的原則

後法優於前法，亦稱新法優於舊法。關於同一事項，如有兩種規定不同的法律存在，則於國家意思的統一，殊有妨礙，此兩種法律不能同時並存，以同時適用，必須選擇其中的一種，以為適用，其選擇的標準，即以該兩種法律公布施行時間的先後為標準，其公布施行的時間在後者，為國家以後所決定的意思，而推定為已更改以前所決定的意思，此時則適用後出的新法，而不適用先出的舊法，亦即後法（新法）有其效力，而前法（舊法）失其效力，是為後法優於前法的原則。

惟關於此原則的適用，有應注意者如下：

1. 所謂後法與前法（即新法與舊法）並非二法並存的問題，而是後法已公布施行，前法即予廢止，或前法當然失效問題。自法律的適用上言，同一事項的前後兩法，不能並行不悖，故後法既已公布施行，則前法即已失其效力，而無適用的餘地。依中央法規標準法第 21 條第 4 款的規定：「同一事項已定有新法規，並公布或發布施行者」，則舊法應廢止之。前法既已廢止，根本上已無效力可言，當然應適用後法，所謂後法優於前法，即係指後法的效力，優於前法的效力而言。

   但是法律上有時不僅仍承認舊法的繼續有效，且承認舊法有優先新法而適用的效力，此殆因舊法所定，比新法規定對於當事人較為有利時，則舊法反被優先適用。例如：現行中央法規標準法第 18 條規定：「各機關受理人民聲請許可案件適用法規時，除依其性質，應適用行為時之法規外，如在處理程序終結前，據以准許之法規有變更者，適用新法規；但舊法規有利於當事人，而新法規未廢除或禁止所聲請之事項者，適用舊法規」；又如刑法第 2 條第 1 項規定：「行為後法律有變更者，適用行為時之法律。但行為後之法律有利於行為人者，適用最有利於行為人之法律」。依各該條但書的意旨，舊法規或裁判前的法律雖已廢止，而失其效力，但若有利於行為人者，仍然可以優先適用，是不啻將已廢止的失效的前法，而恢復其效力。此為「後法優於前法」一原則的例外。

2. 「後法優於前法」的原則，係指同一名稱的兩種法律，或兩種法律規定的事項相同或主要事項相同者，始有其適用。換言之，這個原則，僅適用於在同一順位的兩種法律。若兩種法律立於普通法與特別法的關係，即舊法（前法）為特別法，新法（後法）為普通法時，則仍當適用舊的特別法，而不適用新的普通法，是為「新普通法不能變更舊特別法」的原則（參照中央法規標準法第 16 條後段「其他法規修正後，仍應優先適用」）。

3. 「後法優於前法」與「特別法優普通法」情形相競合時的適用問題。此在後法為特別法，前法為普通法，其特別法（即後）優先普通法（即前法）而適用，固無問題。惟若特別法為前法，而普通法為後法時，究應適用「後法優於前法」的原則？抑應適用「特別法優於普通法」的原則？此則須分別視特別法與普通法規定的內容而為認定。若公布施行在後的普通法，已明文規定排除特別法的適用，或於普通法中定有明文廢止特別法時，則自當適用「後法優於前法」的原則。反之，若公布施行在後的普通法，並不影響公布施行在前的特別法者，則仍當適用「特別法優於普通法」的原則。亦即前段所謂：「新普通法不能變更舊特別法」。

4. 「後法優於前法」的原則，於適用或準用其他法規的規定時，亦有其適用。中央法規標準法第 17 條規定：「法規對某一事項，規定適用或準用其他法規之規定者，其他法規修正後，適用或準用修正後之法規」，所謂「適用或準用修正後的法規」，是即為「後法優於前法」原則的適用，此於第十章「法律的修正」中，已有述及。

三、法律適用的各別原則

所謂法律適用的各別原則，乃指此等原則，並非各機關普遍共同所適用，僅因各機關由於職權性質的不同，其所適用的原則，亦逐彼此有異，大體言之，司法審判機關與行政機關（指狹義的司法官與行政人員）在職權上對於法律的適用，最足以表現其各別原則的特點所在：

（一）司法機關適用法律的原則

1. 司法官非經當事人的請求不得自行審判

無論民事或刑事案件，若未經當事人正式起訴，則司法官不得自行審判，是為「不告不理」的原則。

2. 司法官不得以法律不明不備而拒絕審判

社會事態複雜，法律的規定，容有不夠明白或不完備，惟司法官則不得以此為理由而拒絕審判，如有法律規定不明者，則用解釋方法以闡明之；如有法律不完備時，其屬於刑事案件，應依罪刑法定主義，宣告無罪；若為民事案件，則應適用民法「民事，法律所未規定者，依習慣，無習慣者依法理」的規定，以為審判。

3. 司法官不得以法律不正當而拒絕適用

因為法律既經國家制定而公布施行，無論其內容正當與否，司法官均有適用的義務。若司法官以法律的不良不正為藉口，而拒絕適用，是以司法官而兼立法機關的職權，有違近代國家權力分立的原則。且正當與否，並無一定的標準，適用與否，若任司法官任意取捨，則使國家法律的效力，不能確定，流弊甚大，可以想見。

4. 司法官適用法律為審判的主要依據

並非除法律以外與憲法或法律不相牴觸的有效規章，均排斥而不用，因社會事態，不能概以法律規定，有時須以行政命令補充之，例如規程、規則、細則、辦法、綱要、標準或準則等行政規章是。此等規章雖非法律，但若與憲法或法律並無牴觸，即應有其效力，司法官即不得予以排斥而不適用[2]。

5. 司法官適用法律審判，不受任何干涉

司法官依據法律獨立審判，不受任何干涉，是為「審判獨立」的原則，所謂獨立審判，乃指司法官審判案件，不受任何外力的干預，而影響其審判的意旨，其所為的判決或裁定，僅得依照法定程序，以上訴或抗告

---

[2] 司法院大法官會議解釋釋字第 38 號解釋：「憲法第 80 條之規定，旨在保障法官獨立審判，不受任何干涉，所謂依據法律者，係以法律為審判之主要依據，並非除法律以外與憲法不相牴觸之有效規章，均行排斥而不用……。」

等方法，予以撤銷或變更之。

6. 司法官對於違背憲法的法規，得拒絕適用

憲法為國家的根本大法，一切法律規章均不得與之牴觸，如有違反憲法的法規，司法官得拒絕其適用，惟法規的違憲，須在何種程度下，始得予以拒絕其適用，則有下列二說：

（1）*實質說*：此說謂法律的實質違反憲法的規定時，司法官得拒絕適用，例如憲法規定人民有居住遷徙的自由，有秘密通訊的自由，除為防止妨礙他人自由，避免緊急危難，維持社會秩序，或增進公共利益所必要者外，不得以法律限制之（參照中華民國憲法第 10、第 12 及第 23 條），若無上述必要的情形，而制定限制上述各種自由的法律，其實質上即為違憲，司法官得拒絕適用此種法律。

惟法律的實質，是否違反憲法，乃立法問題及憲法解釋問題，非司法官所得認定，否則，司法官將可藉口法律之實質違憲，而拒絕適用，自不免發生流弊。

（2）*形式說*：此說謂法律的形式違反憲法時，司法官得拒絕適用，例如依憲法規定，法律應經一定的立法程序及公布程序，若法律並未具備此種法定的形式，而僅係尚未完成立法程序的法律草案，司法官自得拒絕適用。

此說以法律的形式違憲，不問其實質如何，司法官即得拒絕適用。自法理上言，自屬較妥，因法律若未具備憲法上所規定的形式，亦即法律的有效要件並未具備，司法官自不得予以適用。惟現在英美國家的慣例，無論法律實質的違憲或形式的違憲，司法官均得拒絕其適用。蓋以維護國家根本大法的尊嚴，而賦予司法官以較廣泛的職權與責任。

（二）行政機關適用法律的原則

1. 行政機關雖無人民的請求，亦應適用法律

　　行政機關若受法律的委任，則必須依法執行，換言之，行政機關應自動的、積極的以為其職權的行使，而無須有人民的請求，始得適用法律，此與司法官「不告不理」的原則有異。惟行政機關亦有基於當事人的請求，而被動的始適用法律者，如訴願及法令中有規定須由人民請求，始得為某種行政措施。

2. 行政機關適用法律，有廣泛的裁量權

　　社會事態萬狀，法律規定難以完備，此種剩餘權的行使，恆屬於行政機關，因之，行政機關適用法律時，在法律所容許暨不牴觸法律的範圍內，有廣泛的裁量權，是為行政上的自由裁量。此與司法官僅得拘謹的依據法律規定以為法律的適用者有別。

3. 行政機關適用法律得另行制頒法規性質的命令

　　法律所規定的事項，或屬於原則性質，或僅係重要事項，行政機關於適用時，得另行制定有法規性質的命令，例如制定規程、規則、細則、辦法、綱要、標準或準則等，根據某種法律，而另訂施行細則或實施辦法，乃為行政機關適用法律時所習見的事實。與司法官僅得依據已有的法律以為適用者迥異。

4. 行政機關適用法律，受上級的指揮監督

　　行政機關體系之主要作用，即在指揮監督權的運用，上級行政機關就其職權，對於所屬的下級行政機關有指揮監督之權，下級有服從上級指揮監督的義務。因之，行政機關適用法律，應受上級行政機關的指揮監督，此與司法官依據法律，獨立審判，不受任何干涉者不同。惟下級行政機關對於上級行政機關所發有關指揮監督的命令，如認為違法，應負報告之義

務[3]。

於此有應予說明者，即為法律適用的類似語句。關於法律的適用，常有所謂「準用」、「視同」或「視為」及「推定」等用語。

1. 準用

乃係就其他法律或其他條文之規定予以援用而言（參照中央法規標準法第 20 條第 2 項，民法第 102 條第 3 項）。

2. 視同或視為

乃係就事實之認定予以假設的認同而言（參照民法第 7 條）。

準用、視同或視為，均係指某種事件、法律或規章並未直接的、正面的有所規定，而係間接的，參照某種顯似事件的規定，以比附援引其規定以為適用。

3. 推定

乃係就某種事件，為假設的認定，此與認定乃確定其為事實者不同（參照民法第 9 條第 1 項、第 11 條）。

---

[3] 參照公務員服務法第 3 條第 1 項：「公務員對於長官監督範圍內所發之命令有服從義務，如認為該命令違法，應負報告之義務。」

第十三章

法律的效力

第一節　概說

　　所謂法律的效力，乃指法律在施行時所發生的效果而言，法律必須具備其有效要件，始得發生其效力，其所發生之效力，且得大別爲一般效力及特別效力，茲析述其概要：

一、法律的有效要件

　　此指法律在形式上及實質上所應具備的要件：

（一）形式的要件

　　法律就表面上言，所應具備的要件，爲：

1. **須經立法院通過**：此指法律必須由立法院制定之，若非由立法院所決議通過，雖係總統公布及具有條文形式，亦僅係命令性質的規章，尚不得謂爲法律。

2. **須經總統公布**：此指法律必須由總統公布之，故雖係立法院所議決通過及具有條文形式，亦不得謂爲法律，例如立法院議事規則是。

3. **須具有條文形式及定名**：此指法律必須具備條文及有其定名，故雖係

立法院通過及總統公布，而未具備條文形式者，尚不得謂之為法律，
如預算案是；雖有條文的形式，而無法律的定名者，亦不得謂之為法
律，如條約案是，前於第八章第三節「法律的制定形式」中已經詳述。

（二）實質的要件

法律就內容方面言，所應具備的要件，為：

1. **須不牴觸憲法：**法律與憲法牴觸者無效；法律與憲法有無牴觸發生疑
義時，由司法院解釋之（憲法第 171 條）。

2. **須不牴觸其他法律：**法律以不得牴觸其他法律為原則，以得牴觸為例
外，是即「特別法優於普通法」及「後法優於前法」二個原則的適用。
關於「特別法優於普通法」的原則，前已於法律的類別一章「特別法
與普通法」一節中詳述之。關於「後法優於前法」的原則，已於第
十二章第二節「法律適用的一般原則」中說明之。

二、法律效力的類別

法律的效力，在概念上大別為特別效力及一般效力：

（一）特別效力

所謂特別效力，是指每一種法律對於規定的事項所發生的特別效果而
言，這種效力，是因各種法律規定的不同，而有差別，例如民法上關於買
賣的規定，若有買賣的事實，便發生買主交錢及賣主交物的效果；又如刑
法上關於傷害罪的規定，假如有傷害他人身體的事實，便發生處罰犯罪人
的效果。

（二）一般效力

所謂一般效力，是指一般法律共同所具有的效力，並不因每種法律的
規定而有所差別，亦可謂法律在適用上所發生的效力，原則上彼此相同
的。

關於法律的一般效力，又可分爲關於事的效力、人的效力、地的效力及時的效力四種，茲分別述之。

第二節　關於事的效力

法律關於事的效力，乃謂法律在施行時，對於法律所規定事項發生的效力而言，凡法律僅就其所規定的事項，發生其效力，其不在規定範圍內的事項，自不受其拘束，亦即不發生效力，例如：兵役法僅對於明文所規定的兵役事件發生其效力，各種稅法僅對於明文所規定的課稅事件發生其效力。

法律關於事的效力，僅以明文規定的事項爲限，此在刑法上乃爲必須遵循的原則，刑法第 1 條規定：「行爲之處罰，以行爲時之法律有明文規定者爲限」，是爲罪刑法定主義，而不得比附援引，對於無明文規定處罰的行爲，即不得科以罪刑。

惟在民事方面，則並無此種原則的適用，民法第 1 條規定：「民事，法律所未規定者依習慣，無習慣者，依法理」，換言之，關於民事並不以法律所明文規定者爲限，並得基於習慣及法理，以比附援引，發生其效力。

至於行政事件是否以法律所明文規定者爲限，始得發生效力？則須視法律有無明文限制，及事件的性質，以分別認定之。

法律關於事的效力，有尚須說明者，即爲：

一、一事不再理的原則

凡同一機關對於同一法律關係，所已確定的同一事件，同一當事人不得再有所請求，機關亦不得再予以受理，是即所謂一事不再理。例如：法院對於已判決確定的民刑訴訟案件，除合於再審規定外，即不得再予以受

理。又如行政機關對於實體上所為的訴願決定，行政法院對於實體上的行政訴訟判決亦然。

二、一罪不二罰的原則

此原則乃指對於同一的違法處罰事件，不得處以二種以上性質相同或刑名相同的罰則而言。

反之，若對於同一犯罪的事實，而處以二種刑名不同的刑罰者，例如：同時處以徒刑或罰金；或科以性質不同的罰則者，又如對於公務人員的同一違法行為，予以撤職處分（懲戒罰），並予以科刑的判決（刑事罰），則並無不可。

惟此一原則，僅在於同一主權者（即同一國家）之下，始有其適用，若非為同一的主權者，即無適用的餘地，或並非當然適用，例如：我國刑法第9條規定：「同一行為雖經外國確定裁判，仍得依本法處斷。但在外國已受刑之全部或一部執行者，得免其刑之全部或一部之執行。」

第三節 關於人的效力

法律關於人的效力，即法律對於何人發生效力的問題，有屬人主義、屬地主義及折衷主義之分。

一、屬人主義

國家權力係對於國家的人民而存在，稱為人民主權，因有人民主權，所以凡屬於本國的人民，不問其在本國，抑或在外國，均應受本國法律的支配；反之，如係外國人，雖僑居本國，亦不適用本國的法律，是為屬人主義。

二、屬地主義

國家對於領土以內所行使的權力，稱為領土主權，凡在本國領土之內，不問其為本國人，抑為外國人，概適用本國的法律，是為屬地主義。因為社會進步，交通發達，國際人民往返頻繁，本國人民僑居外國者，事實上不容易受本國法律的支配，而外國人僑居本國時，為本國的安寧秩序及其他原因，又有使其遵守本國法律的必要，所以屬人主義尚不足適應此種需要，遂演進而為屬地主義。

三、折衷主義

嚴格的採用屬人主義，固不足以適應事實上的需要，惟若嚴格的採用屬地主義，實際上亦多窒礙難行，所以現代各國法律，多以屬地主義為原則，以屬人主義為例外，是為折衷主義。

依我國現行法律的規定，關於人的效力，亦係採用折衷主義，其情形約如下述：

（一）凡住居本國領土內者，本國人民均以適用本國法律為原則（屬地主義及屬人主義）

但亦因有某種身分或特定原因，而法律對之並不適用者，例如總統為一國元首，除犯內亂或外患罪外，非經罷免或解職，不受刑事上的訴究（中華民國憲法第 52 條）；國民大會代表在會議時所為的言論及表決，對會外不負責任；立法委員在院內所為的言論及表決，對院外不負責任（同法第 32、73 條）。現役軍人的犯罪及審判，及其他特定事項，不通用普通法律。又如依照舊民法的規定，未滿七歲的未成年人，心神喪失或精神耗弱的禁治產人，均不負法律上的責任。凡此均是法律在國內關於人的效力的例外情形。

（二）凡住居本國領土內者，外國人民亦以適用本國法律為原則（屬地主義）

但亦有例外情形，即：1. 民法上關於身分、能力、親屬繼承等事，仍適用外國法，不適用本國法；2. 依國際法上的慣例，外國元首、外交使節及其隨員、外國軍隊等享有治外法權的人，雖身在外國，不受該所在國法律的支配。

（三）本國人民僑居外國者，以適用該外國（住在國）的法律為原則（屬地主義）

但有上述（二）之 1.2. 兩種的例外情形，仍適用本國的法律（屬人主義）。

（四）公法上規定人民義務，仍適用本國法律（屬人主義）

例如兵役義務、納稅義務等，本國人民雖在外國，仍應服從本國的法律；又中華民國國民凡在中華民國領域外犯內亂罪、外患罪、偽造貨幣罪、偽造有價證券罪、偽造文書罪、妨害自由及海盜罪等特定之罪名，均適用本國刑法的規定（刑法第 5 條），中華民國公務員在中華民國領域外犯瀆職罪、脫逃罪、偽造文書罪及侵占罪亦同（同上第 6 條）。凡此皆係本於屬人主義所為的規定。

第四節　關於地的效力

法律關於地的效力，與上節所述關於人的效力，係同一問題的兩個看法，一則從本國的人民為著眼點，一則係從本國的領土為著眼點，亦即關於人的效力中屬地主義可以說明之。

所謂法律關於地的效力，乃謂法律在何種地區始發生其效力。國家權力亦是對於領土而存在，是為領土主權，因有領土主權，所以凡居住於本國領土範圍以內的人，雖是外國人，亦應受所在國法律的支配。

這個原則亦有例外情形，即是中華民國領域以外，仍受中華民國法律

的支配；反過來說，即是外國人雖在中華民國領域以內，有些事項亦仍受外國人本國法律的支配，而並不受所在國的中華民國法律的支配，此參照上節關於人的效力所述各點而自明。

　　法律關於地的效力，若僅就在本國領域範圍以內的情形分析之，大致如下。

一、效力及於全國

　　法律除有特別規定外，以適用於全國各地為原則，亦即其效力及於全國，無論領土、領海及領空，均包括在內。

二、效力限於特定地區

　　法律的效力，有明定以某一特定地區為其範圍者，其情形有三（參照中央法規標準法第 15 條）：

1. 專為某地區制定的法律，其效力自以該地區為限，例如臺灣省內菸酒專賣暫行條例。
2. 指定某地區為某種法律施行的區域，其效力亦自以該地區為限，例如指定臺灣省為實施耕者有其田條例的施行區域。
3. 某地區合於某種法律所規定的條件時，始得適用該種法律，而有其效力，例如戒嚴法規定：戒嚴地域分為警戒地域及接戰地域二種，必須合於各該地域的條件，始分別適用戒嚴法的規定，以發生其效力。

三、效力得及於國外

　　法律固以在本國領域內發生效力為原則，惟亦得規定在某種情形，其效力及於國外是為例外。例如：

1. 本國駐在國外的使領館，仍適用本國法。
2. 在中華民國領域外的中華民國船艦或航空器內犯罪者，仍適用本國刑

法（參照刑法第 3 條）。

3. 在中華民國領域外犯內亂、外患、偽造貨幣及鴉片等罪者，仍適用本國刑法（參照刑法第 5 條）。

4. 中華民國公務員在中華民國領域外犯特定的瀆職罪或特定的偽造文書等罪者，仍適用本國刑法（參照刑法第 6 條）。

第五節　關於時的效力

法律關於時的效力，乃謂法律從何時起，始發生效力，何時始失去其效力。概括的說：法律因公布施行而發生效力，因廢止而失去其效力，亦有宣布停止適用，而暫時不發生效力者。茲分述之：

一、法律因公布施行而發生效力

法律的公布施行，其情形可分為：（一）「法律自公布日施行者，自公布之日起算至第三日起發生效力；（二）法律另定有施行日期者，自該特定之日起，發生效力。已於第九章第三節「法律的公布與施行」中詳細敘述。

二、法律因廢止而失其效力

法律未定有廢止期間者，若予廢止，必須先經立法院決議後，由總統公布廢止之；若法律原已定有施行期限者，期滿若不經立法院審議延長其施行，則當然廢止，毋須經立法院決議及總統公布，惟應由主管機關公告之，已於第十章「法律的廢止」中述及。

法律廢止的日期，並非即為法律喪失其效力的日期，亦仍須自公布其廢止之日起算至第三日起，始喪失其效力，此點與法律的公布施行，尚須自公布之日起算至第三日起，始得生效者相同（參照中央法規標準法第

13 條、第 22 條）。

三、法律停止適用，暫不生效

　　法律經公布施行後，且已發生效力，惟因國家遭遇非常事故，一時不能適用者，得暫停適用其一部或全部（參照同法第 19 條第 1 項）。此時該法律並未予以廢止，僅係停止適用，則自停止適用的日期起，暫時不發生效力；若停止適用的日期屆滿，或宣示仍予適用，則自恢復適用之日起，仍發生其效力。關於法律停止或恢復適用的程序，準用中央法規標準法有關法律廢止或制定的規定（參照同法第 19 條第 2 項）。

　　法律關於時的效力，有二大原則，乃為適用法律所應特別注意者，即：「法律不溯既往」及「後法優於前法」是。已於第十二章第二節「法律適用的一般原則」中詳述，茲不再贅述。

第十四章

法律的制裁

第一節　概說

關於法律制裁的一般概念，得分爲下列各點說明之：

一、法律制裁的意義

法律的制裁，乃指國家對於違反法律者所予的懲罰。法律公布施行後，原應遵守勿替，以使其發生規定的效力。對於遵守法律者，固未必有所獎勵，惟對於違反法律者，則必須有所制裁。否則，法律勢必成爲具文，而不能發生其效力，故法律的制裁，實爲維護法律效力所應有的方法。

法律的制裁，乃法律表現其效力的一種形態，因法律的效力，不以制裁爲限，若遵守法律，或依法律的規定，已發生其應有的效果，即無行使制裁的餘地，故法律的制裁，必須有違反法律的事實。爲其先決條件。

二、法律制裁的沿革

自法律制裁的沿革言之，大抵是：

（一）由私力制裁而趨向於公力制裁

往時以私人的腕力或其他方法，以制裁違法者，俾保護自己的權益，宣洩個人的氣憤，是為私力制裁；惟其演變所及，私人輾轉尋仇，社會秩序愈亂，不得不由國家本於公的權力作用，以行使其制裁，是為公力制裁，且禁止私力制裁的使用。

（二）由威脅主義而趨向於感化主義

國家行使公力制裁，最初對於違反法律者，原以報復及威脅為其主旨，嚴刑峻法，以期收嚇阻的效果，惟社會事態萬殊，報復的觀念漸變，認為違法的形成，未可完全歸咎於違法者的個人，即國家及社會亦應負相當的責任，於是趨向於感化主義，以期改過遷善，化莠為良。惟所謂感化主義，亦並非謂國家完全摒棄法律的制裁，僅係謂制定法律時，寓感化於制裁之中，或制裁從輕從寬而已。

三、法律制裁的行使者

行使法律的制裁權者為國家，受法律的制裁者為人民，有時包括法人在內。惟國家雖為行使制裁權的主體，然有時代表國家行使職權的機關，亦為受法律制裁的客體，例如不服違法的行政處分，得依法提請訴願或行政訴訟，以撤銷或變更原處分，並課以行政上的責任是；人民雖為受法律制裁的客體，然並非以人民身分而係以公務員身分亦得為制裁的客體，例如公務人員違法瀆職，依法應受懲戒處分或刑事處分。

法律的制裁，必須由有權代表國家行使其制裁的機關或公務人員依法行使之，若並無制裁權的機關或人員，或雖有制裁權的機關或人員，而其行使並非依法為之者，仍應負違法責任，其本身亦將成為被制裁的客體，故如刑事被告雖受死刑或徒刑的宣告，而判決確定，亦僅得由有執行權的檢察官依法執行之（參照刑事訴訟法第 8 編執行、第 457 條），若並無執

行權的一般人員對於該犯罪者而為死刑或徒刑的執行時，仍分別構成殺人罪或妨害自由罪；若檢察官並不依照法定程序而為執行時，亦構成瀆職罪（參照刑法第 127 條）。

四、法律制裁的原因

　　構成法律制裁的原因，為違反法律的事實，此種事實有屬於公法上者，亦有屬於私法上者，因之，法律的制裁，亦可分公法上的制裁，及私法上的制裁。而公法上的制裁，又可分為行政制裁及刑事制裁。惟違法的事實，是否屬於公法或私法，與其所受法律的制裁，是否為公法上的制裁或私法上的制裁，並無一定關係。故：

1. 雖係違反公法，而發生私法上的制裁者有之，例如犯刑法（公法）上的毀棄損壞罪，固須受刑事制裁（公法上制裁），同時亦發生私法上損害賠償的制裁；反之，雖係違反私法，而發生公法上的制裁者亦有之，例如夫妻之一方有重婚者，他方得請求強制離婚，以為制裁（參照民法第 1052 條），同時又構成刑法上的重婚罪（參照刑法第 237 條），予以刑事處罰，以資制裁。

2. 雖係一種違法事實，同時發生各種制裁者亦有之，已見上述各例；又如公務員違法瀆職的事實，有時在公法上發生懲戒處分的行政制裁，同時構成瀆職罪的刑事制裁，且在私法上發生損害賠償的制裁是。

　　法律制裁的種類，既有公法上的制裁（包括行政制裁及刑事制裁）及私法上的制裁。茲分述於後。

第二節　公法上的制裁

第一項　行政制裁

　　行政制裁，亦得謂行政法上的制裁，乃對於違反行政法規或行政處分所加的制裁。又可分為三種：一為對於行政機關的制裁，一為對於公務人員的制裁，一為對於人民的制裁。

一、對於行政機關的制裁

　　行政機關如有違法處分，致損害人民的權利或利益時，人民得提起訴願以請求撤銷或變更原處分，不服訴願的決定得提起行政訴訟，以請求行政法院為撤銷或變更原處分的判決。並得科以損害賠償責任或課以行政上責任，以資制裁[1]。

　　人民對於機關的違法處分，如不依訴願或行政訴訟程序以請求制裁，亦得以通常的申請方式，請求該機關或有監督權的機關，予以撤銷變更或停止原處分，或課以行政上責任，以資制裁。

二、對於公務人員的制裁

　　依公務員懲戒法的規定，公務員如有違法，廢弛職務或其他失職行為，應分別情節，受下列的懲戒處分（參照公務員懲戒法第 9 條至第 19 條）：

（一）免職

　　免除職務，免其現職，並不得再任用為公務員。

（二）撤職

　　撤職除撤其現職外，並於一定期間停止任用，其期間為一年以上、五

---

[1]　參照訴願法、行政訴訟法。

年以下。

（三）剝奪退休（職、伍）金

剝奪受懲戒人離職前所有任職年資所計給之退休（職、伍）或其他離職給與；其已支領者，並應追回之。

（四）休職

休職乃休其現職，停發俸（薪）給，並不得申請退休、退伍或在其他機關任職，其期間為六個月以上、三年以下。休職期滿，許其復職。自復職之日起，二年內不得晉敘、陞任或遷調主管職務。

（五）降級

降級依其現職的俸（薪）降一級或二級改敘，自改敘之日起，二年內，不得晉敘、陞任或遷調主管職務。受降級處分而無級可降者，按每級差額，減其月俸（薪），其期間為二年。

（六）減俸

減俸依其現職的月俸（薪）減百分之十或百分之二十支給，其期間為六月以上、三年以下。自減俸之日起，一年內不得晉敘、陞任或遷調主管職務。

（七）罰款

處罰金額為新臺幣 1 萬元以上、100 萬元以下。

（八）記過

記過者，自記過之日起，一年內不得晉敘、陞任或遷調主管職務，一年內記過累計三次者，依其現職之俸（薪）級降一級改敘；無級可降者，準用第 15 條第 2 項之規定。

（九）申誡

申誡以書面為之。

以上爲公務員懲戒法所規定的懲戒處分，亦即對於公務人員的制裁，若其他法律別有關於懲戒的規定者，則依其他法律的規定，予以制裁，例如對於陸海空軍軍人的懲罰，則適用陸海空軍懲罰法的規定者，以制裁之。

三、對於人民的制裁

國家對於人民違反行政法規或行政處分時所予的制裁，其通常所習見者，有行政罰及行政上強制執行。

（一）行政罰

所謂行政罰，原有廣狹二義：1. 廣義的行政罰，凡對於行政上義務的違反者所科的罰則，均爲行政罰，乃包括在行政上的懲戒罰（例如上述對於公務人員的懲戒處分暨陸海空軍的懲罰），及強制履行行政上義務的執行罰在內；2. 狹義的行政罰，則指存在於行政上有一般統治關係所爲的關係，如對於違反警察上義務所科處的警察罰，對於違反財政上義務所科處的財政罰，對於違反一般軍政上義務所科的軍政罰，乃其最顯著者，至於所謂懲戒罰及執行罰，並不包括在內。茲所述的行政罰，係指狹義的行政罰而言。

1. **警察罰：** 這是對於違反警察上義務所爲的處罰，依社會秩序維護法之規定，對於妨害安寧秩序者、妨害風化者、妨害衛生者，由警察機關予以處罰，以資制裁是。其處罰的種類，如拘留、罰鍰、勒令歇業，停止營業及沒入、申誡，均爲制裁的方法。

2. **財政罰：** 這是對於違反財政上義務所爲的處罰，例如：對於違反所得稅法，營業稅法，印花稅法所規定的納稅義務，予以處罰，以資制裁。其處罰的種類，多爲罰鍰，如加收滯納金，或停止營業，其情節重大者，並得依法移送司法機關科處徒刑或拘役。

3. 軍政罰：這是對於違反軍政上義務者所為的處罰，例如對於違反軍事徵用義務者或逃避兵役義務者所科的罰金。

　　除上述警察罰、財政罰及軍政罰外，其他行政罰，散見於各種行政法令者甚多，例如：依照戶籍法的規定，無正當理由不於法定期內為登記的申請者，申請人為不實的呈報者，均處以罰鍰，依照出版法的規定，對於違反本法的規定者，得予以罰鍰、警告、限期拆除等處分，以資制裁。

（二）行政上的強制執行

　　國家行政權的行使，為欲達到行政上的目的，其方法原有多種，且每於各別的行政法規中明白規定，惟其最通常的方法，則為行政的強制執行。

　　行政權為國家治權之一，就其對於人民而言，本含有強制作用，國家行使行政權，而發號施令，無論使人民有所作為或不作為，而要之欲使人民遵守勿渝，人民依照法令，負有行政法上各種義務，其遵行此種義務者，固不必有所獎勵，惟不遵守此義務者，則國家對之不得不有強其遵守之道，是即為行政上的強制執行，而此種強制執行，又恆影響人民的自由及權利，必須有法律的根據。而有關行政上的強制執行則以行政執行法為依據。

　　按我國行政執行法[2]之規定，行政執行之種類，可分為「公法上金錢給付義務」、「行為或不行為義務」之強制執行，以及「即時強制」三種（行政執行法第2條）。原則上，由原處分之行政機關或該管行政機關執行之，但對於公法上金錢給付義務，例如課稅處分、罰鍰處分等，如逾期未履行者，則移送法務部行政執行署所屬之各地行政執行處執行（同法第4條第1項）。此外，金錢上給付義務逾期未履行者，在一定之調條件

---

[2]　我國行政執行法於民國87年11月11日全文修正公布，並自民國90年1月1日起施行，全文共44條。

下，例如義務人逃匿、隱匿財產等，得裁定予以「拘提管收」，亦即以拘束人身自由之方式制裁之（同法第 17 條）。

如果是行政法上的行為或不行為義務，例如違章建築之限期自行拆除處分、污染之限期改善處分等，如經書面要求履行而不履行，則得視其情形，以「間接強制」或「直接強制」之方法執行之[3]。至於「即時強制」，則為行政機關為阻止犯罪、危害或避免發生急迫危險，而有即時處理之必要時，得依法採取之強制措施，包括對人的「管束」、對物的「扣留、使用、處置或限制其使用」、對住宅、建築物或其他處所的「進入」，及其他必要之處置等（同法第 36 條）[4]。

第二項　刑事制裁

刑事制裁，亦得謂為刑法上的制裁，乃國家對於違反刑事法律規定者所為的處罰，是為刑罰，亦稱為刑事罰。所謂刑事法律，包括刑事普通法律（即刑法）與刑事特別法律（如陸海空軍刑法、貪污治罪條例等均是），即行政法中有關於刑罰的規定者，其關於刑罰部分，亦即為刑事制裁。

關於刑事制裁的規定，雖散見各種刑事法律及行政法中的有關條文，然刑事制裁的方法，即刑罰的種類，仍適用刑法的規定（參照刑法第 32 條至第 37 條）[5]。

---

[3] 參照行政執行法第 28 條，所謂間接強制，包括「代履行」、「怠金」二種方法；而直接強制，則包括「一、扣留、收取交付、解除占有、處置、使用或限制使用動產或不動產。二、進入、封閉、拆除住宅、建築物或其他處所。三、收繳、註銷證照。四、斷絕營業所必須之自來水、電力或其他能源。五、其他以實力接接實現與履行義務同一狀態之方法。」等五種方法。

[4] 例如對於企圖自殺之民眾，為保護其生命安全，暫時予以「管束」；又如對於消防人員為了滅火，「進入」鄰房之後院以便布下水線滅火等情。

[5] 參照刑法第 11 條：「本法總則於其他法律有刑罰、保安處分或沒收之規定者，亦適用之。但其他法律有特別規定者，不在此限。」

　　依照刑法的規定，刑分爲主刑及從刑。主刑是可以獨立科處的刑罰，又謂爲本刑；本刑種類有五：即死刑、無期徒刑、有期徒刑、拘役、罰金均是；從刑必須附隨於主刑始得科處的刑罰，又謂爲附加刑，從刑種類有一，即褫奪公權。

　　上述刑罰的種類，若以刑罰所剝奪犯人的法益爲分類的標準，則可分爲生命刑、自由刑、財產刑與資格刑，分述於後：

（一）生命刑

　　生命刑乃是國家剝奪犯人生命的刑罰是爲死刑。惟對於未滿十八歲人或滿八十歲人犯罪者，不得處死刑，本刑爲死刑者，減輕其刑。

（二）自由刑

　　自由刑乃是國家剝奪犯人身體自由的刑罰，其中分爲：

1. **無期徒刑**：無期徒刑乃是將犯人終身監禁於監獄中的刑罰，又謂長期自由刑。惟對於未滿十八歲或滿八十歲人犯罪者，不得處無期徒刑，本刑爲無期徒刑者，減輕其刑。

2. **有期徒刑**：有期徒刑乃是於一定期間內監禁犯人的刑罰，又謂爲短期自由刑，其期間爲二月以上十五年以下。但遇有加減時，得減至二月未滿，或加至二十年。

3. **拘役**：拘役乃是於一日以上，六十日未滿的期間內，將犯人監禁於監獄，以剝奪其身體自由的刑罰。

（三）財產刑

　　財產刑乃是國家剝奪犯人財產的刑罰，主要爲罰金：

　　乃是命令犯人繳納一定金額的刑罰，刑法總則規定罰金的最低額爲新臺幣一千元以上，其最高額若干，則於分則中分別各種犯罪行爲而爲規定。

（四）資格刑

資格刑乃是國家剝奪犯人在公法上所享有權利能力的刑罰，所以又謂爲權利刑或能力刑，即刑法上所謂褫奪公權，乃褫奪下列資格：

（1）爲公務員的資格。

（2）公職侯選人的資格。

褫奪公權有終身褫奪與定期褫奪的分別：1.終身褫奪，乃是對於宣告死刑或無期徒刑者，應褫奪公權終身；2.定期褫奪，乃是宣告一年以上有期徒刑，依犯罪的性質，認爲有褫奪公權的必要者，宣告褫奪公權一年以上，十年以下，這是由審判官以職權裁量之。

第三節　私法上的制裁

私法上的制裁[6]，亦得稱爲民法上制裁或民事制裁，乃國家對於違反民法上義務者所加的制裁，換言之，國家基於私法上的規定，對於侵害權利或不履行義務之人，由於當事人的請求，而予以制裁。

私法上的制裁與公法上的制裁不同：1.性質不同：前者（私法上制裁）爲違反私人相互間義務或侵害權利的制裁；後者（公法上制裁）爲違反國家行政權或觸犯刑事的制裁；2.根據不同：前者是基於私法上規定所爲的制裁；後者是基於公法上（行政法規或刑事法律）規定所爲的制裁；3.發動的程序不同：前者是國家由於當事人的請求，被動的予以制裁；後者除特別規定外（例如告訴乃論之罪），無待於人民的請求，自動的予以制裁；4.效果不同：前者僅發生私權的得喪變更或義務的履行等效果，

6　基於私法自治原則，公權力以不介入私人間法律關係為原則。質言之，此之謂「制裁」，僅指人民對國家機關請求介入時，始以公權力之形式，使義務人履行私法上義務。例如債權人透過民事訴訟程序取得勝訴判決確定後，向執行處聲請強制執行債務人財產。故，此之「制裁」係屬被動，而非主動。

後者有時發生公權得喪的效果（例如因犯罪而褫奪公權），有時不僅以履行義務爲已足（例如因漏稅而受罰，除補繳所漏之稅外，尚須處以罰金或徒刑），有時則不以強制其履行義務爲其效果（例如對於犯罪人的處罰，並非強制履行義務，而係處罰其罪行）。

私法上的制裁，其最習見者，約有下列各種：

（一）無效或撤銷

當事人所爲的法律行爲，何者爲無效，何者應予撤銷，乃由法律明文規定，當事人可據爲主張，惟必須法院宣告，始可確定。所謂無效，是某種行爲不生法律上的效果，例如法律行爲，有背於公共秩序或善良風俗者無效（民法第 72 條），約定利率超過周年百分之十六者，債權人對於超過部分的利息無請求權（民法第 205 條）；所謂撤銷，乃指某種行爲經撤銷後，失其法律上的效力，例如因被詐欺或被脅迫，而對他人爲負擔債務的意思表示時，表意人得撤銷其意思表示（參照民法第 92 條）。

（二）契約的解除

契約的當事人，若一方不履行義務，或履行而不完全時，他方得通告解除其契約，例如雇主不依約給付工資，或受僱人不依約工作，均得解除契約。

（三）損害賠償

因故意或過失，不法侵害他人的權利者，負損害賠償責任，此種損害，並不以財產爲限，即不法侵害他人的身體、健康、名譽或自由者，被害人雖非財產上的損失，亦得請求賠償相當的金額（參照民法第 184 條、第 194 條）。

（四）返還利益

無法律上的原因而受利益，致他人損害者，應返還其利益，不當得利的受領人，除返還其所受的利益外，如本於該利益更有所取得者，並應返

還，惟其所受的利益已不存在者，免負返還或償還債額的責任（參照民法第 179、181、182）。

（五）強制執行

強制執行因債權人的聲請為之，但假扣押、假處分及假執行，其執行應依法院的職權為之；1.對於動產的強制執行，以查封、拍賣、或變賣的方法行之；2.對於不動產的強制執行，以拍賣查封強制管理的方法行之；3.對於其他財產權的執行，其中：（1）就債務人對於第三人的金錢債權為執行時，執行法院應依職權禁止債務人收取或為其他處分，並禁止第三人向債務人清償；（2）就債務人基於債權或物權，得請求第三人交付或移轉動產或不動產的權利為執行時，執行法院以命令禁止債務人處分，並禁止第三人交付或移轉外，如認為不當時，得命第三人將該動產或不動產交與執行法院，依關於動產或不動產執行的規定執行之；（3）其他財產權執行時，準用上述（1）、（2）的規定，執行法院並得酌量情形，命令讓與管理，而以讓與價金或管理的收益清償債權人（參照強制執行法第 5、45、75、115、116、117 條）。

強制執行與強制履行有異，強制履行對於義務人怠於履行性質上不能以金錢賠償或無代替性的義務時，由法院以判決強制義務人直接履行其義務的制裁，例如：強制某位教授履行其講課的義務，強制某位歌舞家履行其歌舞的義務，惟此種強制，因是基於當事人本人的意思或行為，其制裁有時仍難收到效果，例如強制夫妻履行同居的義務，而不履行。

（六）債務人的管收

債務人有下列情形之一者，執行法院應命其提供擔保或限期履行：1.有事實足認顯有履行義務之可能故不履行；2.就應供強制執行之財產有隱匿或處分之情事。債務人未依上述命令提供相當擔保、遵期履行者，執行法院得依債權人聲請或依職權管收債務人。（參照強制執行法第 22

條），此種管收，即是制裁。

（七）停止權利的行使

係將在私法上所應享有的權利，停止其使用的制裁。例如父母之一方濫用其對於子女的權利時，法院得依他方、未成年子女、主管機關、社會福利機構或其他利害關係人之請求或依職權，為子女之利益，宣告停止其權利的全部或一部（參照民法第 1090 條）。

（八）法人的解散

是為專對法人違反法律時所予的制裁。若法人之目的或其行為，有違反法律、公共秩序或善良風俗者，法院得因主管機關、檢察官或利害關係人的請求，宣告解散（參照民法第 36 條）。

第十五章

法律的解釋

第一節　概說

　　法律的解釋，乃法律於適用時發生疑義，探求其眞義，以使其正確適用之謂。因法律規定的事態有限，而社會的事態萬殊，且變動不居，無論法律規定如何詳盡，絕難纖細靡遺，已有固定性質的法律，絕難適應千變萬化的社會事態，因之，法律有時而窮，法律的解釋，可藉以補救法律規定的不周，法律所以需要解釋者，此其一；不特此也。法律所規定的文字，其本身亦有時疑竇叢生，無所適從，立法的眞義何在？文字的涵義如何？適用的範圍及界限如何確定？均須予以解釋，始得正確適用，以符合法律制定的意旨及貫徹眞正作用，法律需要解釋者，此其二。

　　法律的解釋，對於法律的適用，既有極重要的作用，所以一般法律學者，對於法律的解釋，恆作學理上的研討，甚或有專治解釋法律之學，即以解釋法律爲研究法學的方法，此種方法，謂之解釋研究法。亦曰註釋研究法。前已於第一編第四章「法學的研究方法」中詳述。

　　以註釋的方法，以研究法律，其在泰西各國當首推 12 世紀義大利學者波洛尼亞（Bologna），他對於羅馬法詳加註釋，風行一時。英國普萊

斯頓（Blachston, 1723-1780）著英法釋義，加里斯坦（Christian, 1758-1823）著英吉利法詮釋，奧斯丁（John Austin, 1709-1859）的法學範圍，均爲註釋法學派的卓著者，此外如德國及日本的法學家，對於註釋法學及解釋法律，尤爲重視。

其在我國，自漢唐時期，即以註釋方法，研究法學，明清亦然[1]。民國以來，前北京政府時代，對於法令的解釋，則有前大理院的解釋，國民政府迄今，則先後有最高法院及司法院的解釋，至於學者私人的著述，如某某法律精義，某某法律釋義或詮釋等書尤多，足見對於法律解釋的重視。

至於有關法律解釋的理論及方法，常適用於一般含有法規性質的命令，所以法律解釋，通常亦稱法令解釋或法規解釋。

關於法律的解釋方法，可大別爲法定解釋與理學解釋，茲分別闡述如後。

第二節　法定解釋

法定解釋，亦稱有權解釋，或強制解釋，乃指由國家本身對於法律所爲的解釋，且恆以法令明文規定解釋法律的方法，此種解釋，其效力最強。又可分爲立法解釋、行政解釋及司法解釋三種：

第一項　立法解釋

立法解釋者，即由立法機關所爲的法律解釋，其方法不一：

---

[1] 漢朝的漢律註釋很多，見晉書刑法志所載。唐代有唐律疏議，所謂疏議，即是註釋解釋。明律的註釋亦多，例如何廣律解辯疑三十卷，張楷明律解十二卷，應檀明律三十卷是。清朝則有大清律集解附例，既謂集解，即是註釋解釋。

一、有將解釋規定於本法中者

例如刑法第一章的法例，第 10 條規定：「稱以上、以下、以內者，俱連本數或本刑計算；稱公務員者，謂下列人員……；稱文書者，謂公務員職務上製作之文書。……」；其不設法例專章者，則散見於各條文之中，例如民法總則第 66 條規定：「稱不動產者，謂土地及其定著物」；第 67 條規定：「稱動產者，為前條所稱不動產以外之物」；第 69 條規定：「稱天然孳息者，謂果實、動物之產物，及其他依物之用法所收穫之出產物」，以分別明示不動產、動產及天然孳息的意義。

二、於施行法中規定條文以解釋本法者

例如刑法施行法第 1 條規定：「本法稱舊刑法者，謂中華民國 17 年 9 月 1 日施行之刑法，稱刑律者，謂中華民國元年 3 月 10 日頒行之暫行新刑律，稱其他法令者，謂刑法施行前與法律有同一效力之刑事法令」。民法第 30 條規定：「法人非經向主管機關登記，不得成立」，所謂「主管機關」的意思，則於民法總則施行法第 10 條「依民法總則規定法人之登記，其主管機關為該法人事務所所在地之法院」的規定，以解釋之。

三、法律規定某種事件的意義，以間接解釋其他事件的意義者

例如：何謂侵權行為，民法上並未明白的直接規定，然民法第 184 條第 1 項規定：「因故意或過失，不法侵害他人之權利者，負損害賠償責任。故意以背於善良風俗之方法，加損害於他人者亦同」，則凡因故意或過失，不法侵害他人的權利，或故意以背於善良風俗的方法，加損害於他人，均是侵權行為。又如：何謂故意犯，刑法上亦並無「故意犯」一名詞的直接規定；然刑法第 13 條規定：「行為人對於構成犯罪之事實，明知並有意使其發生者，為故意；行為人對於構成犯罪之事實，預見其發生而

其發生並不違背其本意者，以故意論」，是規定「故意」的意義，即可間接以解釋「故意犯」的意義。

立法解釋，既係由立法機關制定法律以解釋法律，其含有解釋性的法律，與被解釋的法律，其爲法律性質，彼此無殊，其亦具有法律的效力，自不待言。至於立法機關不以立法的方式以解釋法律，而僅就立法原意，以闡釋法律的眞義所在，自理論上言之，亦自得謂爲立法解釋。

惟立法機關有無解釋法律之權，在法理上殊有爭議的餘地，我國最高的立法機關爲立法院，立法院有無解釋法律之權，意見不一[2]：

（一）否定說

謂立法院無權對任何法律作成任何解釋，其理由爲：1.如立法院有權解釋法律，將與司法院統一解釋法令的職權，發生混淆，且妨礙司法院統一解釋的權力；2.法律之能靈活運用，全賴解釋，拿破崙法典之能經過兩個世紀而能靈活適用者在此。如果立法機關對於制定的法律，有權表達原意，則司法機關將因遭受拘束，無法適應時勢而爲解釋；3.司法院大法官會議統一解釋法令時，如以私人交換意見方式，詢問立法委員的立法原意則可，若以公文詢問立法院，則有曠職守，殊非所宜。

（二）肯定說

謂立法院有權解釋法律，其理由爲：1.依司法院大法官審理案件法的規定，認爲大法官對於憲法解釋享有唯一權力，而對於其他法令，僅能爲統一解釋，因此，其他機關仍有權對於法令作成解釋；2.立法院制定法

---

[2] 我國在訓政時期的立法院，曾有爲立法解釋的實例，即對於舊工會法的疑義，予以解釋是，在行憲後的立法院，尚無解釋法律的實例，民國41年4月22日在立法院會議中，對於審計部電請解釋51年度中央總預算施行條例條文疑義一案，曾就立法院有無解釋法律之權，引起立法委員的熱烈辯論，結果不作正反決定，僅由多數決議：「關於請求說明立法原意之案件，交有關委員會擬具說明，提出院會報告後，由秘書處函復」。

律，最能明瞭法律的原意所在，因之，立法院解釋法律，亦最易適合或表達立法的眞義。

　　吾人認爲由立法者解釋法律的疑義，當然易於獲得立法的眞義所在，但立法院如亦有解釋權，則對於法律疑義的解釋，若與司法院的解釋有所歧異或牴觸時，則極易影響司法院解釋的威信，及妨礙司法院解釋職權的行使，故認爲立法院以不得有解釋權力爲較宜。惟依照司法院大法官審理案件法規定的旨趣，對於一般法令的疑義，既分別爲解釋與統一解釋二種，統一解釋始向司法院聲請之，則立法院就其職權上適用法律或命令所發生的疑義，亦自得解釋之。因之，立法院的解釋權，亦與除司法院以外各機關的解釋權相同。司法院對於法令有統一解釋權，司法院以外各機關僅有解釋權，自司法院大法官審理案件法而言，即難否認立法院亦有解釋權的存在。

第二項　行政解釋

　　行政機關適用法令時所爲關於法令的解釋，謂之行政解釋。行政機關所爲的解釋，是否僅以行政機關所頒行的行政命令，如規程、規則、細則或辦法等爲限？抑就法律的疑義亦得解釋之？此當分別情形言之：行政命令若僅係本身發生疑義時，頒行該項行政命令的行政機關自得爲有權的解釋；若行政命令與法律是否牴觸發生疑義，或僅適用法律發生疑義時，則有並非該頒行行政命令的行政機關所得解釋，或由該上級行政機關解釋，或由司法院爲統一解釋。

　　關於行政機關適用法令發生疑義時所爲的行政解釋，乃爲極普遍之事。所應研究者，即：一、行政解釋的分際問題；二、行政解釋的利弊問題。

一、行政解釋的分際

所謂行政解釋的分際,即是行政機關所得爲行政解釋的職權範圍問題。

(一) 行政解釋僅以法令爲限

憲法雖屬於法律的範圍,惟因其爲國家根本大法,通常視爲與一般法律有別,憲法的解釋權,爲司法院所獨特的享有,行政機關及其他任何機關均無解釋憲法之權。行政機關於其職權上適用憲法,或適用法律命令發生有無牴觸憲法的疑義時,應聲請司法院解釋。因之,行政機關所得爲的解釋,僅以憲法以外的法令爲限。

(二) 行政解釋僅以行政法令爲限

行政機關就其職權上所適用的法令,原則上多屬於行政性質的法令,就其適用時所發生疑義,行政機關有解釋權。惟行政機關有時適用立法法規,例如立法院組織法,立法院各委員會組織法,及立法院議事規則,其中條文多有涉及行政職權之處,有時行政機關亦予以適用;又行政機關有時亦適用司法法規,例如公務員懲戒法及行政訴訟法的適用;又行政機關有時亦適用考試法規及監察法規,例如公務人員任用法,公務人員考績法及監察法、審計法等,多與行政機關的職權有關,行政機關亦恆適用之。行政機關如與立法、司法、考試或監察主管機關就適用同一法令所持見解互有歧異時,只得聲請司法院爲統一解釋,故行政解釋,僅以行政法令爲限。換言之,行政機關僅對於行政法規有其解釋權。

(三) 行政解釋下級機關應受上級機關的拘束

行政機關適用行政法令時發生疑義所爲的解釋,僅得就其職權範圍以內而爲之,故下級行政機關不得超越上級行政機關的職權而爲解釋,同時本於行政系統上指揮監督權的行使,下級機關所爲的解釋,上級機關亦得變更或撤銷之。因之,下級機關就適用法令時所爲的解釋,應受上級機關

的拘束。

　　下級行政機關本身頒行的行政命令，固得為有權的解釋，惟其解釋仍不得與上級行政機關的命令相違反，其不得牴觸憲法與法律，尤不待論。

二、行政解釋的利弊

　　行政機關有權為行政法規的解釋，其得失互見：

（一）優點

　　1.行政機關對於行政法規的素養較深，對於行政上的實際經驗亦較瞭解，所為法規的解釋，易於切合適用；2.行政事件多須迅速處理，行政機關有權解釋行政法規，足以迅赴事機；3.正確適用法規，為各機關及公務人員應有的職責，行政機關有權解釋法規，足以使其自動的深切研究法規的適用，而加強其責任感，且可免除以轉請解釋為藉口，而故意推諉拖延，足以促進行政效能。

（二）缺點

　　1.行政機關對於行政法規的解釋，其見解未必正確，甚或難免藉其有權解釋，以曲為解說，或巧為辯護；2.適用法規的行政機關見解不一，解釋難免彼此歧異，致行政事件的處理，不免發生彼此歧異的結果，影響政府威信；3.行政機關既各有權解釋，則原可請求上級機關核示而不必請求，上級機關亦無從行使其指揮監督的職權，可能養成下級機關矇蔽或專橫的流弊。

　　由上所述，行政機關有權解釋行政法規，可謂得失參半。惟其缺點，則可以下列方法補救之，即：注重行政人員對於法規的研討，加強上級行政機關監督權的行使，而在行政系統上，關於行政解釋，應最後的、統一的集中於國家最高行政機關的行政院。

　　行政機關既有權為行政法規的解釋，依同一法理，則考試機關及監察

機關適用考試法規或監察法規發生疑義時，亦自得有權予以解釋。

第三項　司法解釋

司法官或司法機關對於法律所為的解釋，謂之司法解釋，不問為解釋例或判決先例，均得謂為司法解釋。下級法院所為的判決，上級法院撤銷時，該上級法院就其適用同一法律所為的解釋，該下級法院自應受其拘束，惟司法解釋的最高機關，通常屬於一國的最高法院，因之，其所為的解釋例及判決先例，不僅有拘束一般下級法院的效力，即一般行政機關及其他機關與人民，亦受其拘束。

司法解釋原係指司法官或司法機關對於法律所為解釋，惟依我國現制，司法解釋之權，屬於國家最高司法機關的司法院，中華民國憲法第78條規定：「司法院解釋憲法，並有統一解釋法律及命令之權」，第79條第2項規定：「司法院設大法官若干人，掌理本憲法第78條規定事項」。故司法院的解釋權，大別為二，即：一、解釋憲法；二、統一解釋法律及命令。而應由司法院解釋的事項，其解釋過去以大法官會議的決議行之[3]。自民國111年後，改由憲法法庭以憲法判決為之。分述如下：

一、解釋憲法

關於憲法解釋權的歸屬，各國制度，本不一致：（一）立法機關解釋制，即由國會以解釋憲法，如泰、法、比、瑞諸國是；（二）司法機關解釋制，即由普通司法機關以解釋憲法，如美國及中南美各國是；（三）特殊機關解釋制，即由特設的法院以解釋憲法，如奧地利設有憲法法院，西班牙設有憲法保障法院是。我國關於憲法的解釋，由司法院為之，惟並非

---

[3] 司法院大法官會議法名稱修正為司法院大法官審理案件法，並將條文修正（民國82年2月3日公布）。民國108年1月4日，總統公布新的憲法訴訟法，取代舊的大法官審理案件法。並自公布後三年施行。

由辦理民刑訴訟的普通法院行使其解釋權，而由司法院特設的大法官以掌理解釋事項。所以我國解釋憲法制度，就其由司法機關解釋一點言，與美國的制度相似；就其由特設的大法官以掌理其事而言，則又相當於奧國的制度。

關於解釋憲法，尚有應予說明者，即：

（一）司法院為唯一解釋憲法的機關

憲法第 78 條規定司法院解釋憲法，第 173 條規定：「憲法之解釋，由司法院為之」，故司法院為唯一的、有權的解釋憲法的機關，此與其他一般法律命令各適用的機關均有其解釋權者有別。

（二）司法院解釋憲法以憲法法庭的判決行之

依憲法第 79 條第 2 項規定：司法院設大法官若干人，掌理解釋憲法及統一解釋法律及命令之權，又依憲法訴訟法第 1 條規定：「司法院大法官組成憲法法庭，依本法之規定審理下列案件：一、法規範憲法審查及裁判憲法審查案件。…六、統一解釋法律及命令案件。」

茲分述解釋憲法事項及聲請憲法判決之當事人：

1. 憲法法庭以憲法判決解釋憲法之事項如下：

（1）法規範憲法審查及裁判憲法審查案件。

（2）機關爭議案件。

（3）地方自治保障案件。

其他法律規定得聲請司法院解釋者，其聲請仍應依其性質，分別適用憲法訴訟法所定相關案件類型及聲請要件之規定。

2. 得聲請憲法判決之當事人

有下列情形之一者，得聲請憲法判決：

（1）國家最高機關，因本身或下級機關行使職權，就所適用之法規範，認有牴觸憲法者，得聲請憲法法庭為宣告違憲之判決。下級機關，因

行使職權，就所適用之法規範，認有牴觸憲法者，得報請上級機關為前項之聲請。

（2）立法委員現有總額四分之一以上，就其行使職權，認法律位階法規範牴觸憲法者，得聲請憲法法庭為宣告違憲之判決。

（3）各法院就其審理之案件，對裁判上所應適用之法律位階法規範，依其合理確信，認有牴觸憲法，且於該案件之裁判結果有直接影響者，得聲請憲法法庭為宣告違憲之判決。

（4）人民於其憲法上所保障之權利遭受不法侵害，經依法定程序用盡審級救濟程序，對於所受不利確定終局裁判，或該裁判及其所適用之法規範，認有牴觸憲法者，得聲請憲法法庭為宣告違憲之判決。

（5）國家最高機關，因行使職權，與其他國家最高機關發生憲法上權限之爭議，經爭議之機關協商未果者，得聲請憲法法庭為機關爭議之判決。

（6）地方自治團體之立法或行政機關，因行使職權，認所應適用之中央法規範牴觸憲法，對其受憲法所保障之地方自治權有造成損害之虞者，得聲請憲法法庭為宣告違憲之判決。

（三）解釋憲法係採被動解釋，兼採自動解釋

各國憲法的解釋制度，無論由普通法院解釋制或特設機關解釋制，多係採取被動解釋。我國憲法第 114 條規定：「省自治法制定後，須即送司法院，司法院如認為有違憲之處，應將違憲條文宣布無效」，可謂為自動解釋外，其他關於適用憲法發生疑義的解釋，法律命令是否牴觸憲法的解釋，均由機關聲請解釋，可謂被動解釋。

關於憲法判決的聲請，不以中央或地方機關為限，人民或私人團體亦得聲請，此與美國及西班牙憲法解釋制度不以機關為限，即個人或私人團體亦得為憲法解釋的聲請者相同。

二、統一解釋法令

關於法律或命令的解釋，各機關有其解釋職權，司法院僅得爲統一解釋。在民國 111 年實施的憲法訴訟法，不再允許機關聲請統一解釋法令，而只允許人民對於具體個案中終審法院見解與其他終審法院見解不一致時，方得允許人民聲請統一解釋法令。憲法訴訟法第 84 條規定：「人民就其依法定程序用盡審級救濟之案件，對於受不利確定終局裁判適用法規範所表示之見解，認與不同審判權終審法院之確定終局裁判適用同一法規範已表示之見解有異，得聲請憲法法庭爲統一見解之判決。」

我國現行政治制度，係採五院制，五院各就其職權言，均爲各該系統上的最高機關，例如行政院爲國家最高行政機關，全國各行政機關，無論中央各部會處或地方各級政府，依法均應受行政院見解之拘束，或得變更其見解，則行政院所屬各下級機關適用法令有疑義時，僅得層轉行政院予以核示，以求解決，而不得遽行轉請司法院爲統一解釋。

關於法規適用的見解有異，僅得在判決確定後由人民聲請憲法法庭爲統一解釋，其優點固然有：1. 使各機關自行研究法規的疑義，加強其責任的感覺；2. 可免除各機關以聲請司法院解釋法規的疑義，爲公務處理拖延推諉的藉口；但其缺點，則有：1. 各機關對於法規疑義的解釋，難得正確的認識，因既不得聲請解釋，遂不免囫圇吞棗，「強不知以爲知」予以適用，殊易發生流弊；2. 各機關既均有依職權以解釋法令疑義之權，則因見解之互異，或因立場之不同，遂不免各是其是。苟非該機關依法應受本機關或其他機關見解之拘束，或得變更其見解，則對於同一法律或命令的解釋，必將發生歧異的結果，不免影響法規適用的效力，及政府的威信。

第三節　學理解釋

以學理解釋法令，謂之學理解釋，係就法令的文字，根據學理上的見解，以解釋法令。所以學理解釋又可分為文理解釋及論理解釋二種。

第一項　文理解釋

文理解釋又稱文字解釋，係依據法律條文上的字義或文義所為的解釋，法律的文字，向主簡潔，在制定法律的當時，不論如何斟酌損益，但既經公布之後，仍不免見仁見智，莫衷一是，且社會情勢，時有變遷，人民意識，亦常有改進，對於法律的文義，有見解正確的，亦有不得其真義的，亦有故意曲解的，所以文理解釋，應當注意下列各點：

一、法令的字句應以通常平易的意義解釋之

法律應平民化、通俗化，乃為近代的趨勢，亦為社會所需求。法律為國家的公器，必須人人知法，然後人人始有守法可言。法治國家不僅以政府遵照法律以為治理而為滿足，必須人民對於法律家喻戶曉，潛移默化，遵守勿替，始能收治理之效。法律並非適用於少數人，亦非少數人所得而私有。惟其如此，法律條文的語句文字，應力避詰屈聱牙，及不可僻澀隱晦，而應力求其明顯淺近，通俗易曉，故解釋法律亦應以通常平易的意義解釋之。例如民法第 66 條規定：「稱不動產者，謂土地及其定著物，」第 67 條規定：「稱動產者，為前條所稱不動產以外之物」，則除去土地及其定著物為不動產外，其他的物體，不問為固體為液體為氣體，應均屬於動產的範圍。

但是法律上有許多術語，每與普通字義有別，則應依照專門的意義以為解釋，例如法條上所謂「善意」，係指不知情而言，即是當事人不能知，或非因其重大過失而不知，致有某種事件的發生而言，並非如通俗所

謂慈善的意義。

二、法律條文的意義應適應於社會生活實際狀況以解釋之

例如民法第 72 條規定：「法律行為有背於公共秩序或善良風俗者無效」，所謂：「公共秩序或善良風俗」，原無固定的絕對的標準，因時間空間而易其觀念。換言之，是否有背於公共秩序或善良風俗，應以當地社會生活的實際情況而為認定。

三、法律的文義應注意全文的意義而解釋

解釋法律，不可斷章取義，必須注意互有關聯的條文，尤須使整個法律的全文意旨，求其貫徹，以無悖法律的真義，例如民法第 75 條：「無行為能力人之意思表示，無效；雖非無行為能力人，而其意思表示，係在無意識或精神錯亂中所為者亦同」，若僅就本條予以解釋，則無行為能力人殊無表示意思的方法，惟第 76 條規定：「無行為能力人由法定代理人代為意思表示，並代受意思表示」，則無行為能力人並非無方法以為其意思表示。

第二項　論理解釋

論理解釋乃斟酌制定法律的理由，及其他一切情事，依推理的作用，而闡明法律的本意，是為論理解釋。換言之，不拘於法律各個的文字，依一般推理的原則，而確定法律的意義，是為論理解釋。

論理解釋應注意的要點，即是：1. 應研究其所繼受的法律及其所參考的資料，以探求或發現該項被解釋的法律的真義所在；2. 應研究與其他法律互相關聯之處，以求貫通其意義。因全部法律中的一種法律，並非孤立存在，必與其他法律相適應，然後成為一整個法律的體系，因之，法律的系統，各個法律的相互關係，及立法的理由，與立法當時的狀況，凡與被

解釋的法律有關係的規定，均應彼此參照，以爲解釋的借鏡；3. 應研究適合於社會意識，因爲法律係爲適應社會的情況而爲制定，故不適合於社會意識者，不得謂爲立法者的意思，解釋法律，自應參酌習俗，體察人情，以求與社會意識相吻合，勿徒拘泥於文字，而望文生義，致轉失制定法律的眞義。

論理解釋是依論理的原則，以研求法律的精神；文理解釋是依文字的法則，以闡明法文的字句，是爲二者不同之點。但是論理解釋與文理解釋，彼此關係密切，若完全不顧法條的文字，僅爲抽象的推理的方法以爲解釋，固屬不可；然完全捨棄推理方法，僅依法條的文字以爲解釋，亦有未當。因之，此兩種解釋方法，不過爲解釋方法抽象的區別，至於實際上解釋法律的時候，兩種方法相輔爲用，並行不悖，始得達到解釋的目的。有謂論理解釋，乃在以文理解釋尙不能明瞭法律的意義時，而始應用之者，殊非確論。

但文理解釋的結果，與倫理解釋的結果，彼此不同時，究竟何去何從，以依據何種結果，以確定法律的意義？文理解釋的結果，比論理解釋的結果，廣泛者有之，狹小者有之，彼此互相牴觸者，亦不免有之，此時究竟以何種結果爲立法者的眞義？一般學者多主張應依據論理解釋的結果。因爲法律的文字，僅爲立法者表示其意思的符號及方法，不得以符號方法，而左右表示意思的本體，故法律的解釋，確定立法者的意思，不得僅依文字以爲斷，不得不從一般論理的法則當然所生的結果，以爲立法者的眞正意思。民法第 812 條第 2 項規定：「前項附合之動產，有可視爲主物者，該主物所有人，取得合成物之所有權」，所謂「主物」，應解釋爲主部分。又如民法第 136 條第 2 項規定：「時效因聲請強制執行而中斷者，若撤回其聲請，或其聲請被駁回時，視爲不中斷」，所謂「時效因聲請強制執行前中斷者」，應解釋爲時效因強制執行之聲請而中斷。要之，「不以文害辭，不以辭害意」，是爲論理解釋的良好註釋。

論理解釋爲解釋法律的重要方法，已如上述，此種解釋，就其方法言之，又可分爲七種。

一、擴張解釋

此又謂爲擴充解釋，即法律中規定的文字失之狹隘，或不足以表示立法者的眞義時，乃擴張法律文字的意義以爲解釋。因文理解釋結果，比論理解釋結果狹小時，不得不從論理解釋的結果，以附加法文所不及包括的意義。例如領土爲國家構成的要素。就字義言，領土僅指地面的土地，然自理論上言，則領海、領空，亦均應包括之。

二、限制解釋

此亦稱爲限縮解釋或縮小解釋，與上述之擴張解釋，適立於相反地位，即將法律文字的意義予以限制，縮小其範圍，以爲法律的意義。因文理解釋的結果，比論理解釋廣泛時，不得不從論理解釋，即限制法文所包含的意義。例如民法第 772 條所謂：「於所有權以外財產權之取得」，依文理解釋，所有權以外財產權，應包含債權在內，惟消滅時效，已規定於民法總則編，依限制解釋而言，則債權應行除外。又如民法第 828 條第 3 項規定：「公同共有物之處分及其他之權利行使，除法律另有規定外，應得公同共有人全體之同意」，然歷年判例，顧全實際情形，雖僅得各房房長的同意，方可有效。再如憲法第 20 條規定：「人民有依法律服兵役之義務」，其中「人民」二字，應解釋爲僅指「男子」而言，與通常所謂「人民」，係包括男女兩性者不同。

三、當然解釋

法律文字，雖未明白或列舉的規定，然「舉一反三」，可以當然的事理，以解釋法律的眞義，是爲當然解釋。例如刑法明文規定吸食鴉片者有

罪，若不用吸食方法，而用吞食方法，亦自包括在內，而認為有罪。又如在風景區域禁止攀折花木，則砍伐樹木，或蹂躪花草，亦當然在禁止之列。

四、反對解釋

此係依法律條文所定的結果，以推論其反面的結果。換言之，對於法律所規定之事項，就其相反方面而為反對意義的解釋，例如憲法第 9 條規定：「人民除現役軍人外，不受軍事審判」，自其反面解釋，則現役軍人須受軍事審判。民法第 12 條規定：「滿十八歲為成年」，自其反面解釋，則年齡未滿十八歲者，即為未成年人。又如民法第 72 條規定：「法律行為，有背於公共秩序或善良風俗者，無效」，第 913 條第 1 項規定：「典權之約定期限不滿十五年者，不得附有到期不贖即作絕賣之條款」，若從反對方面解釋，則以不背於公序良俗為目的之法律行為，以滿十五年的典限，而附此條款，則均可為有效。

五、補正解釋

法律的文字，規定有欠完備，或發生錯誤時，則統觀法律的全文，而以解釋補正之，是為補正解釋。補正解釋，不啻為新的立法，故應用時從嚴，非法律文字顯欠完備或顯有錯誤時，不得為之。

六、歷史解釋

此又稱為沿革解釋，即就法規的制定經過及其沿革，以為解釋法文的真義。例如我國現行法律，均以三民主義為其最高原則，法律的條文如有疑義或其他缺陷時，則應以三民主義的精神及其發展的經過情形，以為解釋。

七、類推解釋

　　法律對於某種事項，雖無明文直接規定，惟對於其他類似事件則已有規定，則應用其規定類似事項的法律，以爲解釋，是爲類推解釋。此種解釋，學者有謂爲並非法律解釋，而實爲類推適用，與法律解釋似是而實非。因關於特定事項，法律並無直接規定，而擇取關於類似事項的規定，以適用之，此於法律無規定時，始有必要，故類推適用，不得謂之法律解釋。

　　惟對於法律無直接規定的事項，而擇其關於類似事項的規定，以爲適用，其與解釋法律之作用無殊，所謂類推解釋者，即於法律規定之不完備時，而此附援引以應用之。例如代理人之簽名，與民法總則第 3 條但書「……但必須親自簽名」之規定不符，則應以債編第 553 條第 1 項「稱經理人者，謂由商號之授權，爲其管理事務及簽名之人」的規定解釋之。德國民法第一草案第 1 條規定，凡法律未規定的關係，可應用規定與之類似的法律，即所以明示得爲類推解釋。我國民法雖無如此規定，惟一般學者則幾一致主張得爲類推解釋。至於在刑事法律，則採嚴格主義，不得比附援引，即不得採用類推解釋。

　　我國民法條文屢用「準用」字樣，乃係明示類推適用，有時雖不用「準用」二字，然用其他語句，亦可表示與「準用」有同樣的意義者亦有之。例如民法第 957 條規定：「惡意占有人，因保存占有物所支出之必要費用，對於回復請求人，得依關於無因管理之規定，請求償還」，其有準用的同一意義，乃甚明顯。惟準用與適用不同，準用並非完全適用所引用的條文，須依事項的性質而變通適用，亦有謂爲擴張解釋者，但超過其程度的類推，已不得謂爲解釋，故類推解釋固不得謂爲類推適用，亦與擴張解釋有別。

第十六章

法律與事實的關係

第一節　概說

　　法律與事實相結合，必形成相互間的關係。此種關係謂之爲法律關係；此種事實，謂之爲法律事實。法律事實者，乃發生法律關係的原因。其因結合所發生的結果，謂之爲法律效果，一稱法律效力。此種效果，就民事言，即權利義務的發生、變更或消滅；就刑事言，即爲罪刑的構成；就行政、立法、考試及監察等事件言，即發生各有關法律所規定的效力。

　　法律乃爲一般的抽象的規定，事實乃爲個別的具體的現象，法律與事實相結合的關係，是即爲法律的適用，而發生法律所規定的效果。關於法律的適用及法律的效力，前已分章詳述，茲再析述法律與事實的關係。

第二節　法律與事實關係的形態

　　法律乃係固定的有限的條文，事實乃係變動的無限的現象，因之，法律與事實的關係，遂表現各種不同的形態，約如下述：

一、法律與事實無關係者

此指某種事實，法律並無規定，或無以法律規定的必要，法律與事實不發生關係者，例如：吾人呼吸空氣，曝曬日光，早操睡眠，親友晤談等事實。

二、法律與事實有關係者

此種關係，即構成法律關係與法律事實，其中又有各種形態：

（一）適法行為

例如：依法為權利的行使，依法為義務的履行，此種行為所表現的事實，乃符合法律的規定，發生法律上所希求的效果。

（二）違法行為

例如：非法而取得利益，或非法而拒絕義務的履行，作奸犯科，干禁亂紀，此種行為所表現的事實，乃違反法律的規定，發生法律的制裁效果。

（三）脫法行為

此指以迂迴方法，避免違反法律的強制規定，而達到其不法目的的行為。例如：高利貸本為法所禁止，乃以回扣手續費，或用其他方法，以巧取重利，或在表面上將原本數額虛予提高，使其不超過周年百分之十六的約定利率，而仍有其請求權，藉以達到其高利貸的目的（參照民法第 205條）。又如買賣奴隸，本構成刑法上的犯罪，乃以贈與財產的方式，以收養他人子女，為自己長期服役（參照刑法第 296 條），就此種法律事實與法律關係言之，其脫法行為的真正事實，本應受法律的制裁；惟就其事實的表面言之，有時反受法律的保障。

（四）放任行為

此種行為所表現者，本為法律關係的法律事實，惟法律上採取放任態

度，認爲以不予干涉爲宜，例如：並未過當的正當防衛行爲，及並未過當的緊急危難行爲，均不予處罰，及不負損害賠償責任（參照刑法第 23 條、第 24 條、民法第 149 條、第 150 條）。又如有配偶者間的通姦行爲，亦爲刑法所不罰（參照刑法第 239 條通姦罪之刪除）。

三、法律與事實無關係者

此指法律與事實，互有關係，惟彼此不相適應，或竟兩歧，甚或完全相反者，其中亦有各種形態：

1. 應以法律規定的事實，而竟未有規定（參照中央標準法第 5 條），此法律之所以需要制定，以規定此種事實。

2. 法律所規定的內容，與事實並不切合，或不完備，或互有出入，此法律之所以需要修改，俾與此種事實適合無間（參照中央法規標準法第 20 條）。

3. 法律所規定的內容，未臻明顯，可否適應於某種事實，發生疑義，此法律之所以需要解釋。

4. 法律所規定的內容，在事實上已因情勢變遷，無繼續適應的可能，此法律之所以需要廢止（參照中央法規標準法第 21 條）。

5. 法律與事實，本不適合，甚或相反，不應發生法律的效果，惟因並未經有權機關確認其爲無效，或因法定的救濟日期已過，或因審級已了，而仍發生其法律上的效力者，例如：本爲違反強制規定的行爲，而仍有其效力；本爲違法的行政處分，並未在訴願或行政訴訟的法定期間，以提起訴願或行政訴訟予以撤銷，其原有的違法處分，仍屬有效 [1]；違背法令的確定刑事判決，並未經非常上訴程序，以使其原判決撤銷，或另爲判決（參照刑事訴訟法第 441 條、第 417 條），而原有

---

[1] 參照民法第 71 條及訴願法、行政訴訟法有關法定期間的規定。

的違法判決，仍繼續有效。

四、法律對於事實有時而窮

此指法律的規定，與事實本相適合，且已發生法律效果或能發生效果，惟在法律上仍不能克服事實上的困難，而竟使法律的效果爲之落空者，例如：債務人雖經確定判決，應爲給付，惟事實上債務上無清償債務的能力；受刑人未受刑的執行，而竟逃亡藏匿，經通緝無著或已死亡者；訴訟事件本有理由勝訴，而竟逾越法定期間，致不得提起上訴，以獲得有利的判決者[2]，凡此均爲法律對於事實的解決，有時而窮。

五、法律對於事實的事後免責

此指法律對於事實，原屬適合，能發生效果，或已發生效果，惟因其事過境遷，或因其他法律性或政治性的原因，而於事後減免其法律上所應負的責任者，例如：對於犯罪者或受刑人所爲大赦、特赦、減刑及復權的實施（參照赦免法）；對於處罰的裁判確定後，未執行或執行未完畢，而法律有變更不處罰其行爲者，免其刑之執行（參照刑法第 2 條第 3 項）；又因消滅時效的完成，在民法上債務人得拒絕給付，免除其所應負擔的債務[3]，在刑法上則對被告的追訴權及對受刑人的行刑權，均因在法定期間內不行使而消滅[4]。

依上所述，法律與事實的關係，形態萬殊，錯綜複雜。法律固以能適應事實需要，解決事實問題，以實現法律的功效爲其主旨，惟法律與事實雖有極密切的關係，然彼此畢竟有別，並非融合無間，混爲一體，僅得謂法律爲治理的工具，亦即所謂法治，而非謂法律爲萬能也。

---

[2] 參照強制執行法、民事訴訟法及刑事訴訟法有關各條的規定。
[3] 參照民法第六章關於消滅時效的規定。
[4] 參照刑法第十一章關於時效的規定。

第十七章

法律思想的趨勢

第一節　概說

　　所謂法律思想，乃指一般法律所形成的主要意識而言，與通常所謂法律意旨或法律精神（亦稱立法意旨或立法精神），其涵義有別，因法律意旨或法律精神，乃指構成各別法律內容的眞義或主旨而言，亦係指某一種法律所具有特別的意旨或精神所在。其性質較爲具體，其範圍較爲狹小。法律思想則係指不特定的多數法律共同所具有的意識，其性質較爲抽象，其範圍較爲廣泛。有某種法律思想，始得構成某種法律意旨或法律精神，亦可謂法律意旨或法律精神係淵源於法律思想而產生，故法律思想，亦得稱爲立法思想。

　　法律爲人類社會生活的規範，人類社會生活原非一成不變，則法律思想的演進，乃勢所必然。法律本身實含有非意識的舊元素（Unconscious old element）與意識的新元素（Conscious new element），即是法律規定的內容，一方面含有社會的舊有事物，一方面以社會上新的事物規定於其中，此兩種元素，乃常居互相爭雄的狀態中，社會改進，即基於此種新元素的滋長發達，此種新元素，即是法律思想趨勢的所在，亦得謂爲法律的

趨勢。

不特如此，一國的法律，常因國際局勢的演變，國內革命的發生，主義的推行，學說的鼓吹等原因；法律思想恆起劇烈的演變，每形成一種影響力量，風行草偃，甲國法律如此，乙國法律亦然；一種法律如此，他種法律亦然，其間演變的經過方向，即為法律思想的趨勢。

法律思想原屬於法律哲學的範圍，法律思想的趨勢，原屬於法律史學的範圍，其詳均非本書所必須論述，茲僅就現代法律思想的趨勢中，分為公法的趨勢，及私法的趨勢，略予敘述，藉以明瞭國家現行法律實際上可能的演進。

第二節　公法的趨勢

公法的中心思想，乃基於國家的權力觀念，民智愈發達，社會愈進步，則人民與國家的關係亦更繁複而密切。古代人民有不知國家為何物，漸進而為人民對於國家祇有當兵和納稅，希望國家無為而治，人民與國家的休戚痛癢，互不相關，故公法的觀念，極為薄弱，公法的發達，亦較遲緩。迨後國家對於人民專制干涉，生殺予奪，為所欲為，既無一定的法律，以為國家施政的準繩，亦無一定的法律，以為人民的保障。國家的統治者與被統治者的人民，恆處於階級對峙和互相敵視的狀態中，相激相盪，於是有革命事件及民權思想的發生，此證之古今中外革命的史實及民權發達的過程，乃絲毫不爽。而各國所謂人權宣言、人身保護狀、權利請願書，乃至約法憲法等類法典，遂成為公法的主要淵源，而公法思想，亦遂以國家與人民的關係如何，為其趨勢，舉其重要者如下：

一、由警察國思想趨向為法治國思想

以前各國公法上所表現者，多為國家專制權力的行使，恣睢暴戾，橫

加干涉，人民無合法的自由可言，是爲警察國思想。現在公法上所表現者，則爲國家及人民均須以法律爲其準繩，不僅人民須遵守法律，國家亦必須以爲法治，是爲法治國思想。

二、人民由政治上的慾望與平等，趨向於經濟上的慾望與平等

現在公法上所規定者，不僅人民對於國家的參政權，亦不僅國民均有依法行使其選舉、罷免、創制、複決的權利，以求得政治上的慾望與平等爲已足，而尚須在公法上對於經濟問題，如所謂生產、消費、分配以及其他有關經濟事項，均須爲公平合理的規定，以滿足人民經濟上的慾望與平等。各國有關勞工、合作、保險及企業統制等法律，多參與國家公的權力於其間者即是如此。

三、國家對於人民由消極的責任感，趨向為積極的責任感

此在公法思想上所表現的：其在刑事法規，已由消極的懲罰威嚇主義，而趨向於積極的保安處分與感化主義；其在行政法規，已由消極的維持社會安寧秩序，積極的進而爲保育行政，以增進全國人民的福利，乃至於全體人類的福利。

四、以個人為本位的主觀的權利觀念，趨向於客觀的以社會或國家為本位的義務觀念

此在公法思想所表現的：即是個人雖依法享有其自由，惟爲維護社會或國家的共同利益，則應限制或犧牲個人的自由；社會或國家的共同利益，應超越任何個人利益之上。對於客觀的以社會或國家爲本位的義務觀念，應排除主觀的以個人爲本位的權利觀念，取而代之。

五、公法由簡略而趨向於詳密

國家既須厲行法治，有關人民的政治經濟及其福利的增進事項，以及加強對於社會或國家的觀念，自非以法律規定不可。而此等事項，其性質均屬於公法範圍。因之，公法的範圍日廣，且逐漸侵入私法的範疇，或形成為公法私法混合的規定，例如：土地法、合作社法等兼有公法私法的性質，乃最顯著者。公法的制定與規定的內容，由簡略而趨向於詳密，乃為必然的趨勢及當然的結果。

第三節　私法的趨勢

私法的中心思想，乃基於私人間的權利觀念，18 世紀，私法中的民事及商事法律，充分表現個人主義與自由主義，以個人為權利的本位，以自由為權利的行使，防範既無，流弊遂生，重利輕義，損人利己，降至20 世紀，因生產工具進步，工商業發達，而貧富階級懸殊，社會上不平與不安的畸形現象，愈形顯著，各國的民商法律，不得不補偏救弊，以圖改進，其趨勢約如下述：

一、所有權的絕對自由趨向於所有權的限制

所有權自羅馬法以來，即含有自由無限制的觀念，1789 年法國大革命時人權宣言，有所謂「所有權神聖不可侵犯」的規定，各國法律亦受這種觀念的影響，其流弊所及，一面促進資本主義經濟組織的畸形發達，一面則釀成有產階級與無產階級的對峙與鬥爭。19 世紀以後，各國的民法為圖補救弊端起見，對於所有權的絕對自由，遂予以相當的限制，例如 1896 年公布 1900 年施行的德國民法第 26 條規定：「權利的行使，不得專以損害他人為目的」，1907 年公布 1912 年施行的瑞士民法第 2 條規定：「行使自己的權利……須以誠實及信用為之」，「權利的顯然濫用，

不受法律的保護」。我國民法第 148 條亦規定：「權利之行使，不得違反公共利益或以損害他人爲主要目的。行使權利，履行義務應依誠實及信用方法」。是所有權由絕對的自由，進而爲相對的自由。

所有權不僅是相對的自由，且於行使權利時，同時負擔一定的義務，1919 年德國頒行的新憲法第 153 條第 3 項規定：「所有權包含義務，於其行使，應同時顧及公共的利益」。而近代各國對於私人財產稅稅率的增重，足見所有權包含義務在內。

不特如此，爲國計民生及社會公益起見，甚且限制或取消私人所有權的享受，中華民國憲法第 142 條規定：「國民經濟應以民生主義爲基本原則，實施平均地權，節制資本，以謀國計民生之均足」；第 143 條規定：「……人民依法取得之土地所有權，應受法律之保障與限制……」，第 145 條第 1 項規定：「國家對於私人財富及私營事業，認爲有妨害國計民生之平衡發展者，應以法律限制之」。而實施耕者有其田條例及平均地權條例，亦實爲對於所有權的限制。是所有權之在今日，其得享有所有權的範圍，已日益縮小，所有權的效力，已日形減低[1]，而漸喪失其「所有權人的權利」的性質，則所有權將來的趨勢如何，可以想見。

二、契約自由趨向於契約的限制

契約自由的原則，爲 19 世紀各國民法主要精神所在，即凡契約行爲，只須雙方當事人意思的合致，即爲有效，其契約的實質如何，則非所問。其流弊則每使經濟上的強有力者，利用契約自由以爲欺壓經濟上弱者的工具，且常有以契約自由爲掩護，而爲影響社會公序良俗的情事，故契

---

[1] 關於所有權的限制，學者有分爲二種情形：（一）所有權客體的限制，即是所謂法律上不融通物的增加，例如大規模企業的公營，公用物無主物的公有等是；（二）所有權效力的限制，即是所有權不得濫用，民法上關於相鄰關係的規定，亦是對於所有權效力的限制。

約自由遂不得不有其限制，其情形約有二端：

（一）由個人契約趨向於集體契約

即是集合多數的個人，以為締結契約的當事人，藉以避免個人相互間之乘人急迫或其他弱點，而有欺壓剝削等情形，各國多有關於集合勞動契約的規定，我國亦有團體協約法，其第 2 條規定：「本法所稱團體協約，指雇主或有法人資格之雇主團體，與依工會法成立之工會，以約定勞動關係及相關事項為目的所簽訂之書面契約。」[2] 即是集體契約的性質。

（二）由形式契約趨向於契約內容的限制

以前契約的締結，祇須具備法定的方式，其契約即為有效成立，現在則不然，其契約形式雖屬合法，惟其內容若不合法，亦不得認為有效，各國多規定契約不得違反強行法規及公序良俗，以為契約自由的限制[3]，我國民法第 71 條規定：「法律行為，違反強制或禁止之規定者，無效。但其規定並不以之為無效者，不在此限」；第 72 條規定：「法律行為，有背於公共秩序或善良風俗者，無效」。而勞動基準法中對於勞動契約，尤多限制之規定（參照勞動基準法第 9 條至第 20 條）。

三、私人的財產繼承趨向於公庫的繼承

私法上宗法社會的宗祧繼承，早已為法所不承認，而封建社會的私人財產繼承制度，亦已漸隨宗祧繼承制度的遺跡而趨向崩潰。各國對於私人財產繼承的限制方法，每採遺產繼承稅的徵收，遺產累進稅的加重，遺產繼承數額上的限制，而對於無人繼承的私人財產，由國家公庫繼承之，亦

---

[2] 團體協約法，係民國 19 年 10 月 28 日國民政府公布，民國 21 年 11 月 1 日施行。

[3] 參照德國民法（1896 年公布，1900 年施行）第 134 條規定：「違反法律上禁止規定的法律行為，於法律無特別規定時，無效」第 138 條第 1 項規定：「違反善良風俗的法律行為無效」；瑞士債務法第 2 條第 1 項規定：「以不能或不法或違反善良風俗為內容的契約，無效。」

已認為法理所應如此。民法第 1185 條有關於無繼承人承認繼承之遺產歸屬國庫之規定。

四、由過失賠償責任趨向於無過失亦負賠償責任

無過失即不負損害賠償責任，本為羅馬法以來的重要原則。各國民法亦多有類似的規定[4]，自通常情形言之，須有過失始負損害賠償責任，固不失為一公平的原則；但自機器工業發達後，勞動工人每易發生意外的危險，此時雇主雖無故意或過失，然若對於勞工所遭遇的損害，不予以適當的賠償，不僅非情理之平，亦失法律保護弱者的意旨，所以各國多趨向於無過失亦負賠償責任的規定。勞動基準法第 59 條規定，勞工因遭遇職業災害而致死亡、失能、傷害或疾病時，雇主應依規定予以補償，即是無過失亦負賠償責任的意思。

五、私法的性質趨向公法化

此由於私法上私人財產所有權的限制，私人契約自由的限制，私人的財產繼承趨向於公庫繼承，以及無過失亦應負賠償責任等趨勢觀之，則法律原為任意法者，漸變為強制法；原為私人相互間自由意思的行為者，因基於公益的理由，漸由國家以公的權力參與其間。公法的範圍既日益擴張，則私法的範圍，勢將縮小，故私法的性質趨向公法化，乃社會愈進化，人類關係愈複雜，公序良俗愈須維護，及國家職權勢須伸張的必然結果。

---

[4] 我國民法第 184 條至第 198 條關於侵權行為的規定，即係對於因故意或過失不法侵害他人之權利者，始負損害賠償責任。

第十八章

法律的體系

第一節 概說

法律的體系，乃指國家現行的各種法律，在整個系統中，就其性質應屬於某一個系統而言，亦有謂為法律的系統者，與第一編第六章所謂法系不同，法系固是法律的系統，惟係指超國際性的系統，其範圍較國內的法律的體系為廣；亦與法律的類別不同，法律的類別，乃以各種觀點，將各種法律為橫的方面的分類，實含有比較性質；法律的體系，乃就國家全部法律中，為縱的方面的歸屬，含有系別和統屬的性質[1]。

學者有將國家的全部法律，分為第一級的法律及第二級的法律者，將憲法列為第一級的法律，其他一般法律均為第二級的法律，其意蓋謂憲法為國家根本大法，其效力高於一般法律，且為其他一切法律產生的淵源，而不得與之牴觸，故一般法律應居於憲法之下，而列於第二級。法律的等級，亦有謂為法律的位階者，此種見解，固不得謂為非是，但將一切法

---

[1] 一般學者編著法學通論，其體例分為總論與各論兩大部分，而將國家現行各種重要法律，於各論中分別論述，本書名為法學緒論，不分總論與各論，而將國家現行各種重要法律，按其性質，分別歸屬於某一系統，擇要敘述，而概括的稱為法律的體系。

律，概屬於一個等級，另無系統的歸屬，頗嫌空泛籠統。

學者亦有將國家的全部法律，分為「六法」者[2]。清末民初的治法人士編纂法律書籍，每用「六法全書」或「六法判解」等類名稱，相沿迄今，仍多採用。最初所謂「六法」，係指憲法、民法、商法、刑法、民事訴訟法及刑事訴訟法六種基本法典而言。惟商法法典，早於民國18年立法院起草民法決定原則時，已將民商法合併為統一的法典，民法各編自18年5月起先後公布施行，商法法典早已不復獨立存在。現在學者亦有將法院組織法或其他法律以彌補商法的遺缺，以合成六法的名稱者。其用意以為「六法」一詞，社會上習用已久，未便驟廢。實則這個名稱，現在已無保存的餘地與必要。因：（一）過去所謂「六法」，既因商法併入民法之中而不復存在，已與六法的涵義不合，應以何種法律列補，以湊成「六法」之名，已因見仁見智而有差異：（二）憲法為國家法律一切的基本法，自法律的體系言，各種法律均基於憲法而產生，或係立於憲法之下，始有其存在，「六法」以憲法與其他法律並列，等量齊觀，輕重失其平衡，在本質上及理論上已不貫徹；（三）「六法」所列各法，偏重於司法性質方面的法律，在整個法律的領域中，僅占少數，就其對於國家的作用言，偏於消極而非積極性的法典，原有「六法」名稱，既不能概括整體法律，亦不能代表法律的全部。因之「六法」一名稱，已無沿用的必要與價值。若仍沿襲「六法」一詞，則可以改用憲法、行政法、立法法、司法法、考試法及監察法為「六法」，庶幾符合五權之憲政體制，及包括國家的整體法律在內。

---

[2] 「六法」一語，似淵源於「六典」，周禮天官大宰：「大宰之職，建邦之六典，以佐王治邦國」，所謂六典，係指治典、禮典、教典、政典、刑典、事典而言；清會典載有清代彈劾官吏有「六法」，即：一、不謹；二、疲軟；三、浮躁；四、才力不足；五、年老；六、有疾。凡京察及大計，皆按其實而劾之。是為「六法」用語的嚆矢。

關於法律的體系，自學理上及慣例上言，可分為公法的體系及私法的體系，公法私法性質混同的體系，及地方自治法規的體系，分述如後：

第二節　公法的體系

公法的意義，已於「法律的類別」一章中述明，屬於公法體系的法律，主要者有憲法、行政法、刑法、訴訟法及國際公法等種類，茲分別述其梗概。

第一項　憲法

第一款　憲法的意義與特質

一、憲法的意義

憲法是規定國家基本組織，及國家和人民相互間基本權利義務以及其他重要制度的根本大法。茲分別述其意義如下：

（一）憲法是規定國家基本組織

國家的機關很多，等級的差別、職權的不同，憲法固然不能將各級機關的組織及其職權，一一列舉規定於其中，但是國家基本的和重要的機關組織和職權，必須規定於憲法之中，例如關於國家元首的職權，國民大會、行政、立法、司法、考試、監察等最高機關的組織及其職權的分配，惟此種規定，僅屬於原則性或綱領式的規定，至於各級機關的詳細組織和職權，則另以法律或命令定之。

憲法規定國家機關的組織，固然是中央政權機關及中央政府的組織，至於地方政府的組織，在各國往時的憲法，除聯邦國家外，頗少規定於憲法者，惟近代趨勢，則地方制度，亦多規定及之，我國憲法亦有地方制度一章，對於省、縣政府的組織，暨其他有關地方制度的重要事項，亦有原

則性的規定。

（二）憲法規定國家與人民相互間的基本權利義務

各國的憲政運動，大抵是以憲法為保障人民權利的護身符，所以各國的憲法，無不以人民的權利規定於其中，惟人民的權利，種類至多，亦難於憲法中列舉無遺，憲法所規定者，亦僅以人民最重要的基本權利為限，權利與義務乃相因而生，所以憲法既然規定人民的權利，亦常是規定人民的義務。

憲法規定國家與人民相互間的基本權利義務，即是國家在某種限度內，不得限制人民的權利；國家在某種限度內，可以限制人民的權利，憲法有此種限度的規定，便是憲法對人民權利的保障。憲法規定人民在某種限度內，必須犧牲其權利，對於國家盡其應盡的義務，這便是憲法規定人民的義務。至於人民權利義務的種類和範圍，以及所受保障的方式，各國憲法的規定，則並不一致。

（三）憲法規定國家的重要制度

憲法除規定國家的基本組織及人民的基本權利義務以外，其他關於國家重要制度典章，亦多予規定，例如國家的政體為君主，抑為民主？民意機構的組織、國籍的確定、領土的得喪、國旗的定式，中央與地方權限之劃分，以及國家基本國策的規定等。

（四）憲法是國家根本大法

憲法既是規定國家基本組織和人民的基本權利義務以及規定國家的重要制度，所以是國家的根本大法，換句話說，憲法在國內法具有優越性，有最高的效力，國內其他一般的普通法律，均須根據憲法而制定，不得與憲法牴觸，普通法與憲法牴觸時，普通法律即失其效力，我國憲法第 171條第 1 項規定：「法律與憲法牴觸者無效」，即所以表示憲法的優越性和具有最高的效力。至於憲法和普通法律的區別，容於次段述之。

　　關於憲法的意義，已如上述，憲法是施行於一國領土的法律，而非適用於國際間的法律，所以憲法是國內法，而非國際法；憲法乃是規定國家與人民間公權關係的法律，而非規定個人相互間或個人與國家間私權關係的法律，所以憲法是公法，而不是私法。

　　關於憲法與法律的區別，於敘述憲法的意義時，有說明的必要：

　　法律的概念，有時包括憲法在內，通常所稱「國法」，或泛稱法律，大抵兼指國家的憲法及其他法律而言，憲法僅是國家法律的一種，不過憲法為國家的根本法律，對於憲法而稱其他法律，則稱為一般法律或普通法律，亦或僅泛稱法律而已。但是有時則將憲法與法律並稱，憲法並不包括於法律範圍之內。所以亦可說就法律的廣義言之，包括憲法在內；就法律的狹義言之，則不包括憲法在內。中華民國憲法第 170 條：「本憲法所稱之法律，謂經立法院通過，總統公布之法律」，即係指狹義的法律，並不包括憲法在內。

　　若就法律不包括憲法在內的觀點而言，則憲法與法律的區別如下：

（一）制定的機關不同

　　各國通例，制定憲法的機關和制定一般法律的機關多不相同，其在我國，憲法係由國民大會制定之，一般法律則由立法院制定之。

　　制定的機關既不相同，因之，修正的機關理論上，亦不相同，依我國憲法本文第 27 條、第 174 條規定修正之權屬於國民大會，一般法律修正之權，則屬於立法院[3]。

---

[3]　不過，憲法本文之第 174 條規定，目前暫時停止適用，而我國現行之憲法修正，係先由立法院擔任提案機關，再交由全民複決。參我國憲法增修條文第 1 條規定「中華民國自由地區選舉人於立法院提出憲法修正案、領土變更案，經公告半年，應於三個月內投票複決，不適用憲法第 4 條、第 174 條之規定。憲法第 25 條至第 34 條及第 135 條之規定，停止適用」。

（二）制定的程序不同

各國通例，制定憲法的程序，亦每較制定一般法律的程序爲愼重，我國亦然，我國憲法係由制憲的國民大會，經過三讀的程序通過；一般法律則係經立法院通過，以完成其立法程序[4]。

關於修正憲法的程序，在憲法上有極繁重的規定[5]，至於一般法律修正的程序，與一般法律制定的程序相同。

（三）規定的詳略不同

憲法上的規定事項，是關係國家和人民一般性的、原則性的和基本性的，而且是概括的規定；至於一般法律的內容，則是就每個各別的事項，而爲具體的、詳細的規定。

（四）效力的強弱不同

憲法爲國家根本大法，具有最高的效力，較一般法律的效力爲優強；一般法律僅得根據憲法而爲制定，不得與憲法的規定或憲法的精神相牴觸，法律僅得在不牴觸憲法的範圍內有其效力，法律與憲法牴觸者無效。至於法律與憲法有無牴觸發生疑義時，則由司法院解釋之[6]。

上述關於憲法與法律的區別，乃指剛性憲法而言，柔性憲法則否，至

---

[4] 中華民國憲法第 171 條：「本憲法所稱之法律，謂經立法院通過總統公布之法律。」

[5] 延續上述註 3 之說明，憲法之修正，需先由立法院提案，再交由全民複決。而立法院提案之門檻，則須有立法委員四分之一提議、四分之三之出席，並有出席委員四分之三之決議，始得提出。而完成上述程序後，該修正案須先公告半年，再經由全民投票，並且有效同意票達選舉人總數之半，修正案始能通過，可見其程序之繁複。參我憲法增修條文第 12 條規定「憲法之修改，須經立法院立法委員四分之一之提議，四分之三之出席，及出席委員四分之三之決議，提出憲法修正案，並於公告半年後，經中華民國自由地區選舉人投票複決，有效同意票過選舉人總額之半數，即通過之，不適用憲法第 174 條之規定」。

[6] 中華民國憲法第 171 條：「法律與憲法牴觸者無效；法律與憲法有無牴觸發生疑義時，由司法院解釋之。」

於何謂剛性憲法與柔性憲法，於次款「憲法的種類」一段中述之。

二、憲法的特質

關於憲法的特質，有下列三點：

（一）憲法是普通法律的淵源

這是就法律產生的根據而言。所謂憲法是普通法律的淵源，並不是說在憲法制定之前，沒有其他法律的存在，而是說憲法並不是根據普通法律而產生，乃是普通法律根據憲法而產生，其意義有下述二點：1.憲法是其他普通法律的母法，憲法中每有「關於某種事項另以法律定之」的規定，這便是普通法律產生的根據；2.憲法公布施行以後，其他普通法律不能違背憲法而存在，僅能在不違背憲法的原則下，始得有效的適用。

（二）憲法的效力優於普通法律

這是就法律所發生的效果而言，普通法律不能牴觸憲法，凡與憲法牴觸的法律，便失其效力，這便是憲法的最高性和根本法性質的表現。

（三）憲法的保障優於普通法律

這是就法律保障的方法而言，又可分別說明如下，即是：1.修改憲法的機關不同於普通法律。修改憲法多由於原制定憲法的機關為之，或由特設的機關修改憲法，普通法律的修改，則由通常的立法機關為之；2.修改憲法的手續不同於普通法律。即使修改憲法的機關，和修改普通法律的機關相同，而修改憲法的手續，仍然要比修改普通法律的手續，為繁難鄭重；3.解釋憲法的機關，不同於普通法律。各國關於憲法解釋，往往特設憲法解釋機關，或由特定的機關解釋之；普通法律則一般機關亦得解釋之。我國關於憲法的解釋，僅司法院有此職權；至於普通法律的解釋，各機關均得為之，在系統上不相同的各機關，對於法律適用的見解不一致時，始由司法院行使其統一解釋法令之權而已。其與憲法解釋之權，專屬

於司法院的情形，顯然不同。凡此皆所以表示憲法的保障。比較普通法律的保障遠為優越。

　　但是以上所述憲法的特質，係就多數國家的憲法而言，並不一定為現代各國憲法所具備無缺，例如英國憲法修改的機關和手續，與普通法律完全相同，效力亦是彼此相等，我們不能說英國未有憲法，不過英國的憲法，為不成文憲法及柔性憲法。

第二款　五權憲法與三權憲法的區別

　　中華民國憲法為五權憲法，與其他民主憲政國家所採行的三權憲法不同，欲明瞭彼此的區別，必須先就憲法的種類，及五權憲法的特質，予以說明，再進而申述二者的區別所在。

一、憲法的種類

　　關於憲法的種類，因為各人的觀點不同，遂得為各種的分類，其最通常的分類如下：

（一）成文憲法與不成文憲法

　　這是就憲法形式上為分類的標準，所謂成文憲法，凡是關於國家的基本組織等事項，用獨立編制的法典，以文書明白規定而成的憲法，現在各國的憲法多為成文憲法，我中華民國憲法亦然。所謂不成文憲法，即是關於國家的基本組織事項，只是散見於各種單行法規和事實上的習慣，並無整個的獨立的法典，例如英國憲法便是不成文憲法，英國憲法構成的要素，大約可分為四部分：一為國家頒布的重要文件；二為議會制定的法律；三為法院所為的判決實例；四為歷年來所沿用的政治習慣，亦即憲法慣例。

　　成文憲法與不成文憲法各有優劣，規定明確，眾所共知，易於遵守，

不易爲人誤解，是其優點，但是以固定的和有限的條文，頗難盡適合政治社會上的實際變化，是其所短；反之，在不成文憲法，雖易於適合事實上的變化，但因無明確的規定，容易被人曲解。所以不成文憲法的國家，多由於歷史的長成，和國民法治知識的普遍，相沿成習，然後可以適用不成文憲法。

（二）欽定憲法、協定憲法與民定憲法

這是以憲法制定的機關爲分類的標準：所謂欽定憲法，是由君主獨裁的專斷的所制定的憲法；所謂協定憲法，是由國君和人民或其他代表，共同協議而制定的憲法；所謂民定憲法，是完全出於人民意思或由人民代表所制定的憲法。我國憲法，即爲民定憲法。

（三）剛性憲法與柔性憲法

這是就憲法修改的難易爲分類的標準：所謂剛性憲法，是指憲法的修正，不依普通的立法程序，而另由特別機關依特別程序始能修正的憲法，一般成文憲法，均於憲法中明文規定憲法修改的程序較普通立法爲難者，均爲剛性憲法，我國憲法亦然，所謂柔性憲法，是指憲法修改的機關及程序，均與普通立法程序相同的憲法而言。不成文憲法的國家，憲法修正的程序，和普通法律相同，自屬柔性憲法，如英國。

剛性憲法的優點：1. 憲法條文明確完全，不易發生疑義；2. 政府各機關的權限，有明顯的規定，不致互相侵越；3. 人民的自由權利得到憲法的保障，不致橫被妨害；4. 憲法的修改有繁重的程序，不致輕易變動。但其缺點，則每因其修改不易，難以適應國家的急遽事變和社會上的迅速進化。

柔性憲法的優點：在於能適應社會的進化，但因缺乏固定性，國家的根本組織，有變動頻繁的危險，是其缺點。

（四）三權憲法與五權憲法

這是就憲法規定的政府組織和職權分配為分類的標準：凡是憲法規定政府的職權，分別由行政、立法、司法三種機關行使之，互相牽制，以發生均衡的作用者，為三權憲法；若是憲法規定政府的職權，分別由行政、立法、司法、考試、監察等五種機關行使，分工合作者，為五權憲法。現代各立憲國家，多是三權憲法的國家；惟我國是五權憲法的國家。至於三權憲法和五權憲法的詳細區別，和彼此的優劣，容於稍後再述之。

各國實行的憲法，無論是屬於哪一類的憲法，要均是憲政國家。所謂憲政國家，是指國家的政治設施，係根據憲法而言，所以實行憲法，亦可謂實行憲政。

二、五權憲法的特質

我中華民國憲法為五權憲法，係民國 35 年 11 月 15 日在首都南京召開的制憲國民大會所制定，於 12 月 25 日三讀通過，36 年 1 月 1 日由國民政府公布，同年 12 月 25 日起施行。

憲法的首端，亦如多數國家憲法的通例，有一段序文，又稱前言，說明制憲權力的淵源，制憲的機關，憲法制定的依據，和憲法制定的目的，序文說：「中華民國國民大會，受全體國民之付託，依據孫中山先生創立中華民國之遺教，為鞏固國權，保障民權，奠定社會安寧，增進人民福利，制定本憲法，頒行全國，永矢咸遵。」根據這一段話，可知制憲權力的淵源，來自全體國民，制憲的機關是國民大會，國民大會係受全體國民的付託，以制定憲法；憲法制定的依據，是國父孫中山先生創立中華民國的遺教；而制定憲法的目的，則在於鞏固國權、保障民權、奠定社會安寧和增進人民福利，這是憲法的目的，亦是憲法的主要精神所在。

我國在動員戡亂時期，為切合國家的特別需要，加強憲法的適應性，國民大會依照憲法第 174 條第 1 款所規定關於修改憲法的程序，以制定動

員戡亂時期臨時條款，民國 80 年 5 月 1 月動員戡亂時期終止，臨時條款亦已同日廢止，由第一屆國民大會第二次臨時會通過憲法增修條文第 1 條至第 10 條（民國 80 年 5 月 1 日總統公布），旋由第二屆國民大會臨時會通過憲法增修條文第 11 條至第 18 條（民國 81 年 5 月 28 日總統公布），嗣經第二屆國民大會第四次臨時會通過修正憲法增修條文第 1 條至第 18 條為第 1 條至第 10 條（民國 83 年 8 月 1 日總統公布），復經第三屆國民大會第二次會議通過修正憲法增修條文為第 1 條至第 11 條（民國 86 年 7 月 21 日總統公布）。此後，民國 89 年 4 月 25 日、94 年 6 月 10 日又分別公布了部分條文之修正，目前我國憲法增修條文已增至 12 條。

五權憲法的特質很多，最顯著的有下列幾點：

（一）權能劃分是憲政的基本原則

近代歐美民主政治最大弊端，便是人民怕政府的權力太大，人民管制不了，因此不許政府有充分的權力，結果徒使政府不能做事，變成無能的政府。國父孫中山先生有見於此，主張國家的政治，權與能要分開，人民有權，即是選舉、罷免、創制、複決四種政權，是為民權；政府有能，即是行政、立法、司法、考試、監察五種治權，是為政府權。用人民的四個政權，來管理政府五個治權，猶如一部機器，既可推出去，亦可拉回來，人民便不怕政府專橫而不能管理，同時亦不致使政府無能而廢弛國事，有了這個權能劃分的基本原則，才能補救一般民主政治的缺點。

（二）地方自治是憲政的基礎

憲法關於地方制度一章中，第 112 條規定：「省得召集省民代表大會，依據省縣自治通則、制定省自治法……」又依第 113 條規定，省議會議員及省政府的省長，均由省民選舉之。第 121 條規定：「縣實行自治，」第 122 條規定「縣得召集縣民代表大會，依據省縣自治通則，制定縣自治法……」第 123 條規定：「縣民關於縣自治事項，依法律行使創

制複決之權，對於縣長及其他縣自治人員，依法律行使選舉罷免之權」；第 118 條規定：「直轄市之自治，以法律定之」這是指直隸於行政院的市的自治而言；第 128 條規定：「市準用縣之規定」，這是指隸屬於省政府的市的自治而言，綜觀以上各種規定，均足以表示地方自治是憲政的基礎[7]。

（三）五權分立是憲政的運用

歐美各國的民主政治，大多數是實行立法、行政、司法三權分立的制度，以行使立法的議會，兼管彈劾權，很容易發生流弊，而且三權分立的主旨，在於互相發生牽制作用和均衡其權力，其目的是消極的。國父孫中山先生所主張的憲政制度，是五權分立，將考試由行政權內劃出，監察由立法權內劃出，以與行政、立法、司法三權並立，合為五權憲法，在運用上不是互相制衡的作用，而是職務的分配，注重於彼此的分工合作。

（四）實現全民政治是憲政的完成

現代歐美的民主政治，是代議制度，即是由人民選舉議員，以代人民立法，參預國事，這種制度，不能謂為真正的民主政治，只得謂為間接民權，歐美少數國家如瑞士國，本亦實行直接民權，但不徹底，亦不普遍。國父孫中山先生不主張採用代議制度，而主張直接民權，直接民權共有四種，即是選舉、罷免、創制、複決四種，由憲法規定人民有選舉、罷免、創制、複決之權，被選舉人得由原選舉區依法罷免之，創制複決兩權之行使，以法律定之[8]。這樣，才能實現全民政治，才是憲政的完成。

---

[7] 惟依照我國憲法增修條文第 9 條規定，在地方制度上，所謂「省」之層級，已虛級化，僅雖仍設有省政府、省諮議會，但其省政府主席與諮議會議員，均由行政院長提請總統任命，不受憲本文第 108 條第 1 項第 1 款、第 109 條、第 112 條至第 115 條及第 122 條之限制，並於民國 88 年 1 月 25 日公佈施行「地方制度法」，全文 88 條，以做為我國地方制度之實施依據。

[8] 中華民國憲法第 171 條，第 133 條，第 136 條。我國已於民國 92 年 12 月 31 日公布「公民投票法」，可作為創制、複決等全國性或地方性公民投票之法源依據。

除上所述各點特質外，尚有兩點特質，即是：1.五權憲法的憲政，對於中央與地方權限的劃分，是採均權制度，凡事務有全國一致的性質，劃歸中央；有因地制宜的性質，劃歸地方，不偏於中央集權，或地方分權；2.五權憲法的憲政，凡公務人員的任用，均須經過考試銓定資格始可，以使庸人政治變爲專才政治，由無能政府變爲萬能政府。

三、五權憲法和三權憲法的區別

我國明瞭五權憲法的特質，便知道五權憲法和三權憲法的區別所在，即是：

（一）性質不同

五權憲法的行政、立法、司法、考試、監察五權，屬於治權的性質，以與政權相對稱；三權憲法的行政、立法、司法三權，則無所謂政權與治權的分別。

所應注意者，國父孫中山先生所主張權能劃分和五權憲法的遺教，政權由國民大會行使之，行使立法權的立法院和行使監察權的監察院，本是屬於治權機關，並非政權性質，但是依照憲法的規定，立法院由人民選舉的立法委員組織之，代表人民行使立法權；又有對於行政院院長人選同意權，和否決移請覆議案之權，這便是屬於政權的性質；再就監察院言之，監察院的監察委員，由各省市議員，蒙古、西藏地方議會及華僑團體選舉之，總統提名司法、考試兩院院長、副院長及大法官與考試委員，均須經監察院同意任命之，這亦是屬於政權的性質[9]未免混淆政權和治權的分際，惟依憲法增修條文第 6 條規定，監察院已改制爲非中央民意機關，亦無同意權之行使，其性質已爲治權機關。

---

[9] 參照中華民國憲法第 55 條、第 57 條、第 62 條、第 79 條、第 84 條、第 90 條、第 91 條、第 92 條。

（二）內容不同

五權憲法以行政、立法、司法、考試、監察五權分立為其內容，考試權由行政權的範圍劃出獨立，監察權由立法權的範圍劃出而獨立；三權憲法則以行政、立法、司法三權分立為其內容，行政兼掌考試，考試權是屬於行政權的範圍；議會兼掌彈劾監察，監察權是屬於立法權的範圍。

（三）作用不同

五權憲法，行政、立法、司法、考試、監察五權的分立，是國家職務的分配，其作用是分工合作，而非注重彼此間的牽制作用；三權憲法，行政、立法、司法三權的分立，其作用則在互相牽制，使這三種權力得其均衡。

（四）目的不同

五權憲法，行政、立法、司法、考試、監察五權的分立，其作用既是分工合作，其目的乃在於使政府成為萬能政府；三權憲法，行政、立法、司法的分立，其作用既是彼此權力的互相制衡，因之，其目的乃在防止政府的專橫，並非以政府成為萬能政府為其目的。

五權憲法的特質，以及和三權憲法的區別，既如上述，便可以明瞭五權憲法的優點所在，概括的說：1.五權憲法的權能劃分，則人民有權，政府有能，以人民的權，管制政府的能，一方面政府不致專橫，一方面政府可成萬能政府；2.五權憲法因為有地方自治做基礎，則憲政不致流於形式，而能實現全民政治，成為真正民有、民治、民享的國家；3.五權分立，行政不兼管考試，可免除任用缺乏資歷人員的流弊；立法不兼管監察，可免除任意牽制行政的流弊，而能收分工合作的功效。

第二項　行政法

一、行政法的意義

行政法乃是規定行政權的組織及其作用的國內公法，所謂行政法，並不是某一種法規的具體名稱，而是泛指一切的行政法規。換句話說，凡是關於行政權的組織和其作用的法規，均概括的總稱之為行政法。茲分析其意義如下：

（一）行政法是關於行政權的法規

三權分立的國家，將國家的職權，分為行政、立法、司法三權，我國實行五權分立，國家的職權，分為行政、立法、司法、考試、監察五權，行政法是指關於行政權的法規而言，關於立法權的立法法規、關於司法權的司法法規、關於考試權的考試法規，又關於監察權的監察法規，則不屬於行政法規的範圍。

（二）行政法是包括行政組織及行政作用的法規

行政權包括行政組織和行政作用，行政既是關於行政權的法規，所以行政法亦是包括行政組織的法規及行政作用的法規，行政組織的法規，即是規定行政權應由何種機關行使；行政作用的法規，即是規定行政權應如何行使及其行使的效果。

行政組織通常分為國家行政機關的組織及自治機關的組織，所以自治法規，亦是屬於行政法規的範圍。

（三）行政法是公法

規定國家與人民間的權力關係的法律為公法，規定私人相互間或國家與私人間私權關係的法律為私法，行政法是規定國家行政機關相互間或行政機關與人民間公的權力關係的法律，所以行政法是公法，而不是私法。

（四）行政法是國內法

法律以本國的領域內，為其行使的區域者國內法，若是國家和國家相互間所適用的法律，則是國際法，行政法以在本國內為其行使的區域，所以行政法為國內法，而非國際法。

二、行政法的內容

行政法的內容，即是關於行政權的組織和行政權的作用，而行政權的作用，又可大體分為組織行政、內務行政、保育行政、軍事行政、財務行政、外交行政等類別[10]。

（一）組織行政

關於行政機關的組織，有些以法律規定之，如某某機關組織法或組織條例；亦有根據法律的授權，而以行政命令規定之，例如某某機關組織規程。無論為組織法或組織規程，要為規定行政機關的設置，人員編制等事項，得概稱為組織行政。

（二）內務行政

內務行政是指國家以維持社會秩序，防止或減少公共危害，如關於民政、戶政、地政、社政、勞工、警察等行政事項，而以行政法規規定之。

（三）保育行政

國家的目的，不僅是消極的維持社會治安為已足，尤在積極的增進人

---

[10] 行政法的內容，甚為繁複，學者研究行政法，多分為總論各論兩大部分，行政法總論所研究的，大抵是：1.行政法的基本觀念；2.行政組織；3.行政作用；4.行政職權；5.行政救濟；行政法各論所研究者，大抵是：1.內務行政；2.保育行政；3.軍事行政；4.財務行政；5.外交行政等類。
而我國行政法領域中之各種基本法制，於民國 87 年以後，進行大幅度之修正、制定，包括：行政程序法、行政執行法、訴願法、行政訴訟法、行政罰法、地方制度法等。

民的福利，舉凡發展社會的文化、增加國民的福利、公營事業的設施、私營事業的保護等，均得概稱之爲保育行政。關於保育行政事項，以行政法規規定之者甚多，如教育法規、經濟法規、交通法規等均。

（四）軍事行政

軍事行政，是指國家有關軍事的設施或課人民以兵役及其他負擔的作用，是爲國家的軍政權[11]，關於軍事行政，以行政法規規定之者，如兵役法及其他有關國防法規。

（五）財務行政

財務行政是指國家關於資產的管理，歲出歲入等事項的經營設施及支配等作用，是爲國家的財政權。關於財務行政事項，以行政法規規定之者，如財政收支劃分法、預算法、會計法及各種稅法等。

（六）外交行政

外交行政乃指國家關於外交事項的各種肆應與設施而言，如外交機關的組織、大使公使領事的派遣，本國旅外僑民的保護、出國人員護照的簽發等。關於此等外交行政事項，以行政法規規定之者，例如駐外使領館組織條例、護照條例及其他有關外交行政的法規均是。

要之，行政權的行使範圍，至爲廣泛，行政法規的內容，亦包羅甚多，而且行政法規系統紛繁，行政事項，常有變動，因之，行政法規亦常

---

[11] 國家的軍事作用，可分爲軍政權和軍令權兩種，軍令權係運用兵力的作用，簡言之，即是軍隊的統率權，各國憲法大抵以明文規定行政首長有統率陸海空軍之權，我國憲法第 36 條規定「總統統率全國陸海空軍」，關於兵力運用的事務，雖分別由各軍事機關掌理，如參謀總長、陸海空軍司令部等官屬，然仍皆直接隸屬於國家元首，以收迅速縝密之效，不得以通常行政法規拘束之，所以學者有謂軍隊的統率，乃立於行政立法司法等作用以外，而爲國家的非常作用。軍政權則不然，並非直接運用兵力的作用，乃爲維持管理和改進兵力的作用，例如關於軍士的徵集，軍需軍器的設施準備等作用，其性質和一般行政作用相同，所以行政法規中予以規定。

多修改，並非如民法、刑法有整齊統一的法典，和較有固定的永久性。所以研習行政法，應瞭解國家的行政現狀。

三、行政權

　　行政法以規定行政權爲其重要事項，茲分別將行政權的意義、內容及其界限說明之：

（一）行政權的意義

　　行政權是國家關於行政方面的公權，詳細地說：

1. **行政權是關於行政方面的權力**：我國是五權分立的制度，其屬於立法、司法、考試、監察各方面的權力，是立法權、司法權、考試權和監察權，其屬於行政方面者則爲行政權。行政權的行使，則由各級行政機關爲之。

2. **行政權是公權**：行政權是屬於國家的權力，亦得簡稱爲公權，是組織對於機關或機關對於人民的權力，且多含有強制或命令的性質，私人相互間則無所謂行政權的存在，惟國家始有此種權力，由各行政組織代表國家以行使之，所以行政權是公權，但是國家公的權力很多，例如立法、司法、考試、監察各種權力，都是公權，行政權不過是公的權力之一種。

（二）行政權的內容

　　行政權的內容，包括很廣，凡是關於行政政策的擬訂和決定，行政事項法律案的提出、行政事項的執行、行政人員的任免和行政事項的指揮監督等，均是屬於行政權的內容。

　　行政權的內容，雖是很廣，但是每個行政機關所得行使的行政權，並不能包括行政權的全部內容，各行政機關所得行使的行政權，僅以各機關的職權爲其長度，例如有些行政機關僅有行政事項的執行權，而無行政政

策的擬訂權和決定權,至於向立法院提出有關行政事項的法律案,則僅爲國家最高行政機關的行政院,始有此種職權,其他任何行政機關若欲提出法律案,必須先經過行政院會議通過後,以行政院的名義,向立法院提出之。

（三）行政權的界限

行政權的內容雖是廣泛,但並非無界限,換句話說,行政權的行使,並不是可以任意爲之,而是有一定的限制,尤其在法治國家,關於行政權的行使,必須根據法律,或與法律相符合,不得違反法律或超越法律所容許的範圍,所以行政權的行使是受法律的拘束,且不僅是受法律的拘束,即是命令性質的規程、規則、細則、辦法、綱要、標準或準則等,在未經有權機關變更廢止成失效以前、行政權的行使,亦須受其拘束,這便是行政權的界限。

茲分別說明行政權的界限如下:

1. 行政權的行使不得與法規相牴觸,法規一方面規定人民的權利義務,同時亦規定國家的權利義務,有拘束國家和人民雙方的效力,因之,行政權的行使,必須遵守法規,不得違反。否則,便是牴觸法規,發生行政上無效或得以撤銷的問題。所謂法規包括法律和命令而言,不僅上級機關的命令,不得牴觸,即本機關的命令,在未變更廢止或失效以前,亦不得牴觸之,假若認爲以前所頒發的命令爲不妥當,便應依照一定的程序變更或廢止之。

2. 行政權的行使,非有法律根據,不得侵害人民權利或使人民負擔義務,以行政作用侵害人民的權利,或使人民負擔義務,必須有法規的根據,因爲在法治國家,人民所享有的權利和所負擔的義務,均由法規所規定,國家不得任意變更之,故非有法規的根據,即不得侵害人民的權利,或使人民負擔義務。否則,便是違法的行政行爲。

依同一理由，因行政權的行使，而為人民設定權利或免除義務之後，非有法規的根據，亦不得任意撤銷之，因為若是可以任意撤銷，即是侵害人民的權利，或是課以新的義務，亦即是違法的行政行為。

3. 行政權的行使，非有法規根據，不得為特定人設定權利，或為特定人免除應負的義務，因為法律之前，人人平等，若對特定人設定一種超過一般人所享有的權利，或免除為一般人所應負擔的義務，自非有法規的根據不可，否則，便是違法的行政行為。

依同一的理由，行政行為假若沒有法規的根據，對於特定人課以與一般人不同的義務，亦是違法的行政行為。

4. 行政權的行使，雖可以自由裁量，亦有其裁量的界限。行政機關行使國家的行政權，一方面要受法規的拘束，一方面要適應社會上千變萬化的複雜事態，所以在它的職權行使的範圍以內，不得不有適應環境的裁量權衡，這便叫作行政權的自由裁量。

行政權的自由裁量，亦有其界限，即是：

（一）自由裁量以屬於行政性質者為限

假若其事件的性質，屬於立法、司法、考試或監察的範圍者，即非行政權行使的對象，亦即無行政上自由裁量權行使的餘地，否則，便是逾越權限的行為，即不發生法律上的效力。

（二）自由裁量以屬於職權範圍者為限

各機關組織法規所規定各機關的職權，及其所行使的行政事件的有關法規，對於行政權的行使，均有適當範圍的規定。行政機關必須在其規定的職權範圍以內，行使其自由裁量權，否則，便是逾越職權的行政行為，是為違法。

（三）自由裁量以在法規範圍內並無明文規定為限

自由裁量的行使，固須在法規範圍以內始得為之；但是法規若已硬性

的明文規定其行政權如何行使者，則應依照法規而爲行使，即無自由裁量權行使的餘地，必須在法規容許的範圍以內，而並無硬性的或限制的明文法規，始得爲自由裁量的行使，例如法規內規定行政機關「得」爲某種行爲，又如法律規定行政機關得處以若干元以上或以下的罰鍰，若干日以內的拘留，以及若干日以內的停止營業，而由行政機關斟酌後擇一執行是。

（四）自由裁量以合於公益及適當為限

行政上的自由裁量，雖屬於職權的範圍以內，與法規亦無牴觸，且爲法規賦予以自由裁量之權；但其裁量權的行使，亦應合於公益或求其適當，因爲國家行政權的行使，不僅以不違法爲滿足，尚須求其不違背公益或失當，社會的公共秩序和善良風俗，人民的權利或利益，始能得到有效的保障。

第三項　刑法

一、刑法的意義

刑法是規定犯罪和刑罰的法律，換言之，即是規定構成犯罪和科處刑罰的條件和範圍的法律，茲分析其意義：

（一）刑法是法律

立憲國家對於犯罪的構成和刑罰權的行使，必須制成法律以規定之，因爲刑法的內容，與人民的生命、身體、自由、名譽和財產，有很密切的關係，所以非制定爲法律不可，我國刑法第 1 條規定：「行爲之處罰，以行爲時之法律有明文規定者爲限。」即是這個意思，這便叫做「罪刑法定主義」。

（二）刑法是規定犯罪的法律

何種行爲始得認爲犯罪，何種犯罪，必須具備某種要件，都應該在刑法上有明文的規定，其規定犯罪成立的一般要件者，屬於刑法總則的範

圍；規定犯罪成立的特別要件者，則是屬於刑法分則及其他特別刑法的範圍。此外凡是法律無明文規定者，不問何種行為，概不為罪。所以刑法是規定犯罪的法律。

（三）刑法是規定刑罰的法律

某種行為，在法律上既規定其為犯罪行為，則必須予以刑事上的處罰，是刑罰。國家行使這種處罰的權力，是為刑罰權。何種犯罪應處以何種刑罰，刑法上均有明文規定，其規定刑罰的種類及其如何適用刑罰者，這是屬於刑法總則的範圍；規定何種犯罪應處如何的刑罰者，這是屬於刑法分則和其他特別刑法的範圍，所以刑法是規定刑罰的法律。

二、刑法的種類

刑法因其性質和內容的不同，得分類如下：

（一）普通刑法與特別刑法

法律有普通法和特別法的分別，刑法既是法律，所以亦有普通刑法和特別刑法之分。國家對於犯罪和刑罰的規定，無論何人、何地、何時及何事，均應適用這一種法律者，是為普通刑法，例如我國現在一般適用的刑法是，所以普通刑法適用的範圍，很廣泛普遍；國家對於犯罪和刑罰的規定，只是適用於某種特定的範圍者，這便是特別刑法，所以特別刑法適用的範圍，較為狹小。例如適用於特定人者。有陸海空軍刑法是；適用於特定地區和特定時期者，有戒嚴法是；適用於特定的事件者，有貪污治罪條例、妨害兵役治罪條例等法律。

特別法優先於普通法而為適用，這是一般法律的原則，刑法亦然，在特別刑法沒有規定時，始得適用普通刑法。

（二）形式刑法與實質刑法

凡是表面上即可知是關於規定犯罪和刑罰的法律者，為形式刑法，例

如現行的刑法和陸海空軍刑法等法律是；若是某種法律在表面上並不表示其具有刑罰的性質，但其內容仍有犯罪和刑罰的規定者，就這些規定的部分言之，便是實質刑法，例如專利法、森林法、礦業法、工廠法、引水法等法律；就其有關犯罪和處罰規定的條文言，可謂爲實質刑法。

三、刑法的性質

所謂刑法的性質，乃是就法律的本質言，刑法究竟是屬於哪一類的法律，因之，刑法的性質，亦得謂爲刑法在法律上的地位，分述如下：

（一）刑法是國內法

刑法是施行於一國內主權下的法律，所以是國內法。

（二）刑法是公法

刑法乃是規定國家對於犯罪人有刑罰制裁的權力，犯罪行爲人須服從其制裁，這與民法規定私權關係者不同，所以刑法是公法。

（三）刑法是實質法

刑法乃是規定犯罪的構成條件及具體的刑罰權，所以是實體法。

（四）刑法是強行法

刑法所規定的犯罪，都是禁止性質，有犯必罰，這是強制性質，犯罪人有服從其處罰的義務，所以是強行法。

四、刑法的內容

我國現行刑法的內容，分總則、分則兩編，第一編總則[12]，共爲十二章，舉凡關於各種犯罪構成的一般要件及刑罰的種類（見第十三章內刑事

---

[12] 我國刑法總則於民國 94 年 1 月 7 日通過之修正案，乃我國刑法歷來最大幅度之修正，共修正 61 條、刪除 4 條、增訂 2 條，並於 95 年 7 月 1 日起施行。

制裁）等事項，均有詳明的規定。刑法總則的效力，不僅及於分則，且得適用於其他特別刑法，但特別刑法有特別規定者，則不得適用，因為「特別法優於普通法」的緣故 [13]。

第二編分則共為三十九章，分別規定各種犯罪之成立要件，及何種犯罪應科以何種刑罰，其與總則的規定，乃彼此息息相關，相輔為用。

關於刑法的內容，有應予以說明者，即保安處分是。所謂保安處分，其性質與刑罰不同，乃是國家為維護社會的安全，預防犯罪的發生，對於不便科刑而有危險性的特定人，或對於不僅用刑罰所能改善的人，以強制作用，為其制裁的方法，茲分析其意義：

（一）保安處分是維護社會安全的處分

對於犯罪行為人本應科處刑罰以制裁之，但是特定的犯人，如未滿十四歲人及心神喪失人等，因其不能發生刑罰的反映作用，所以不便科刑，惟這些人對於社會上又有危險性，所以於刑罰之外，採用保安處分以維護社會的安全。

（二）保安處分是預防犯罪的處分

刑罰是對於已發生的犯罪所為的制裁，保安處分是防止將來犯罪行為的發生。

（三）保安處分是對於特定人所為的處分

犯罪既經發生，原則上即應科以刑罰；但是對於特定的犯人，則不便科罰，而應施以保安處分，例如未滿十四歲人、心神喪失人等，這些特定人，即為保安處分的對象。又如對於不僅用刑罰所能改善的人，如習慣犯、常業犯，而施以保安處分。

---

[13] 刑法第 11 條：「本法總則於其他法律有刑罰、保安處分或沒收之規定者，亦適用之。但其他法律有特別規定者，不在此限。」

（四）保安處分是以強制作用為其制裁方法

對於特定的犯人既不便處以刑罰，為維護社會的安全起見，不得不有強制作用以為制裁方法，這些強制作用便是保安處分，例如隔離處分、感化處分與監護處分等均是。

明瞭保安處分的意義，便可知保安處分與刑罰和行政處分的差別：

（一）保安處分與刑罰的差別

即是：1. 保安處分是預防將來犯罪行為的發生，刑罰是對於已發生犯罪所為的制裁；2. 保安處分期間的長短，不受限制；刑罰的輕重期間，審判官只得在法律規定範圍內伸縮之；3. 保安處分無假釋及加重等規定，刑罰則有假釋及加重其刑等規定，且可以大赦特赦；4. 保安處分的執行方法，大體上為治療處分、隔離處分、感化處分與監護處分；刑罰則分為生命刑、自由刑、財產刑及資格刑，及彼此的執行場所，亦各不同。

（二）保安處分與行政處分的差別

即為：1. 保安處分是司法權的作用，由司法機關宣告之；行政處分是行政權的作用，由行政機關為之；2. 保安處分須以裁判的方式宣告之，行政處分則不須一定的形式；3. 保安處分以刑法為其根據，行政處分則以行政法規為其根據。

至於保安處分的種類，依刑法的規定，可分為下列七種（參照刑法第86 條至 99 條）

（一）感化教育

感化教育處分，得施之於下列各人：

1. **未滿十四歲人**：因未滿十四歲而不罰者。得令入感化教育處所施以感化教育。

2. **未滿十八歲人**：因未滿十八歲而減輕其刑者，得於刑的執行完畢或赦免後，令入感化教育處所，施以感化教育；但宣告三年以下有期徒刑、

拘役或罰金者，得於執行前爲之。

感化教育的期間爲三年以下，審判官在此範圍內有自由裁量的職權。但執行已逾六月，認無繼續執行之必要者，法院得免其處分之執行。

（二）監護

監護處分，得實施於下列之人：

1. 因刑法第 19 條第 1 項之原因而不罰者，亦即行爲時因精神障礙或其他心智缺陷，致不能辨識其行爲違法或欠缺依其辨識而行爲之能力者。
2. 有刑法第 19 條第 2 項之原因者，亦即因精神障礙或其他心智缺陷，致其辨識行爲違法或依其辨識而行爲之能力，顯著降低者；以及有刑法第 20 條之瘖啞人。

對於有以上情形之人，且其情狀有再犯或危害公共安全之虞者，得令入受處分人之家庭、特殊學校等相當處所，施以五年以下之監護處分。

（三）禁戒

禁戒處分得施之於下列各人：

1. **毒品成癮犯**：施用毒品成癮者，於刑之執行前令入相當處所，施以禁戒。
2. **酗酒犯**：因酗酒而犯罪者，足認其已酗酒成癮並有再加之虞者，於刑之執行前，令入相當處所，施以禁戒。

（四）強制工作

強制工作處分，得施之於下列各人：

1. **習慣犯**：即是對於犯罪已成習慣之人，不以累犯爲限，所犯者，亦不以同一性質的罪爲限。
2. **因游蕩成習而犯罪者**：即是游手好閒，不務正業，以致犯罪之人。
3. **因懶惰成習而犯罪者**：即是習於懶惰，不事生產，以致犯罪之人。

對於這些人得於刑的執行前，令入勞動場所，強制工作，其期間爲三

年以下。但執行滿一年六月後，認無繼續執行之必要者，法院得免其處分之執行。

（五）強制治療

強制治療處分，實施對象及方法如下：

觸犯妨害性自主罪者，亦即犯刑法第221條至第227條、第228條、第229條、第230條、第234條、第332條第2項第2款、第334條第2項第2款、第348條第2項第1款及其特別法之罪，而有下列情形之一者：

1. 徒刑執行期滿前，於接受輔導或治療後，經鑑定、評估，認有再犯之危險者。
2. 依其他法律規定，於接受身心治療或輔導教育後，經鑑定、評估，認有再犯之危險者。

對於觸犯性自主罪者，其處分期間至其再犯危險顯著降低為止，執行或延長期間，應每年鑑定、評估有無停止治療之必要。

（六）保護管束

保護管束處分，對於下列各人為之：

1. 假釋人假釋出獄者　在假釋中付保護管束。
2. 受緩刑宣告人　受緩刑宣告者，在緩刑期內，得付保護管束。
3. 代替其他保安處分者　受感化教育、監護、禁戒、強制工作者保安處分的人，按其情形，得以保護管束代之。

（七）驅逐出境

外國人受有期徒刑以上刑之宣告者，得於刑的執行完畢或赦免後，驅逐出境。其目的完全是預防犯罪，並非改善犯人的品性。

第四項　訴訟法

第一款　概說

　　訴訟事件可分為行政訴訟，民事訴訟及刑事訴訟三種，行政訴訟規定於行政訴訟法及其他關係法令之中，民事訴訟規定於民事訴訟法及其他關係法令之中，刑事訴訟規定於刑事訴訟法及其他關係法令之中，就此等法律的性質言，其相同之點如下：

一、訴訟法為公法

　　無論行政、民事或刑事訴訟法，均是國家依據以行使其審判權的法律，對於人民有強制其服從的權力，人民有服從的義務，所以是公法。

二、訴訟法是程序法

　　無論行政、民事或刑事訴訟法，均是規定實行權利義務的手續及方法，所以是程序法又稱手續法，換言之，行政訴訟法，乃是實行人民因行政機關違法處分損害其權利所為救濟方法的程序法；民事訴訟法，是實行民法上所規定權利義務的程序法；刑事訴訟法是實行刑法上所規定處罰權力的程序法。其他有關人民權利義務規定的行政法與民法，及規定犯罪與處罰要件的刑法，則為實體法。

　　茲分別就行政訴訟、民事訴訟及刑事訴訟略述如下：

第二款　行政訴訟

一、行政訴訟的意義

　　行政訴訟乃是關於行政事件的訴訟，人民因中央或地方機關的違法行政處分，致損害其權利，經依訴願法提起再訴願而不服其決定，或提起再

訴願逾三個月不爲決定，或延長再訴願決定期間逾二個月不爲決定者，請求行政法院審查原處分或原決定而予以裁判的訴訟行爲。此種訴訟程序，由行政訴訟法（民國 87 年 10 月 28 日全文修正公布，共 308 條）規定之。

　　行政訴訟乃是訴訟行爲中的一種，就其爲訴訟行爲的觀點言，所以與其他行政作用有別；就其爲行政訴訟的觀點言，又與民事訴訟及刑事訴訟有別；因爲行政訴訟，乃是關於行政事件的爭訟，係適用行政法規；民事訴訟乃是關於民事的爭訟，係適用民事法規；刑事訴訟乃是關於刑事的爭訟，係適用刑事法規。

二、行政訴訟的要件

　　提起行政訴訟須具備下列各要件，即：

（一）須因中央或地方機關的違法處分

　　若僅是不當行政處分，則僅得提起訴願，不得提起行政訴訟。

（二）須因違法處分而損害人民的權利

　　若僅是損害人民的利益，則僅得訴願，不得提起行政訴訟。

（三）原則上須先經訴願程序

　　若並未經過訴願程序，原則上不得提起行政訴訟。惟行政訴訟法之訴訟種類不止一種，行政訴訟第 4 條至第 10 條，針對不同訴訟種類，其要件稍有差異。

（四）須向行政法院提起

　　行政訴訟以行政法院爲唯一的管轄機關，其他任何機關均無受理行政訴訟之權。

三、行政訴訟的當事人

　　行政訴訟的當事人，謂原告、被告及參加人。當事人得委任代理人代

理訴訟，代理人應提出委任書，證明其代理權。茲分述之：

（一）原告

指提起行政訴訟之人，即是因機關違法行政處分而致權利受損害的人，惟並不以該項處分的直接處分的人為限，即是因他人的處分而致權利受損害的人，亦得提起行政訴訟，而為行政訴訟的當事人。

（二）被告

指提起行政訴訟的相對人，行政訴訟的被告為機關，即是：1.駁回訴願時的原處分機關；2.撤銷或變更原處分或決定時，為最後撤銷或變更的機關。

（三）參加人

乃指就他人所提起的行政訴訟事件，有利害關係的第三人，於該訴訟進行的當中，參加其訴訟的人，行政訴訟得命有利害關係的第三人參加訴訟，並得因第三人的請求，允許其參加。

四、行政訴訟的期限

行政訴訟的提起，如為撤銷訴訟須於訴願決定書到達的次日起二個月內之不變期間內為之，其他種類之行政訴訟，性質上則無期限之限制。

五、行政訴訟的裁判

行政訴訟的裁判，由行政法院掌理之。行政法院認起訴有理由者，應以判決撤銷或變更原處分或決定；認起訴為無理由者，應以判決駁回之。

行政法院的判決，就其事件有拘束各關係機關的效力，換句話說，行政訴訟的判決，不僅對於訴訟當事人有其拘束力，即對於各關係機關亦有拘束力。但是這種拘束力，僅指已受判決的該事件而言，其他同類事件，則並不受其影響。

當事人對於行政法院的裁判，得視情形分別以上訴、抗告或再審之方式爲之 [14]。

六、行政訴訟與民事訴訟及刑事訴訟的異同

行政訴訟與民、刑事訴訟的異同，析述如下：

（一）相同點

行政訴訟與民、刑事訴訟相同之點，爲：

1. 均係以訴訟程序解決實體上的爭執事件。
2. 均爲國家的公權作用。
3. 均屬於司法權的範圍。

（二）相異點

行政訴訟與民、刑事訴訟相異之點，爲：

1. **事件性質不同**：前者（行政訴訟）爲行政性質事件，後者（民、刑事訴訟）爲民事及刑事性質的事件。
2. **當事人不同**：前者以機關爲被告，當事人之一造，必爲機關；後者爲民事訴訟時，機關得爲原告或被告當事人；若爲刑事訴訟時，其爲當事人的被告，必爲自然人。
3. **審理機關不同**：前者爲特設的行政法院，行使其審判權；後者爲一般的司法法院，行使其審判權。
4. **審級多寡不同**：前者爲二級二審；後者則以三級三審爲原則，三級二審爲例外。
5. **與行政機關有無關係的不同**：前者必須經過行政機關的訴願決定的程

---

[14] 行政訴訟法於民國 87 年 10 月 28 日修正全文公布，並於 89 年 7 月 1 日起施行，其內容與舊法截然不同，採二級二審制（即第一審由高等行政法院擔任，第二審由最高行政法院擔任），亦設有簡易訴訟程序，並採情況判決制度。

序，始得提起行政訴訟；後者在程序上與行政機關毫無法定關係。

七、行政訴訟與訴願的異同

行政訴訟與訴願，乃是人民因機關所為違法或不當行政處分，致損害其權利或利益時，而請求救濟的方法，行政訴訟的意義、要件以及其他有關事件，既已分別見前所述，茲將行政訴訟與訴願的異同，分述如下：

（一）相同點

行政訴訟與訴願相同之點：

1. **均為公權**：人民依法律有提起訴願及行政訴訟之權，我憲法第 16 條有明文規定。

2. **均為行政救濟的方法**：即兩者均是請求對於行政處分予以再審查的行為，因而發生使有權機關從事審查的拘束力。

3. **均以不停止原處分的執行為原則，以得停止執行為例外**：即是訴願或行政訴訟的提起，對於原處分或決定的執行，並不因而停止，但原行政處分機關或受理訴願機關，或行政法院得依職權或依原告的請求，而停止其執行。

（二）相異點

行政訴訟與訴願區別之點：

1. **性質不同**：訴願乃對於違法或不當的行政處分，致損害權利或利益時的救濟方法，行政訴訟只是對於違法的行政處分致損害權利時的救濟方法，至於不當處分致損害利益時，則不得提起行政訴訟。

2. **審理機關不同**：訴願由於通常的機關審理之，這些機關，或為原處分機關的上級機關，或為原處分機關的本身；行政訴訟則由特設的行政法院審理之，其他機關無審理的職權。

3. **審理範圍不同**：訴願的提起，乃因處分的違法或不當，其目的亦僅請

求受理訴願機關就此以爲審查，不得請求損害賠償；行政訴訟的提起，則有「一般給付訴訟」可資利用。

4. **審級多寡不同**：不服處分者，得提起訴願。至於行政訴訟則爲二級二審制，不服高等行政法院之判決，得上訴至最高行政法院。

5. **提起期限不同**：提起訴願的法定期限，原則上爲三十日，提起行政訴訟（撤銷訴訟）的法定期限爲二個月，亦係二者的異點。

第三款　民事訴訟

一、民事訴訟的意義

民事訴訟乃是保護私權的程序，此種程序，以民事訴訟法規定之，故民事訴訟法爲程序法，凡私權受有侵害時，得依法訴請國家以公的權力救助之，故民事訴訟法爲公法。

二、訴訟當事人

民事訴訟當事人爲原告及被告，向法院提起訴訟請求保護權利的人爲原告，其對方爲被告，當事人不限於自然人。即法人（公法人或私法人）或團體亦得爲訴訟當事人，祇須有權利能力者，即有當事人能力。

當事人亦不限於一人，二人以上亦得爲共同訴訟人，一同起訴或一同被訴。就原告被告兩造的訴訟，有法律上利害關係的第三人，爲輔助一造起見，於該訴訟繫屬中，得爲參加，是爲訴訟參加人。

三、訴訟程序

民事訴訟程序以提出訴狀於法院而開始，訴狀應寫明自己和被告的姓名、年齡、籍貫及住址，及請求應受判決的事項，例如請求判令被告將欠款若干清償原告，或請求判令被告將房屋交還原告管業等是。提起訴狀並

應另抄一份副本，和正本一同投遞，並須繳納訴訟費用，法院接到起訴狀後，將副本送達被告，以便被告提出答辯，法院定期開言詞辯論，以為審判。

四、訴訟審判

法院開言詞辯論，由原告、被告聲述自己的主張，法院斟酌案情的簡單或複雜，或開庭一次，即辯論終結而宣告判決，或開庭多次，始行判決，宣告原告勝訴或被告勝訴，並作成判決書，記明主文、事實和理由，送達於原告或被告。

五、上訴抗告和再審

法院判決送達後，當事人若不服判決，可向第二審法院提起上訴，例如不服地方法院的判決，向高等法院上訴是，不服第二審法院的判決，除法律另有限制外（參照民事訴訟法第 464 條至第 466 條），得向第三審法院即最高法院提起上訴。

上訴是指對於判決的聲明不服而言，抗告是指對於裁定聲明不服而言。所謂裁定，乃是法院在訴訟程序進行中，對於當事人有關訴訟程序的聲請所為決定，例如對於聲請延期審理，請求免繳訴訟費用等事項所為的決定是，當事人如不服法院的裁定，可向直接上級法院提出抗告，由上級法院決定應否廢棄或變更原裁定，或駁回當事人的抗告。

法院判決後，當事人並未上訴，或是經過上訴已判決確定後，當事人的權利義務關係，即已確定，不得再有變更。但是若有法定原因（參照民事訴訟法第 496 條），當事人可向原法院提起再審之訴，其手續和第一、二兩審的訴訟手續，大致相同。

第四款　刑事訴訟

一、刑事訴訟的意義

刑事訴訟乃是國家行使刑罰權的程序，此等程序，以刑事訴訟法規定之，故刑事訴訟法爲程序法；凡對於犯罪的科刑，僅國家始有此種權力，故刑事訴訟法爲公法。

二、刑事訴訟與民事訴訟的異同

（一）相同點

刑事訴訟程序和民事訴訟程序，彼此相同之點頗多，例如：

1. 關於法院的管轄，民事訴訟，由被告住所地的法院管轄，刑事訴訟，以被告犯罪地、被告的住所，居所或所在地的法院管轄。
2. 訴訟的審判，在第一、二審法院，均採用言詞辯論主義，由雙方當事人到庭辯論後，法官據以判決。
3. 不服法院判決者，得提起上訴；不服法院的裁定者，得提起抗告。
4. 判決確定以後，若發見確實的新證據足以變更原判決時，得向原審法院提起再審。

（二）相異點

此二種訴訟的異點，最主要者，爲：

1. **內容不同**：前者（刑事訴訟）爲罪刑有無的認定；後者（民事訴訟）爲私權爭執的解決。
2. **非常上訴可否提起的不同**：前者的判決確定後，得提起非常上訴，以資救濟；後者則否。

刑事訴訟程序，有尚須略述者如下：

（一）訴訟當事人

刑事訴訟的當事人，謂檢察官，自訴人及被告：

1. **檢察官**：檢察官代表國家行使追訴權，向法院起訴，這叫作公訴。檢察官是由於被害人或其親屬的告訴犯罪，第三者的告發犯罪，犯罪人的自首犯罪，而知有犯罪情事時，應即偵查犯人及證據，若認為沒有犯罪嫌疑，應為不起訴處分；若認為有犯罪嫌疑的，應向法院提起公訴。若合於緩起訴之要件者，則得為緩起訴處分。

2. **自訴人**：由被害人自行向法院提起訴訟的，叫作自訴。自訴應提出自訴狀，檢察官對於被害人的自訴，亦有協助義務，若是被害人在辯論終結前死亡或喪失行為能力時，檢察官承襲自訴人的地位，這叫作「擔當自訴」。

3. **被告**：刑事訴訟的被告，即是有犯罪嫌疑的人，所以受有種種限制，例如：(1) 經傳喚後，無正當理由而不到場者，可以拘提；(2) 犯罪嫌疑重大有逃亡之虞等情形時，可以不經過傳喚的程序，即予拘提；(3) 對於被告身體、物件、住宅等，可以搜索，若是發現可作證據或應予沒收的物品、應予扣押等。

（二）附帶民事訴訟

在刑事訴訟程序中，可以附帶提起民事訴訟，即是因犯罪而受損害的人，於刑事訴訟程序，得附帶提起民事訴訟，對於被告及依民法負賠償責任之人，請求回復其損害（參照刑事訴訟法第 487 條），例如某甲毆傷某乙的身體，某乙因醫治身體支出醫藥費用，對於某甲提起刑事訴訟時，得附帶提起民事訴訟，請求某甲賠償所支出的費用。

（三）非常上訴

刑事訴訟判決確定後，發見該案件係違背法令者，最高法院的檢察總長，得向最高法院，提起非常上訴，檢察官亦得聲請檢察總長提起非常上訴。最高法院認為非常上訴無理由者，應以判決駁回之；認為有理由者，應另為判決或撤銷原判決的訴訟程序。

第五款　法院組織

訴訟法係國家依據以行使其審判權的法律，而代表國家行使其審判者，則爲法院。行使行政訴訟的審判權者，爲行政法院；行使民事及刑事訴訟的審判權者，則爲一般的司法法院。惟司法法院除行使訴訟事件的審判權外，尚掌理非訟事件，這些事件，雖非訴訟，而與訴訟有關，所以謂爲非訟事件（參照非訟事件法），其在民法中所規定者，如禁治產的宣告，法人財產的管理，親屬會議的召集等。其有單獨的法律可依據者，如依公證法所掌理的公證事件，依提存法所掌理的提存事件，及依據有關登記的法律所掌理的登記事件。

行使國家審判權的機關，除法院外，尚有軍事審判機關，行使關於現役軍人犯陸海空軍刑法或其他特別法之罪的審判權。軍事審判機關分爲地方、高等及最高軍事法院三級，國防部爲最高軍事審判機關（參照軍事審判法第8條），因國防部爲直隸於行政院之機關，從而軍法審判屬於行政權之範圍，此與各級法院之隸屬於司法院，其審判權屬於司法權者有別。

法院爲代表國家行使審判的機關，關於法院的意義，法院的審級、權限、編制及檢察機關配置等問題，有說明的必要。

一、法院的意義

「法院」一詞，有廣義和狹義之分，廣義的法院，指包括掌理民事訴訟、刑事訴訟審判的法院和掌理行政訴訟審判的行政法院而言，狹義的法院，則是僅指掌理民、刑訴訟審判的法院，亦即法院組織法所規定的地方法院、高等法院及最高法院，至於掌理全國行政訴訟審判事務的行政法院，則另以行政法院組織法規定之。

依法院組織法之規定，法院組織乃是指關於法院的系統、審級制度、檢察機構之配置、人員編制及司法行政監督等事項而言。

二、法院的審級

關於法院審判的等級，簡稱為審級，我國現行的審級，分為地方法院、高等法院及最高法院三級，凡一般的民事及刑事訴訟，先由地方法院審理，所以地方法院是第一級；對於地方法院的裁判有所不服，向高等法院上訴或抗告，請求再為審理，所以高等法院是第二級；若對於高等法院的裁判仍有不服時，更再向最高法院提起上訴或抗告，以請求審理，所以最高法院是第三級。一般的民、刑訴訟案件，經過這三級法院的三次審理，而告終結，這便叫做三級三審制。

民事及刑事訴訟案件，採三級三審制，是原則；惟亦有三級二審者，是為例外。換言之，法院雖有三級，惟某種民事或刑事案件，僅得經過兩級審判者。就民事言：對於財產權上訴之第二審判決，如因上訴所得受的利益，不逾若干元者，不得上訴第三審法院（參照刑事訴訟法第376條）；又如關於內亂，外患及妨害國交的刑事第一審訴訟案件，由高等法院管轄之，而上訴於第二審之最高法院（參照法院組織法第32條、第48條），第一級之地方法院無初審的管轄權，亦即為三級二審。

三、法院的權限

法院審判民事刑事訴訟案件，並依法律所定，管轄非訟事件，這便是法院的權限。茲將各級法院的管轄事件分別述之：

（一）地方法院

直轄市或縣（市）各設地方法院，但得視其地理環境及案件多寡，增設地方法院分院或合設地方法院。

地方法院管轄事件，為：1.民事，刑事第一審訴訟案件，但法律別有規定者，不在此限；2.其他法律規定之訴訟案件；3.法律規定之非訟事件。

地方法院分院管轄事件，與地方法院相同。

（二）高等法院

省，直轄市或特別區域各設高等法院，但得視其地理環境及案件多寡，得設高等法院分院或合設高等法院。

高等法院管轄事件，為：1.關於內亂外患及妨害國交的刑事第一審訴訟案件；2.不服地方法院及其分院第一審判決而上訴的民事、刑事訴訟案件，但法律另有規定者，從其規定；3.不服地方法院及其分院裁定而抗告的案件；4.其他法律規定的訴訟案件。

高等法院分院管轄事件，與高等法院相同。

（三）最高法院

最高法院設於中央政府所在地，其所管轄的事件，是：1.不服高等法院及其分院第一審判決而上訴的刑事訴訟案件；2.不服高等法院及其分院第二審判決而上訴的民事、刑事訴訟案件；3.不服高等法院及其分院裁定而抗告的案件；4.非常上訴案件；5.其他法律規定的訴訟案件。

四、法院的編制

各級法院各置院長一人，由法官（舊稱推事）兼任，綜理全院行政事務，地方法院、高等法院及最高法院各分設民事庭及刑事庭，其庭數視事件的繁簡定之，每庭置庭長一人，法官若干人，此外各級法院尚置有書記官、通譯、檢驗員、執達員、庭丁及司法警察等人員。

法官行使法院的審判權，依據法律，獨立審判，不受任何干涉（參照憲法第80條），這稱為司法審判獨立的原則。惟各級法院關於司法行政事務，則仍受上級機關的監督，例如最高法院、高等法院及地方法院，均受司法院的監督。

法官為終身職，非受刑事或懲戒處分，或監護宣告，不得免職；非依法律，不得停職、轉任或減俸，是為司法官的保障（參照憲法第81條，

司法人員人事條例第 32 條至第 37 條）。

五、檢察機關的配置

最高法院檢察署，置檢察官若干人，以一人為檢察總長，其他法院及分院設檢察署，各置檢察官若干人，以一人為檢察長。各級檢察機關官員額在六人以上者，得分組辦事，每組以一人為主任檢察官，監督各該組事務。

檢察官的職權，是：（一）實施偵查、提起公訴、實行公訴、協助自訴、擔當自訴及指揮刑事裁判的執行；（二）其他法令所定職務的執行。

檢察官對於法院，獨立行使職權，不受法院的干涉，但須服從監督長官的命令。這與法官獨立行使其審判權，不受任何干涉者不同。

檢察官於其所配置的法院管轄區域內，執行職務，但是遇有緊急情形時，不在此限；又檢察總長及檢察長得親自處理所屬檢察官的事務，並得將所屬檢察官的事務移轉於所屬其他檢察官處理之，這稱為「檢察一體」的原則。

第五項 國際公法

國際公法是一個概括的名稱，凡是規定國家與國家相互間權利義務的關係，而為國際上所公認的法則及慣例，概稱之為國際公法是。學者有謂國際公法並非本於國家的權力所制定，亦無一個較高的權力機關以制裁違法的國家，且缺乏有效的制裁方法，遂有謂並非法律者。但是國際公法乃各國本於主權者的意思所公認有通行的效力，且違反國際公法者，恆引起被侵害國家或國際間的抗議、報復、絕交、封鎖、甚或由國際團體出而集體干涉，或以戰爭為其制裁的方法，故其性質，在國際間不得謂非法律，不過這些法律，存在於國家與國家之間，而與僅行使於一國的統治權範圍以內者的國內法不同，所以國際公法是國際法，而非國內法（參照第七章

第十節國內法與國際法）。

國際公法可分爲平時國際公法及戰時國際公法：

一、平時國際公法

此指國家與國家間在和平時期所應互相遵守的法則，其最主要者如下：

（一）國際間的基本法則

此乃國際上以獨立自主的資格所享有的權利，約有：1.平等權，即各國在國際上的地位，一律平等；2.自衛權，即國家對於外來的侵略有抵抗排除的權利；3.獨立權，即國家對於內政外交，得自由行使其權力，不受外國的干涉；4.相互尊重權，即本於國際間的禮節，對於各國的元首、外交使節、軍隊國旗，各國互相尊重，不得侮辱輕蔑。

（二）國際間交涉的法則

此乃由於國家相互間因締結邦交所享有的權利，約有：1締約權，即各國有締結條約或協定換文等權利；2.交通權，即各國互相交通，如郵電、通航、遊覽、旅行、考察、留學，經營工商業等是；3.派遣代表權，如外交官，領事等人員的派遣；4.治外法權，即是各國家的元首，使節及其家屬隨從等至外國時，其身體財產享有不可侵犯及免稅等權利。

（三）國際間爭議解決的法則

和平時期國際間發生爭議，亦所難免，若雙方訴諸武力，則已爲戰爭狀態，而非和平時間，在和平時期國際爭議的解決，除當事國彼此直接交涉談判，以求解決外，尚有下列各種方法：1.幹旋，由第三國調停爭議當事國的爭執；2.國際調查，係由國際間組織調查機構，以調查爭議眞相，設法解決；3.仲裁，乃由國際組織仲裁機構以判斷曲直；4.國際法庭裁判，乃將爭議事件，送請國際法庭裁判。又現在國際間爭議事件，每提請

聯合國設法解決之。

又國際間每因爭議事件，而發生報復或報仇的措施，或停派本國的使領人員，或採取封鎖他國海港等行動。

二、戰時國際公法

此指國家與國家間在戰爭時期應互相遵守的法則。凡國家與國家間發生爭執，已無和平解決的可能時，其中爭執國的一方向對方提出最後的要求，於一定的時間內，如未得到滿意的答覆，則向對方宣戰。此種最後要求，在國際法上謂爲最後通牒（ultimatum）（譯音「哀的美敦」），是爲戰爭的開始，惟近代國際戰爭，亦有「不宣而戰」者，自與國際法不合。

戰爭開始後，則交戰國相互的狀態如下：

(一) 外交關係的斷絕

例如交戰國的外交人員互相撤回，所有的條約均告失效，敵國僑民的身體財產予以特別處置，或委託有外交關係而非交戰者的第三國代爲照料等。

(二) 戰鬥員的處遇

在戰爭時期，對於參加戰爭的戰鬥員與未參加戰爭的非戰鬥員，應予區別，彼此的處置與待遇亦有不同，即屬於戰鬥員如被俘虜時，亦必須受人道的待遇，對於傷害病人，仍應照顧醫療，關於陸戰海戰及空戰，均有所應遵守的法則。

(三) 中立國家的權利義務

不參加戰爭而宣布中立的國家，謂爲中立國家，亦稱爲局外中立。中立國家與交戰國家互有權利義務關係，例如：1. 交戰國應尊重中立國的領土，不得因軍事目的而使用之，交戰國軍隊如進入中立國領土，中立國應

解除其武裝；2.交戰國對於中立國的船舶及通商，不得加以破壞或阻撓；3.中立國不得供給軍隊、軍艦、軍需品於交戰國；4.中立國不得借款與交戰國。

第三節　私法的體系

何謂私法，其意義已見第七章「法律的類別」第五節中，屬於私法體系的法律，主要者有民法、民事特別法及國際私法等法律，茲分別述其概要：

第一項　民法

第一款　民法的意義及性質

一、民法的意義

民法是規定人民私權關係的法律。因為人在社會上，相互間必發生種種關係，這些關係，有些是由人為的，例如債權債務關係的成立，所有權的取得等是；有些是由於天然的，例如親生父母和子女的親屬關係和繼承關係等是。這些關係，都是屬於人民的私權範圍，由民法規定之。分析民法的意義，即是：

（一）民法是規定民事的法律

民事乃對於刑事而言，民事乃是人民私人間的事，大抵以人民私人的自由意思為主，國家不加以干涉，這點和刑事不能以私人自由意思為主，國家採干涉主義者不同，但是私人間的事，亦應當以法律規定之，使私人有所遵從，例如買賣契約，如何才能生效？所有權如何才算取得？結婚要具備什麼要件？繼承何時才開始？這些都屬於民事，規定這些事項的法律，便是民法。

但是私人間的事件，很是複雜，法律並不能規定無遺，對於這些未有規定的民事，不得不有補救的方法，我國民法第 1 條規定：「民事，法律所未規定者，依習慣，無習慣者，依法理。」便是補救這個缺點。

（二）民法是規定私權關係的法律

權利和義務是對立的，所謂私的權利，亦兼指私的義務而言，例如就買賣關係言：買主有取得物品的權利，同時亦有交付價金的義務：賣主有交付物品的義務，同時亦有收受價金的權利；就婚姻關系言：夫妻有同居的義務，亦可謂有同居的權利。所以民法是規定私權的法律，亦可謂為規定私的義務的法律。

所謂私的權利義務，並不以人民相互間的權利義務為限，即是國家和人民間發生私的權利義務，亦適用民法的規定，例如國家購買物品、租用房屋、僱用工人等事項，亦適用民法上關於買賣、租賃和僱傭的規定，與私人間相互買賣、租賃和僱傭的關係完全相同。

二、民法的性質

所謂民法的性質，即是就法律的本質言，民法究竟是屬於哪一類的法律？分述如下：

（一）民法是國內法

法律可分為國際法和國內法，國際法是指行於國際團體間的法律，即國際公法；國內法是在一國主權之下施行的法律，民法是施行於國內主權下的法律，所以是國內法。

（二）民法是私法

法律可分為公法和私法，規定國家和國家間或國家和私人間公的法律關係為公法，規定私人和私人間的法律關係為私法。民法乃是規定私人和私人間的法律關係，所以是私法，但是國家假若以私人資格和私人發生私

的法律關係，如以上所舉國家買賣物品、租賃房屋等例子，亦是和私人相互間的法律關係相同，而一樣適用民法的規定。

（三）民法為普通法

法律可分為普通法和特別法，施行於全國領域，適用於全體國民以及關於一般事項的法律為普通法，否則，便是特別法。民法乃是規定一般人民日常生活所發生的法律關係，所以是普通法、至若公司法、票據法、保險法、海商法等。僅是關於特定事項的法律，則屬於民事的特別法。

（四）民法為實體法

法律可分為實體法和程序法，規定權利義務的存在和範圍的法律為實體法；規定行使權利和履行義務的手續的法律，為程序法。民法乃是規定各人相互間權利義務的法律，所以為實體法，但是其中亦有關於程序的規定。

（五）民法為任意法

法律可分為強行法和任意法，凡法律所規定的內容，不許由當事人以自由意思變更，是強行法；准許人民以自由意思為之者是任意法。民法關於契約的規定，多為任意法的性質，不過其中亦多含有強行法的性質，例如關於能力、時效和親屬繼承等事項，多有強行的規定。

第二款　民法的內容

我國現行民法的內容，很是複雜，就其立法精神言之，大抵是根據我國固有的優良風俗習慣，而參酌各國進步的法制思想，先決定其立法原則，再制定為條文。就其編制言之，則共分為五編，即總則、債、物權、親屬、繼承等編，合計有 1225 條（若不計修法新增的條文），各編均有施行法，各編的公布及其施行日期先後不同。茲將各編略述如下：

一、總則

總則是通則性原則性的規定，如法例、人（自然人、法人）物（不動產、動產）、法律行為、期日及期間、消滅時效及權利的行使，民法各編均共同的適用，即凡其他一切民事法律無特別規定者，亦適用之。

二、債

民法第二編為「債」，不稱為債權，亦不稱為債務，僅稱為「債」的理由，因為「債」字可以包含債權關係和債務關係二者在內。自權利人方面言之，可稱為債權；自義務人方面言之，亦可稱為債務。債權與債務既處於對立的狀態，因之，若說明債權的意義，則債務的意義，即可明瞭。然則何謂債權？簡單的說：債權是特定人對於特定人請求為一定行為的權利。單稱為「債」者，乃是特定人間請求為一定行為的法律關係，依照這種關係，一方有請求他方為一定行為的權利，他方有依其請求而為一定行為的義務，其權利為債權，權利人稱債權人；其義務為債務，義務人為債務人，因之，所謂債的關係，自一方面言之為債權，自他方面言之為債務。

關係債的發生原因，指債權債務的從新發生而言，依民法債編的規定，以契約、無因管理、不當得利及侵權行為，為債的發生原因，但是「代理權的授與」亦列入債的發生中，不過是便宜的規定，並非以其為債的發生原因。

民法債編規定各種之債，共計 27 項，即：

（一）買賣

稱買賣者，謂當事人約定一方移轉財產權於他方，他方支付價金的契約。當事人就標的物及其價金互相同意時，買賣契約即為成立。

（二）互易

所謂互易，乃當事人雙方約定互相移轉金錢以外的財產權者。準用關於買賣的規定。

（三）交互計算

稱交互計算者，謂當事人約定以其相互間之交易所生的債權債務爲定期計算，互相抵銷。而僅支付其差額之契約。

（四）贈與

贈與因當事人一方以自己的財產，爲無償給與於他方的意思表示經他方允受而生效力。

（五）租賃

稱租賃者，謂當事人約定，一方以物租與他方使用收益，他方支付租金的契約。其租金得以金錢或租賃物之孳息充之。

（六）借貸

其中又分爲使用借貸及消費借貸：

稱使用借貸者，謂當事人約定，一方以物無償貸與他方使用，他方於使用後，返還其物的契約，使用借貸因借用物的交付，而生效力。

稱消費借貸者，謂當事人約定，一方移轉金錢或其他代替物的所有權於他方，而他方以種類、品質，數量相同之物返還的契約。消費借貸，因金錢或其他代替物的交付，而生效力。

（七）僱傭

稱僱傭者，謂當事人約定，一方於一定或不定的期限內爲他方服勞務，他方給付報酬的契約。

（八）承攬

稱承攬者，謂當事人約定，一方爲他方完成一定的工作，他方俟工作完成，給付報酬的契約。

（九）出版

稱出版者，謂當事人約定，一方以文藝學術或美術的著作物，為出版而交付於他方，他方擔任印刷及發行之契約。

（十）委任

稱委任者，謂當事人約定，一方委託他方處理事務，他方允為處理的契約。

（十一）經理人及代辦商

稱經理人者，謂有為商號管理事務，及為其簽名的權利之人；稱代辦商者，謂非經理人而受商號的委託，於一定處所或一定區域內，以該商號的名義，辦理其事務的全部或一部之人。

（十二）居間

稱居間者，當事人約定，一方為他方報告訂約之機會，或為訂約的媒介，他方給付報酬的契約。

（十三）行紀

稱行紀者，謂以自己的名義為他人的計算，為動產的買賣或其他商業上的交易，而受報酬的營業。

（十四）寄託

稱寄託者，謂當事人一方，以物交付他方，他方允為保管的契約；受寄人除契約另有訂定，或依情形，非受報酬，即不為保管者外，不得請求報酬。

（十五）倉庫

稱倉庫營業人者，謂以受報酬而為他人堆藏及保管物品為營業之人。

（十六）運送營業

稱運送人者，謂以運送物品或旅客為營業，而受運費之人。其中又分

物品運送及旅客運送二種。

（十七）承攬運送

稱承攬運送人者，謂以自己之名義，爲他人的計算，使運送人運送物品而受報酬爲營業之人。

（十八）合夥

稱合夥者，謂二人以上互約出資，以經營共同事業的契約；其出資得以金錢或他物，或以勞務代之。

（十九）隱名合夥

稱隱名合夥者，當事人約定，一方對於他方所經營的事業出資，而分受其營業所生的利益，及分擔其所生損失的契約。

（二十）指示證券

稱指示證券者，謂指示他人將金錢、有價證券或其他代替物，給付第三人的證券。其爲指示之人，稱爲指示人，被指示之他人，稱爲指示人，受給付之第三人，稱爲領取人。

（二十一）無記名證券

稱無記名證券者，謂持有人對於發行人得請求其依所記載的內容爲給付的證券。

（二十二）終身定期金

稱終身定期金契約者，謂當事人約定，一方於自己或他方或第三人生存期內，定期以金錢給付他方或第三人的契約。

（二十三）和解

稱和解者，當事人約定，互相讓步，以終止爭執或防止爭執發生的契約。

（二十四）保證

稱保證者，當事人約定，一方於他方的債務人不履行債務時，由其代負履行責任的契約。

（二十五）旅遊

稱旅遊營業人者，謂以提供旅客旅遊服務為營業而收取旅遊費用之人。而所謂旅遊服務，係指安排旅程及提供交通、膳宿、導遊或其他有關之服務。

（二十六）合會

稱合會者，謂由會首邀集二人以上為會員，互約交付會款及標取合會金之契約。其僅由會首與會員為約定者，亦成立合會。

（二十七）人事保證

稱人事保證者，謂當事人約定，一方於他方之受僱人將來因職務上之行為而應對他方為損害賠償時，由其代負賠償責任之契約。

以上各種之債，不過表示債的典型，在學理上亦可叫做典型之債，並非除這些規定以外，不復認許其他債務關係的成立，假如當事人在不違反法律的範圍內，盡可任意約定以成立債權債務的關係。

三、物權

物權是管領各個特定物，而可以對抗社會上一般人的財產權。民法第三編規定物權的種類，為所有權、地上權、農育權、不動產役權、抵押權、質權、典權、留置權、占有九種，此等物權及其內容，均以法律規定之，不許當事人任意創設。民國 96 年 3 月 28 日公布之物權法修正條文，乃我國物權法歷來罕見之大幅度修正，定於公布日後 6 個月施行。

茲將九種物權的意義，分別簡述如下：

（一）所有權

　　所有權乃謂所有人於法令限制的範圍內，得自由使用、收益、處分其所有物，並排除他人的干涉，故所有權乃效力最強的物權，一稱為完全物權。其他各種物權的效力，不及所有權的堅強，且恆附麗存在於所有權之上，所以又稱為限制物權。所有權中又有不動產所有權及動產所有權之分，其取得變更、或喪失的要件及程序，在法律上極有差別。

（二）地上權

　　稱地上權者，謂以在他人土地上有建築物或其他工作物或竹木為目的而使用其土地的權利。

（三）農育權

　　稱農育權者，謂在他人土地為農作、森林、養殖、畜牧、種植竹木或保育之權。

（四）不動產役權

　　稱不動產役權者，謂以他人不動產供自己不動產通行、汲水、採光、眺望、電信或其他以特定便宜之用為目的之權。

（五）抵押權

　　稱抵押權者，謂債權人對於債務人或第三人不移轉占有而供其債權擔保的不動產，得就其賣得價金而受清償的權利。

（六）質權

　　質權有動產質權及權利質權之分：稱動產質權者，謂債權人對於債務人或第三人移轉占有而供其債權擔保之動產，得就該動產賣得價金優先受償之權；稱權利質權者，謂以可讓與之債權或其他權利為標的物之質權。

（七）典權

　　稱典權者，謂支付典價在他人的不動產為使用、收益，於他人不回贖時，取得該不動產所有權之權。

（八）留置權

稱留置權者，謂債權人占有他人之動產，而其債權之發生與該動產有牽連關係，於債權已屆清償期未受清償時，得留置該動產之權。

（九）占有

對於物有事實上管領之力者，爲占有人。地上權人、農育權人、典權人、質權人、承租人、受寄人，或基於其他類似之法律關係，對於他人之物爲占有者，該他人爲間接占有人。且財產權，不因物之占有而成立者，行使其財產權之人，爲準占有人。

四、親屬

何謂親屬？自通常的意義言之，即人與人相互間因血統或婚姻所發生的身分關係：1. 其因血統所發生的身分關係，謂之血親，其中有直系血親及旁系血親之別。稱直系血親者，謂己身所自出，或從己身所出的血親；稱旁系血親者，謂非直系血親，而與己身出於同源的血親（參照民法第967條）；2. 其因婚姻所發生的身分關係，謂之姻親，姻親者，謂血親的配偶、配偶的血親，及配偶的血親的配偶（參照民法第969條）。無論血親或姻親，均謂之爲親屬；但是我民法親屬編所謂親屬，其意義與通常的意義並不盡同，例如養子女與養父母的關係，並無血統關係，但是除法律另有規定外，與婚生子女同，亦即是親屬關係；又如配偶係因婚姻所發生的身分關係，但是法律上所謂姻親，並不包括配偶本身在內。

法律上規定親屬的範圍，係著重於因親屬關係而彼此發生的權利或義務關係，例如與某種親屬不得結婚（參照民法第983條），某種親屬則彼此互負扶養的義務（參照民法第1114條）。

親屬編所規定的內容爲婚姻、父母子女、監護、扶養、家及親屬會議等事項。

五、繼承

　　所謂繼承，乃是在有一定親屬關係之間，因一方的死亡，而由他方概括的承受其財產的法律事實。繼承編規定的內容，爲遺產繼承人，遺產的繼承及遺囑等事項。

第三款　債權、物權、親屬、繼承的相互異同

　　總則、債、物權、親屬、繼承等五編，構成民法的全部內容，已如上述。茲再就債權與物權的異同，親屬與繼承的異同，及親屬權、繼承權與債權、物權的異同，分別析述，藉以更明瞭民法內容的概念：

一、債權與物權的異同

（一）相同點

　　此二者相同之點，約爲：

1. **均爲私權**：二者均爲私法上所規定的權利，而非在公法上所享有的公權。

2. **均爲財產權**：二者均具有財產上價格，且得由權利人自由移轉或處分，故爲財產權。

（二）相異點

　　此二者區別之點，約爲：

1. **標的不同**：債權係以債務人的一定行爲（即給付）爲其標的；物權則以管領支配其物的本體爲其標的。

2. **種類不同**：債權除債編規定「典型之債」二十七種以外，得以當事人間的自由意思、任意創設、無種類的限制；物權則除民法物權編所規定的九種物權，及其他法律所規定者，如礦業法上的礦業權，漁業法上的漁業權等準物權以外，不得任意創設物權的種類。

3. **取得程序不同**：債權一經當事人合意，即得成立，且毋需以書面爲之；物權則不然，其爲動產的讓與，非將動產交付，不生效力；其爲不動產物權，依法律行爲取得、設定、喪失及變更者，非經登記，不生效力，且不動產物權的移轉或設立，應以書面爲之（參照民法第 758 條、第 760 條、第 761 條）。

4. **效力不同**：即：（1）債權僅對於特定的債務人行使之，乃爲相對權，又稱對人權；物權則任何人不得侵害其權利，乃爲絕對權，又稱對世權；（2）債權無排他性，一切債權人均得平等的向債務人請求清償，無先後之分，是即所謂債權平等的原則；物權則有排他性的優先權，先發生的物權，較之後發生的物權，有優先的效力；（3）債權無追及力，債權人對於債務人不履行其債務時，僅得向債務人解除契約或請求因債務不履行所生的損害賠償；物權則有追及力，因其係直接支配其物的權利，於無權占有或侵奪其所有物者，得請求返還之（參照民法第 767 條）；（4）物權較債權優先行使，若債權與物權並存於同一物體時，其物權得優先於債權而行使之，例如對於債務人的財產，有質權、抵押權或留置權者，較之普通債權人而先受清償（參照民法第 860 條、第 884 條、第 938 條及破產法第 108 條）。

二、親屬與繼承的異同

（一）相同點

此二者性質相同，因均屬於私權，同爲身分權。

（二）相異點

此二者區別之點，約爲：

1. **因果不同**：繼承權的發生，恆以有身分權爲其先決條件，換言之，繼承除得指定遺產繼承人外（參照民法第 1143 條），須以親屬關係爲要

件，親屬爲因，繼承爲果，必先爲親屬，而始有繼承；未有因繼承而始成爲親屬者。

2. **範圍不同**：有親屬關係者，未必即有繼承權，其得享有繼承權者，係以特定身分的親屬爲限（參照民法第 1138 條），親屬權的範圍爲廣，繼承權的範圍較狹。

3. **處分不同**：親屬權不得自由轉讓或拋棄；繼承權則得移轉於法定順序的繼承人，繼承人且得拋棄其繼承權（參照民法第 1138 條、第 1174 條）。

三、親屬權，繼承權與債權、物權的異同

（一）相同點

此四種權利，均爲私法上所享有的權利，同爲私權。

（二）相異點

親屬、繼承兩權與債權、物權的區別，約爲：

1. **性質不同**：親屬權及繼承權的享有，與人的本身有不可分性，故均爲身分權；債權及物權的存在，與人的身分無關，乃任何身分的人，均得享有之，且具有財產的價值，故均爲財產權。

2. **效力不同**：親屬權及繼承權的發生或變更，影響債權及物權的得喪、變更者有之，其中尤以夫妻財產制及遺產繼承爲顯著；惟未有因債權及物權的得喪，而影響親屬權及繼承權的存在。

3. **可否自由移轉的不同**：親屬權不得自由轉讓或拋棄，法定繼承人雖得拋棄其繼承權，惟其應繼分應歸屬於其他同一順序的繼承人；指定繼承人拋棄繼承權者，其指定繼承部分歸屬於法定繼承人（參照民法第 1176 條）。至於債權及物權，則得自由移轉或拋棄。

4. **享有權利久暫的不同**：親屬權恆與生以俱來，除法定原因，例如離婚，

及終止收養關係以外，其權利的享有，乃與人生相終始；繼承在未開始前，其權利亦在永久繼續存在的狀態中；至於債權則因清償、提存、抵銷、免除及混同等原因而即消滅；物權則因拋棄而消滅（參照民法第 764 條），故債權及物權的享有時期，在觀念上不如親屬權及繼承權的持久性。

第二項　民事特別法

民法是規定民事的普通法，但是人類在社會生活上的私權關係，至為複雜，其性質與一般民事，不盡相同，決非民法所能規定無遺，不得不有特別規定，以適用於特種的事件，關於規定這些特種民事的法律，可概括稱之為民事特別法。

民法之外，尚有各種民事特別法，其中最重要的，有公司法、票據法、海商法及保險法等，通常概稱為商事法。至於外國人在我國境內有涉及私法上的法律關係時，則適用涉外民事法律適用法（民國 42 年 6 月 6 日公布施行），假如有某種民事，在民法和該特別法，均有規定時，則依照「特別法優於普通法」的原則，先適用特別法，特別法無規定時，再適用民法的規定。

茲將公司、票據、海商及保險各民事特別法，分別略述於後：

一、公司法

我國民法的制定，採「民商合一主義」，所以沒有「商法」的名稱，而有關商業事項的重要法律，則有公司法、票據法、海商法、保險法等。

公司法規定公司的定義及種類如下：

（一）公司的定義

本法所稱公司，謂以營利為目的，依照本法組織、登記、成立的社團

法人（公司法第 1 條），所以凡是公司，都是法人，非依公司法組織登記，則不得成立。

（二）公司的種類

公司分為「無限」、「有限」、「兩合」、「股份有限」四種（公司法第 2 條）。各種公司因組織的性質不同，所以關於公司的設立、內部組織、對外關係、及清算解散等事項，亦各有不相同的規定。若以營利為目的，依照外國法律組織登記，並經中華民國政府認許，在中華民國境內營業的公司，則稱為「外國公司」（公司法第 4 條）[15]。

茲分述四種公司的意義：

1. **無限公司**：無限公司指二人以上的股東所組織，對公司債務負連帶無限清償責任的公司。

2. **有限公司**：有限公司指一人以上股東所組織，就其出資額為限，對公司負其責任的公司。

3. **兩合公司**：兩合公司指一人以上的無限責任股東與一人以上的有限責任股東所組織，其無限責任股東對公司債務負連帶無限清償責任；有限責任股東，就其出資額為限，對於公司負其責任的公司。

4. **股份有限公司**：股份有限公司指二人以上股東或政府、法人股東一人所組織，全部資本分為股份，股東就其所認股份，對公司負其責任的公司。

公司如有違反公司法的有關規定，其較嚴重者，或課其負責人以刑事

---

[15] 公司法於民國 13 年 12 月 26 日公布，迄至 110 年 12 月 29 日修正公布，其間已經過 27 次修正，在民國 69 年 5 月 9 日修正以前，公司種類，共分五種，除無限公司、有限公司、兩合公司、股份有限公司四種外，尚有股份兩合公司一種，乃指一人以上的無限責任股東，與五人以上的有限股份股東所組織，其無限責任股東對公司債務，負連帶無限清償責任，有限股份股東就其所認股份對公司負其責任的公司。

責任，或將公司解散之。

二、票據法

票據法規定的票據，爲匯票、本票及支票，其意義分述於後。各種票據所應記載的事項，均分別予以規定，假若欠缺票據上應記載事項之一者，其票據無效[16]。

（一）匯票

稱匯票者，謂發票人簽發一定之金額，委託付款人於指定之到期日，無條件支付與受款人或執票人之票據。

（二）本票

稱本票者，謂發票人簽發一定之金額，於指定之到期日，由自己無條件支付與受款人或執票人之票據。

（三）支票

稱支票者，謂發票人簽發一定之金額，委託金融業者於見票時，無條件支付與受款人或執票人之票據，所稱金融業者，係指經財政部核准辦理支票業務之銀行、信用合作社、農會及漁會。

票據係無因證券，票據債務人因票據行爲而負支付一定金額的義務，其發生的原因如何，在所不問；票據權利人亦毋庸證明其取得票據的原因，本於票據，即得向票據債務人，請求支付票載金額。

票據爲社會金融流通上很重要的工具，凡是惡意或有重大過失取得票據者，不得享有票據上的權利（票據法第 14 條）；票據喪失時，執票人應即爲止付的通知（同法第 18 條）。

---

[16] 票據法於民國 18 年 10 月 3 日公布，迄至民國 76 年 6 月 29 日修正公布，其間已經通六次修正，並另有票據法施行細則，係行政院公布，亦迭有修正。

三、海商法

　　海商法分通則、船舶、船長、海員、運送契約、船舶碰撞、救助及撈救、共同海損、海上保險及附則十章，為海上商業所適用的重要法律。本法第 5 條並明文規定：「海商事件，依本法之規定，本法無規定者，適用其他法律之規定」，對船舶，除本法有特別規定外，並適用民法關於動產的規定（海商法第 6 條）[17]。

四、保險法

　　保險法分總則、保險契約、財產保險、人身保險、保險業及附則六章。所稱保險，謂當事人約定，一方交付保險費於他方，他方對於因不可預料，或不可抗力的事故所致的損害，負擔賠償財物的行為（保險法第 1 條）。

　　保險分為財產保險及人身保險（保險法第 13 條）：

（一）財產保險

　　包括火災保險、海上保險、陸空保險、責任保險及其他財產保險。

（二）人身保險

　　包括人壽保險、健康保險及傷害保險。

　　關於保險事項，須以保險契約為其依據，而保險契約，由保險人於同意要保人聲請後簽訂之（保險法第 44 條），關於私人間的權利義務，與民法上的債權契約，所規定的情形有別，故為民事特別法；惟保險法所規定者，乃為一般人，一般性的保險事項，此外尚有公務人員保險法及勞工保險條例，分別就公務人員及勞工的保險，另有規定，已屬於公法性質，

---

[17]　海商法於民國 18 年 12 月 30 日公布，於民國 51 年 7 月 25 日及 88 年 7 月 14 日有大幅度之修正。

對保險法而言，可謂之為特別法，保險法對之，則又為普通法矣。

第三項　國際私法

　　國際私法乃是因私權關係中，涉及外國人為當事人時，決定應適用何國法律的國內私法。社會進化，交通發達，則國際間人民的往還愈多，外國人享有的私權。應受所在國的保護，惟各國有關私權的法律，其規定的內容，不能一致，則遇有外國人為當事人時，本國法院有無管轄權，若有管轄權，則又應用何國的法律，是即為國際私法所應解決的問題。

　　關於私法關係，其當事人間均為本國人者，當然應專適用本國法，其當事人間均為同一國籍的外國人，亦應專適用該外國法，均不發生適用何國法律的問題；惟法律關係的當事人，若彼此為不同的國籍時，則究應適用何國法律的問題即將發生，此國際私法之所以有其必要。

　　國際私法亦是一個概括的名詞，雖冠有「國際」二字，惟並非規定國家與國家間的關係，亦非適用國家與國家間，而是規定國家對於國內的外國人民有關權利爭執所應適用的法律，故仍為國內法，而非國際法。

　　又國際私法的性質，究為公法？抑為私法？學者見解不一，有謂國際私法乃國家決定在國內的外國人所應適用的法律，是規定國家與私人間的關係，故認為國際私法是公法；惟國際私法所規定者，乃為外國人相互間私法上的權利義務所應適用的法律，與規定國內人民私法上權義的民法，其性質相同，故以認為屬於私法的範圍為。

　　我國規定涉外法律關係的法律，為涉外民事法律適用法，舉凡關於人之行為能力、法律行為的方式、債權的讓與、婚姻的成立要件及其效力、離婚的效力、父母與子女間的法律關係、扶養的義務、收養、監護及繼承關係等事項，以及涉外民事的當事人，若有多數國籍或無國籍時，其所應適用的法律，在涉外民事法律適用法均有明文規定；其有涉外民事，本法未規定者，適用其他法律的規定，其他法律無規定者，依法理。

第四節　公法私法性質混合的法律體系

　　學者有認爲凡法律均屬公法或均屬私法，公法、私法的區別，其標準不一，又公法的範圍日漸擴大，私法的範圍日漸縮小，均已見前述。對於某種法律，固可明顯認爲屬於公法的體系，或屬於私法的體系，惟有若干法律，論其性質，則難認爲完全屬於公法或屬於私法，因就其規定的內容言之，其有關私人相互間權利義務的規定，固爲私法性質；惟就其仍由國家予以管理、指導、干與、限制或其他公的權力參與其間而言，則又有公法的性質。因之，一種法律而含有公法、私法兩種屬性者甚多，且爲近代國家立法思想的一般趨勢，此種法律得謂爲公法、私法性質混同的法律，而另成一個體系。

　　公法、私法性質混同的法律，得大別如次：

（一）關於社會或勞工性質的法律

　　例如合作社法、農會法、漁會法、商業團體法、教育會法、工會法、工廠法、勞動基準法等法律。

（二）關於經濟性質的法律

　　例如土地法、商業登記法、商標法、礦業法、森林法、水利法等法律。

（三）關於形成權性質的法律

　　例如著作權法、專利法等法律。

　　上述各種法律，就其爲私法上的關係言：則凡發生權利義務的爭執者，可爲提起民事訴訟的原因；就其爲公法上的關係言，則凡不服行政機關違法或不當的行政處分，可爲提起訴願及提起行政訴訟的原因，例如土地法中關於土地所有權如有爭議，則應依民事訴訟程序，由司法機關解決

之；如土地被徵收時，則土地所有權人得依法訴願是；又如就專利法及著作權法言，專利權及著作權，在私法上為人民的私權利，有侵害其權利者，得提起民事訴訟；在公法上言，則有若干公權力的限制，若應予專利而不賦予專利，均得依法定程序，在行政上請求救濟。

第五節　地方自治法規的體系

　　地方自治，乃是地方的公民，依照法律的許可，在政府的監督下，組織自治團體，以處理地方上的公共事務。所謂地方，乃別於中央或國家而言，地方自治乃別於中央行政或國家行政而言，地方自治職權，為國家所賦予，在法律許可範圍之內，始有其職權的存在，並非地方原始的即有其職權。地方自治職權的行使，仍須受中央的監督，始得保持國家的統一與完整性，故地方自治與含有獨立狀態的地方自主，或分割國家職權的地方分權不同；地方自治由地方公民組織地方團體以處理地方上的公共事務，此與國家任命官吏以組織政府機關，以處理國家行政事務者有別。故地方自治與地方官治不同。此種地方自治團體，通常稱地方自治機關。

　　地方自治法規乃係指有關地方自治事項的法律及規章而言，依照中華民國憲法第十一章「地方制度」的規定，省縣市均屬於地方範圍，其第 112 條規定：「省得召集省民代表大會。依據省縣自治通則制定省自治法。……，省民代表大會之組織及選舉，以法律定之」；依第 113 條的規定，省議會的議員及省政府的省長，均由省民選舉之；又依第 121 條規定：「縣實行縣自治」，第 122 條規定：「縣得召集縣民代表大會，依據省縣自治通則，制定縣自治法……。」，第 123 條規定：「縣民關於縣自治事項，依法律行使創制複決之權，對於縣長及其他縣自治人員，依法律行使選舉罷免之權」；第 118 條「直轄市之自治，以法律定之」，這是指直隸於行政院的市的自治而言；第 128 條規定：「市準用縣之規定」，這

是指直隸於省政府的市的自治而言。又省縣的立法權，分別由省縣議會行使之。故如省縣自治通則，省自治法，省民代表大會組織及選舉的法律，縣自治法，縣民創制複決及選舉罷免的法律，以及其他有關地方自治事項的法律，及根據這些法律所制定有關地方自治事項的規章，此等法規，無論由中央所制定，或由地方立法機關所制定，要均屬於地方自治法規的體系。

基於憲法本文上開保障地方自治法規之規定，我國於 88 年 1 月 28 日制訂公布之「地方制度法」，其中第三章「地方自治」定有「地方自治團體及其居民之權利與義務」、「自治事項」、「自治法規」等節，均設有保障地方自治團體之法規制訂權之相關條文，包括制訂程序、範圍、法規名稱等。

地方自治法規，所規定地方自治的職權，既為國家所賦予，且為處理地方公共事務的依據，對於人民有強制其遵行的權力，其性質仍屬於公法的範圍，惟其規定的內容，為地方自治事項，故就法律的體系言，可列為地方自治法律的體系。

第四編

權利與義務

Introduction
to Law

第一章

概說

　　法律的規定事項，原不限於以權利及義務為其內容，例如關於各機關組織的法律，關於單純事務性質的法律[1]，與人民的權利義務並無關係，仍不失其為法律；但法律的規定事項，有關人民的權利義務為最多。所以學者有認為「法學乃是權利之學」。權利的反面即含有義務性質，有權利即有義務，故權利與義務，雖非法律的全部內容，然實為法律的主要規定。

　　在18世紀個人主義盛行時代，法律充滿權利思想，所謂天賦人權，幾視為天經地義，於是法律上所表現者，即以權利為本位，惟重視個人而忽略公共的社會，偏重權利而忽略義務，其流弊所及，法律則僅為維護個人的權益，而影響社會公共福利，增加社會的病態現象，社會問題將愈趨嚴重，為矯正弊端起見，故19世紀以還，法律思想便由個人本位趨向於社會本位，原以權利為本位，趨向於以義務為本位，而法律所表現者，先公後私，先義務而後權利，各國有關戰時的動員法律，及國民義務勞動的法律，乃其最顯著者。

　　惟法律雖趨向於以社會及義務為本位，然個人為社會的起點，個人權利的維護，亦即所以促使義務的履行。權利與義務實互為表裡，相因而

---

[1] 關於單純事務性質的法律，例如：印信條例、公文程式條例等法律。

生。故個人的權利與義務，仍為研究法學所應特別注重的問題。

　　法律上關於權利及義務的規定，原不以個人為限，換言之，不僅個人為權利義務的主體，即國家及其他公法人與私法人亦為權利義務的主體，不過法律關於個人權利義務的規定為特多，因個人權利義務，其範圍較為廣泛，有依其性質專屬於個人的權利，例如親屬法上的身分權，僅個人始得享有之，國家及其他公法人與私法人則無身分權可言；又如個人服兵役的義務，國家及其他公法人或私法人則無之。故法律關於權利及義務的規定，究係指個人的權利義務而言，抑係指國家或其他公法人或私法人而言，則須依各別法律的規定而認定。

　　法律上規定的權利義務，有在條文中明白用權利或義務的文字者，例如：憲法第 18 條規定：「人民有應考試，服公職之權」，第 19 條規定：「人民有依法律納稅之義務」是；亦有在條文中並無權利或義務的文字者，例如：憲法第 7 條規定：「中華民國人民無分男女、宗教、種族、階級、黨派，在法律上一律平等」，條文中雖無「權利」字樣，然實係指人民享有平等權而言；第 143 條規定：「……私有土地應照價納稅。……」條文中雖無「義務」字樣，然實係指私有土地者有照價納稅的義務而言；又法律條文中有用「得」字者，有伸縮選擇的自由，每含有權利行使的性質；法律條文中有用「應」字者，即必須如此之意，則每含有負擔義務的性質。是在適用法律時，應認定法律是否為關於權利義務的規定。

第二章

權利

第一節　權利的意義

關於權利的意義，學說不一，茲舉其重要者如下：

一、自由說

此說謂權利即是法律上所賦予的自由，因人類社會生活，必有可為有不可為的行為。其可為者，法律則許可之，保障之；其不可為者，法律則禁止之，制裁之。其在法律所容許與保障範圍內的行為，即為吾人的自由，亦即吾人的權利，故權利即自由。

此說僅能說明法律規定權利的效果，乃得以自由行使的行為；惟：（一）自由僅是權利的一種，而不能包括全部的權利；（二）自由的涵義甚廣，有在實際上雖得自由，而法律上並不以之為權利者，即是法律上採取放任態度，既不認許，亦不禁止，例如無配偶者間的通姦，對於貧苦者之不予救助，謂為私人的自由則可，謂為法徑上的權利則不可；（三）權利並非以自由為其內容，有時有權利而反不自由者，例如公務人員雖享有服公職的權利，惟須受公務員服務法令所規定許多自由的限制是。故權利即自由說不妥。

二、意思說

此說謂權利乃是意思的支配力，凡個人意思所能自由支配的範圍，即為權利之所在。

惟此說亦不妥，因：（一）權利的取得有不必由於意思者，其由於自然的事實或由於他人的法律行為，乃為恒有之事；又如私生子因被其父認知，而取得被扶養的權利，亦並無取得權利的意思存於其間；（二）權利的行使有不必由於意思者，例如無行為能力人的權利，由其法定代理人代為行使，該無行為能力人本身的意思如何，則並非法律所問；（三）權利並不因意思而存在，例如精神病人雖無意思能力，亦得享有權利；（四）權利有時並不受意思的支配，公法上的權利，多不得以自由意思而為移轉，即私法上的權利，亦有不得以自由意思而為移轉或拋棄者，例如身分權依其性質乃不能移轉，自由權依法律規定不得拋棄（民法第 17 條）。

三、利益說

此說起源於英國實利主義者的理想，謂權利乃是法律上所保護的利益，亦可謂權利即利益。

此說較意思說為切實際，因權利與意思，其主體未必同一，惟權利的主體，必為利益的主體。但是此說亦有欠妥之處，因為：（一）在法律上有權利者，未必即有利益，而受利益者未必即有權利，例如享有親權的父母，有扶養子女的負擔，未必有其利益；而享受無償贈與的人，未必有受贈的權利可言；（二）利益的涵義甚廣，凡因國家或個人某種行為的結果，直接或間接蒙其利益者甚多，然在法律上並不認其為享有權利；（三）實際上有其利益，而法律上不僅不認其為權利，且認為犯罪行為者，例如公務員收受賄賂（利益），而科以罪刑是，因之，有所謂不正利益或不法利益，而決無所謂不正權利或不法權利。故權利的本質，與利益

的本質，不得混爲一談。

　　此外有謂權利乃爲法律所容許各人行爲的範圍者，有謂權利爲法律的反射作用，故僅有法律而無權利；有謂權利僅是法律上抽象的狀態，並無實體的存在；亦有謂祇有各個的權利，並無一般的權利，眾說紛紜，莫衷一是，而按諸理論及實際，則均有未當。

　　然則權利的意義如何？茲爲下一定義：權利者，乃是法律上認許特定人的利益所賦予的力量[1]。分述其意義如次：

（一）權利是法律上所認許特定人的利益

　　權利的內容，是法律上的特定利益，此與事實上的一般利益有別，例如呼吸空氣、曝曬日光，雖爲事實上一般人所得享受的利益，然並非法律上所謂利益，法律上的利益，乃指對於特定人所享有的利益而言，而此種利益，亦並非實際上確有所利得，即無利得，僅在法律上充實特定人的某種意識者，亦得謂爲利益，例如父母雖有扶養子女的負擔，然在父母的意識上，不能謂無所得，故亦謂爲親權，法律上所認許的利益，得簡稱爲法益，權利便是以法益爲其內容。

（二）權利是法律上所賦予的力量

　　權利的外形，是法律的力量，因爲權利的內容，端賴法律的規定，權利的存在，端賴法律的維護，離開法律，則權利失其存在與效用，法律既

---

[1]　關於權利的定義，茲略舉數說如下：日本法學者中島吉玉謂：「權利者是特定人因充實法律所認許的特定利益（事實），法律對於特定人所賦予的力（法規之力）」；鳩山秀夫謂：「權利者乃是享受特定利益的法律上的力」；長島毅謂：「權利者，人類在生活資料上所有的法律上的支配力。」
　　我國法學者對於權利的定義，亦不一致，有謂：「權利者乃是特定人格者關於特定行爲所有的法律上的狀態」；有謂：「權利者，是法律認許吾人正當得爲某種行爲的狀態」；有謂：「權利者，人格相互的關係而此方對於他方所享有一定利益的法律上能力」；亦有謂：「權利者，乃法律爲特定人，因充實其所認許的利益，對之所賦予的力」，各說意旨，大同小異而已。

認許特定人的利益，則必須賦予力量以維護之，此種力量，可以支配標的物，亦可對抗他人。例如所有權有使用收益及處分其物的法律上力量，債權有要求他人作爲或不作爲的法律上力量。

第二節　權利與反射利益

關於權利的意義，已如前述，有似權利而實非權利者，是反射利益，又謂之爲法律的反射作用。

所謂反射利益，乃指並非人民當然所得主張，僅因法律規定可能發生的作用，從而享有其利益。因其並非當然可以作爲主張的利益，而係由於法律規定所發生的反射結果，故謂之爲反射利益，或稱反射作用。

所謂權利，乃指在法律上可以作爲主張其利益的力量。凡屬權利，其權利主體依據法律，乃當然可以作爲其利益的主張，從而法律亦必維護或保障其權利。反射利益則不然，法律上雖爲某種利益的規定，惟此種利益，並非當然對於某特定人而發生，亦非某特定人當然所得主張其利益，僅因此種規定可能發生的作用，而使某不特定人因而享受其利益而已。

例如：公務人員之任現職至年終滿一年者，依法參加考績，固爲一種權利；惟考績結果，予以晉級或獎金，則非公務人員所得當然主張，僅因法律規定考績總分數列在某等次以上者，應予晉級或獎金而已（參照公務人員考績法），其晉級或給予獎金，僅得謂爲反射利益，而非權利。否則，若謂爲權利，則凡參加考績者，均可要求晉級及給獎，國家亦非予以晉級或給獎不可。其他如職位的升遷，勛賞的授與，均爲法律規定的反射作用所生的利益，而非權利，其理由同。

又如：依法已爲商業的登記，其經營商業，爲一種權利，若不許其營業或妨害其營業，乃當然可以請求國家維護其權利。惟若該商業登記者以外之他人，因有該項商業的經營，從而享受價廉物美的利益，則此項利

益，爲反射利益，而非權利，因有經營該項商業之權者，僅爲該項商業登記者的當事人，他人對於該項商業並無主張經營的權利，僅因該項商業的合法經營，從而其他不特定人間接的享有其利益而已。

綜上所述，權利與反射利益的區別，就法理上言之，大致如下：

（一）是否當然可主張其利益的不同

法律規定人民當然所得主張而生的利益，是爲權利；若其規定並非人民當然所得而生的利益，則爲反射利益。

（二）是否直接產生其利益的不同

法律規定因人民主張所直接產生的利益是爲權利；若其規定因人民主張而間接產生的利益，則爲反射利益。

（三）是否為特定人享受利益的不同

因法律關係所產生的利益，歸屬於特定的個人或特定的多數人所享有者，是爲權利；若因法律關係所產生的利益，歸屬於不特定的個人或不特定的多數人所享有者，則爲反射利益。

第三節　權利的分類

權利得爲各種的分類，其較重要者，爲：1.公權與私權；2.對世權與對人權；3.主權與從權；4.原權與救濟權；5.專屬權與非專屬權。茲分述如後：

第一項　公權與私權

權利從其所依據的法律爲標準，可分爲公權與私權，公權是公法上的權利，私權是私法上的權利[2]。茲先述公權，次及私權。

---

[2]　公權與私權區分的標準，亦猶公法與私法區分的標準，學說不一：（一）主體

第一款 公權

公權為公法上所規定的權利，亦即是在公法上所享有的權利。可分為國家的公權及人民的公權：

一、國家的公權

國家的公權，又可分為國際公法上的公權及國內公法上的公權，前者為國家對於其他國家所有的權利，例如平等權、自衛權、獨立權、互相尊重權等，已於「公法的體系」一節中關於國際公法一段中述及，茲所述者，為國家在國內公法上的公權。

國家在國內公法上的公權，種類甚多，舉凡憲法及其他公法上所有規定國家的權利，均包括之。依照我國現行的五權制度而言；治權為政府所有，亦即是國家所享有的公權。換言之，行政權、立法權、司法權、考試權、監察權，均是國家的公權。

國家的公權，固得以五種治權而概括無餘，其中尤以行政權的範圍甚廣，舉凡法令所未規定的剩餘權，大抵得以行政權行使之，而認為屬於國家的公權。惟就一般情形言，國家的公權，則可分為下列數種：

說，以主體為公權、私權區別的標準，公權為國家與人民間的權利，私權為人民相互間的權利，但此說不妥，因國家與人民間亦有私權關係，如買賣租賃等權利關係，仍為私權，人民相互間亦有公權關係，如選舉權是：（二）權利關係說，以權利是否關係公益或私益為區別的標準，公權是關於公益的權利，私權是關於私益的權利，惟私益、公益的標準，殊難認定，且互相牽連，是其缺點；（三）權利歸屬說，以權利是否歸屬於國民或一般人民的區別為標準，公權是國民的權利，私權則不限於國民，即一般人民及外國人亦享有之，惟國民與人民的區別，在法律上並無一定的界說，且公權不僅為國民或人民得享有之，即國家亦有公權，又雖為外國人，亦有在本國享有公權者，例如外國人於駐在國亦得訴願或訴訟是，故此說亦不妥；（四）法律根據說，以法律規定的根據，為區別的標準，凡公法上規定的權利為公權，私法上規定的權利是私權，此說較妥，本書採之。

（一）命令權

即是國家命令人民為特定行為或不行為的權利，例如命令人民服兵役及納稅，命令人民不得違法亂紀等，命令權含有強制作用，無須徵得相對人的同意，相對人且負遵守命令的義務。

（二）制裁權

即是國家對於法律或命令的違犯者，有制裁的權利，或為行政上的制裁，或為刑事上的制裁是（參照第三編法律的制裁一章）。

（三）形成權

即是國家因認許或作為，而使人民形成法律上效力的權利，例如准許人民為某種企業的經營、許可團體的設立、公務人員的任命、資格的銓敘、榮譽的授與等。

（四）公法上的物權

即是特定的有體物，不得為私人所有，祇得屬於國家，例如國境內的湖海河川，僅得為國家所有，且有其使用收益處分的權利，此與私法上的所有權相當；又如國家將私人的土地劃為要塞地帶，不許任意變更原狀或禁止通行；或將私人的土地徵借，作為軍事上或其他用途，此又與私法上的限制物權或使用物權相當。

（五）公法上的經營權

即是國家對於某種事業或企業，僅得由國家經營之，如鐵道、郵政、電信等事業，貨幣的發行，國家銀行的設立，有獨占性質的企業及其他國營經濟企業的經營權利。

二、人民的公權

依照憲法及其他公法上所規定人民的權利，均可分為下列各種：

（一）平等權

憲法第 7 條規定：「中華民國人民無分男女、宗教、種族、階級、黨派，在法律上一律平等」，是為平等權，即是一切人民在法律上均受同等待遇，享有同等的權利，及負擔同等的義務；法律上所賦予的權利，任何人不得獨享，亦非任意所得剝奪，法律上所規定的義務，任何人均不能避免，亦不得於法律以外另課以義務，是即為法律之前，人人平等。依照憲法的規定，亦可謂男女平等、宗教平等、種族平等、階級平等及黨派平等。

惟所謂在法律上一律平等，及所謂法律之前，人人平等，乃指在法律規定的同樣條件或同樣情形之下，始得平等而言，例如人人雖有應考試及服公職的權利，然必須具有應考試或服公職的法定資格乃可；人人固有服兵役的義務，然亦必須達到法定的年齡，始有服兵役的義務，超過法定的年齡或具有免役的原因，始得免除服役的義務。並非法律上規定某種權利或某種義務，即可不問規定的條件如何，遂均受同等待遇。

（二）自由權

自由權乃是人民立於消極的地位，不受國家統治權干涉的權利。所謂自由，不受國家的干涉，亦並非漫無限制，其真正意義，乃在一方面行使自己的自由，一方面不得侵犯他人的自由；一方面尊重個人的自由，一方面則須維護社會的公益。故人民的自由，並非絕對的自由，而係相對的自由。所謂相對的自由，乃指人民在法律所容許的範圍以內，有其自由。在法律範圍以內的自由，國家應保障之；超越法律以外的自由，國家仍應予以限制之。

惟各國對於人民的自由，有於憲法規定之，亦有於普通法律規定之；對於自由事項的規定，有採概括主義者，亦有採列舉主義者。我國對於人民自由的規定，憲法及其他公法均有規定，並於憲法中列舉其最重要的。

其未列舉的其他自由，不妨害社會秩序，公共利益者，均受憲法的保障（參照憲法第 22 條）。

　　自由權最重要者，通常係指身體自由、居住遷徙自由、言論自由、通訊自由、信仰自由、集會結社自由等自由權而言，茲依據我憲法關於自由的規定，分述如下：

1. **身體自由：** 人民身體自由，亦稱人身不可侵犯權，對於人民審問和處罰，必須有法定處罰的行為，由法定有處罰職權的機關，依照法定的程序而為之，憲法第 8 條規定：「人民身體之自由，應予保障，除現行犯之逮捕，由法律另定外，非經司法機關或警察機關依法定程序，不得逮捕拘禁，非由法院依法定程序，不得審問處罰，非依法定程序之逮捕、拘禁、審問、處罰，得拒絕之；人民因犯罪嫌疑，被逮捕拘禁時，其逮捕拘禁機關，應將逮捕拘禁原因，以書面告知本人及其本人指定之親友，並至遲於二十四小時內移送該管法院審問，本人或他人亦得聲請該管法院於二十四小時內向逮捕之機關提審；法院對於前項聲請，不得拒絕，並不得先令逮捕拘禁之機關查覆，逮捕拘禁之機關，對於法院之提審，不得拒絕或遲延，人民遭受任何機關非法逮捕拘禁時，其本人或他人得向法院聲請追究，法院不得拒絕，並應於二十四小時內，向逮捕拘禁之機關追究，依法處理。」第 9 條規定：「人民除現役軍人外，不受軍法審判。」凡此，均是對於人民身體自由權的保障。

2. **居住自由及遷徙自由：** 憲法第 10 條規定：「人民有居住及遷徙之自由。」所謂居住自由，即人民居住的處所，不受侵犯之意，刑法上有妨害居住自由罪的規定。所謂遷徙自由，係指居住處所遷徙的自由，如須以法律限制之，亦須依本憲法第 23 條的規定。

3. **言論自由：** 憲法第 11 條規定：「人民有言論、講學、著作及出版之自由」，是即所謂意見自由或思想自由，凡以言語表示意見或思想者，

為言論自由；以口頭發表其學術上的意見或思想，以傳授他人者，為講學自由；以文字發表其意見或思想者，為著作自由；以印刷方法發表其意見或思想者，為出版自由。

4. **通訊自由**：憲法第 12 條規定：「人民有秘密通訊之自由」，所謂通訊，乃是以書函、電報、電話傳達其意思的行為。秘密通訊自由，乃是人民通訊，以秘密的方式行之，不受政府或任何人的侵犯，在郵務或電報機關執行職務的公務員開拆或隱匿投寄的郵件或電報者，便是構成瀆職罪，刑法第 133 條有處罰的規定；無故開拆或隱匿他人的封緘或其他封緘文書者，便是構成妨害秘密罪，刑法第 315 條有處罰的規定，但是家長或監護人拆閱未成年者的書信，監獄官吏拆閱在監者的書信，戒嚴地域內最高司令官檢查郵電，郵局拆閱小件包裹和無法投遞的郵件，在民法、刑事訴訟法、羈押法、監獄行刑法、戒嚴法和郵政法等有許可的明文，不得謂為侵害秘密通訊的自由。

5. **信教自由**：憲法第 13 條規定：「人民有信仰宗教之自由」，這便是信教自由，包括兩種意義，一是信仰自由，即人民有信仰任何宗教和不信仰任何宗教的自由；二是信教人有參加宗教儀式的自由，國家亦不得強迫任何人民參加任何宗教儀式的自由。

6. **集會結社自由**：憲法第 14 條規定：「人民有集會及結社之自由」，所謂集會，乃是人民暫時的集合；所謂結社，乃是人民結合有永久性質的團體。民主立憲國家，大抵承認人民有集會和結社的自由；但是這種自由，若漫無限制，亦足以影響社會的公共秩序，故各國大抵採事前許可制，我國現行法律如戒嚴法、非常時期人民團體組織法及社會秩序維護法，對於集會結社，均有相當的限制。

（三）經濟權

人民在經濟生活方面所得享受的權利為經濟權，憲法第 15 條規定：

「人民之生存權、工作權及財產權應予保障」，此等權利均與人民的生存有關，故亦有概括稱之為生存權者。

（四）受益權

即人民要求國家行使其統治權，從而享受其利益的權利，憲法第 16 條規定：「人民有請願、訴願及訴訟之權」，請願權、訴願權和訴訟權，都可概稱之為受益權，所謂請願權，是人民對於政治或其他事項，向國家機關陳述其願望的權利；訴願權是人民因中央或地方機關的違法或不當處分，致損害其權利或利益時，所行使的救濟方法；訴訟權有民事訴訟、刑事訴訟和行政訴訟，民事訴訟是人民私權受侵害時的救濟方法；刑事訴訟是國家處罰犯罪行為的方法；行政訴訟是人民因機關的違法行政處分損害其權利，不服訴願決定，向行政法院聲請救濟的方法，又如人民享受國家教育的權利，就診公立醫院的權利，公法上的金錢請求權，公法上的榮譽權等，均得謂為受益權。

（五）參政權

參政權是人民參與國家政治的權利，可大別之為二種，即：1. 為人民的政權，即是人民依其國民資格，在法律上當然享有的參政權，如選舉權、罷免權、創制權、複決權，憲法第 17 條規定：「人民有選舉、罷免、創制及複決之權」，即是人民有選舉和罷免官員之權，有創制和複決法律之權，人民掌握這四種政權，便是參與國家政治的權利；2. 為人民充任公職的權利，憲法第 18 條規定：「人民有應考試、服公職的權利」，又憲法第 85 條規定：「公務人員之選拔，應實行公開競爭之考試制度」，所以應考權及服公職權均屬於人民參政權的範圍。

以上所列舉人民的自由和權利，均為憲法所規定，但是人民尚有其他自由和權利，凡是不妨害社會秩序和公共利益者，均受憲法的保障（憲法第 22 條），又憲法所列舉的自由權利，除為防止妨礙他人自由、避免緊

急危難、維持社會秩序，或增進公共利益所必要者外，不得以法律限制之（憲法第 23 條）。是即對於人民權利的保障。

凡公務員違法侵害人民的自由或權利者，除依法律受懲戒外，應負刑事及民事責任，被害人民就其所受損害，並得依法律向國家請求賠償（憲法第 24 條）。此種法律，即是國家賠償法（中華民國 70 年 7 月 1 日施行）[3]。

第二款　私權

一、私權的意義

私權是私法上的權利，又可說是私法上規定的權利，亦即是在私法上所享有的權利。民法是私法，凡是民法上規定的權利，例如債權、物權、親屬權、繼承權等均是私權，私權不僅在民法上規定之，即是民事特別法亦有規定，例如公司法、海商法、票據法、保險法等特別民事法規所規定的權利，其性質亦屬於私權。

私權和公權相對稱，公權是公法上的權利，人民的權利，本有多種，其同一權利，有在公法上規定者為公權，在私法上規定者為私權，例如自由權，公法、私法均有規定，因之，自由權有時可稱為公權，有時亦可稱為私權，以規定的法律為公法或私法以為認定。

二、私權的種類

私權因為觀察的標準不同，可為各種的分類，茲舉其重要者如下：

（一）人身權與財產權

這是以私權的客體為標準的分類如下圖：所謂人身權是以自己或他人

---

[3] 國家賠償法第 1 條：「本法依中華民國憲法第 24 條制定之」；第 17 條：「本法自中華民國 70 年 7 月 1 日施行。」

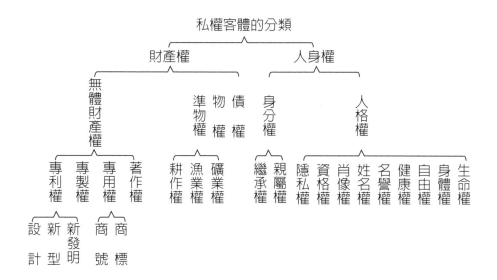

的身體爲私權客體的權利，其中又有人格權和身分權之分，人格權包含生命權、身體權、自由權、健康權、名譽權、姓名權、肖像權、資格權、隱私權[4]等，身分權又可分爲親屬權和繼承權等。

　　所謂財產權，即是私權的客體，與人的身體無關，而是人身權以外的權利，其中又可分爲債權、物權、準物權（如礦業權、漁業權、耕作權）、無體財產權（如著作權、專用權、專製權和專利權等，又稱智慧財產權）。

---

[4]　隱私權一詞，就法理言之，應屬於人格權之範圍，其性質與個人的姓名、名譽、肖像同其重要。所謂隱私權，並不以個人的私德或日常私生活爲限，舉凡個人的私事，在主觀上不願使他人知悉，或不願公開者均屬之。例如：個人的經濟狀況、家庭情形、事業計畫、交遊關係，乃至善行義舉等事項，在客觀上並非不可公開告人，惟在個人的己身則不願使他人知悉之者，即爲隱私權。侵害他人隱私權，如係意圖散布於眾，而指摘或傳述足以毀損他人名譽之事，則構成刑法上之誹謗罪（刑法第 310 條），至於刑法上妨害秘密罪，僅指妨害書信秘密、業務秘密、及工商秘密爲限（刑法第 135 條、第 138 條），若侵害一般性、通常性的他人隱私，依民法第 195 條之明文，可請求侵權行爲之損害賠償。

（二）專屬權與非專屬權

這是以私權可否移轉爲標準的分類，凡私權不得移轉，專屬於義務的主體者爲專屬權，例如人身權是；反之，私權可以移轉，並非專屬於權利的主體者，爲非專屬權，例如財產權，大抵屬於非專屬權。

（三）支配權請求權與形成權

這是以私權的作用爲標準的分類，支配權是直接支配權利客體的權利，例如對於所有物，而有使用收益或處分的權利。

請求權，乃請求他人爲某種行爲或請求他人不爲某種行爲，例如請求債務人清償其欠款，是即請求爲某種行爲；請求他人不得損壞其所有物，是即請求不得爲某種行爲。

形成權是因一方面的行爲，而使某種權利發生變更或消滅的權利，例如對於無權代理的承認權，而使無權代理變爲有效；對於繼承權的拋棄，而使繼承權爲之消滅。

第二項　其他權利

權利除分爲公權與私權外，尚得依其他標準而爲下列的分類：

一、對世權與對人權

這是以權利效力所及的範圍爲標準而分類，凡權利的效力，可以對抗一般世人者，謂之對世權，亦稱絕對權，例如物權、人格權。此等權利，一般世人均負有不得侵犯的義務。對人權僅是得以對抗特定人的權利，又稱相對權，如債權。債權祇得對於特定的債務人而行使，不得對債務人以外的第三人而行使其權利。

二、主權與從權

亦稱爲主權利與從權利，這是以權利是否獨立存在爲標準而分類，凡

權利可以獨立存在，而不需要他種權利存在始得存在者爲主權利，例如所有權及債權是；從權利是附隨於他種權利始得存在的權利，例如附屬於所有權的地上權及不動產役權，附屬於債權的抵押權，均爲從權利。

三、原權與救濟權

這是以權利有無相互關係爲標準而分類。原權利是可以獨立行使，又稱爲第一權，如所有權；救濟權，是因原權受侵害時所發生的權利，例如因所有權受侵害而發生的損害賠償請求權是，故救濟權又稱爲第二權。

第四節　權利的主體

權利的主體，指權利的享有者而言，無論何種權利，必須歸屬於主體而爲其所享有，公權如此，私權亦然。權利的主體，固係指權利的享有者，但其反面，亦含有義務的負擔的意義在其內，所以權利的主體，即是在公法上或私法上享有權利及負擔義務的主體。

權利的主體，可分爲公權的主體及私權的主體，公權的主體爲國家及人民，可於前述第三節第 1 項第 1 款關於「國家的公權」及「人民的公權」中見之。至於私權的主體，亦爲國家及人民，不過人民爲私權的主體，乃爲最通常最顯著的現象；國家爲私權的主體，則並不習見，其爲私權的主體時，例如國家對於公有房產及辦公用具有所有權，如將其房產出租，則有租賃權，對工人則有僱用權等均是，國家租賃房屋、購置用具、僱用工人，均係以私權主體的資格所爲的私法行爲，與一般人民的私法行爲並無二致，其因此而發生私權爭議，仍由司法機關依照民事訴訟程序而爲審判，與人民立於平等地位而爲訴訟的當事人。

權利的主體，除國家及人民外，尚有公法人及私法人，亦得爲權利的主體，換言之，公法人及私法人，亦均得爲公權的主體及私權的主體，國

家本為公法人的一種，除國家外，凡根據公法而設立的法人，均為公法人，例如地方自治團體、工會、農會等均是；根據私法而設立的法人為私法人，例如依據民法而設立的社團及財團，依據公司法而設立的各種公司是。無論公法人或私法人，有均得依法提起訴訟之權，是即以公權主體的資格而行使其公權；均得為財產的所有人，是即以私權主體的資格，而享有其私權。

惟關於公權的主體，我們現行各種公法中，尚無明顯的及有統一性的規定。關於私權的主體，則在民法中有較詳明的規定。茲略述於後：私權的主體，即是民法上所謂「人」，這個「人」字，指具有權利能力者而言，所謂權利能力是指享權利負義務的資格，與行為能力有別。行為能力，則是以自己行為享權利負義務的資格，亦即是人的行為，在法律上能產生一定效果的資格。有權利能力者，未必即有行為能力；無行為能力者，仍有權利能力，二者不可混同，例如未滿七歲的未成年人及禁治產人，均無行為能力，仍得為所有權的主體。不過權利能力和行為能力，均不得拋棄。民法上所謂人，包括自然人和法人在內，分述之：

一、自然人

所謂自然人，指出生的人類而言，自然人的權利能力，以出生為始，以死亡為終結。自然人的行為能力，因年歲而有差別，以滿十八歲為成年，有行為能力，未滿七歲之未成年人，無行為能力；滿七歲以上之未成年人，有限制行為能力；未成年人已結婚者有行為能力。對於因精神障礙或其他心智缺陷，致不能為意思表示或受意思表示，或不能辨識其意思表示之效果者，法院得因本人、配偶、四親等內之親屬、最近一年有同居事實之其他親屬、檢察官、主管機關、社會福利機構、輔助人、意定監護受任人或其他利害關係人之聲請，為監護之宣告。受監護宣告之人，無行為能力。

人之行爲，因年齡關係，在民法上所負之責任，亦即在法律上之效果，如上所述，此與人之行爲，因年齡關係，在刑法上之效果不同，因刑法規定未滿十四歲人之行爲，不罰；十四歲以上未滿十八歲人之行爲，及滿八十歲人之行爲，均得減輕其刑（刑法第 18 條）。

二、法人

所謂法人，乃非自然人而在法律上具有人格的組織體，自然人和法人均有權利能力，不過自然人的權利能力，自出生即得享有，法人的權利能力，則爲法律所賦予，法律賦予法人以權利能力，所以法人亦爲權利的主體，法人之爲權利的主體，在於有一定的組織，但是雖有一定的組織，假若法律不認許其爲法人，亦不得具有法人的資格，所以法人非依民法或其他法律的規定，不得成立。

法人非向主管機關登記，不得成立，既經依法成立，則其權利能力即行開始，在法令所規定的範圍內，有享受權利負擔義務的能力，但專屬於自然人的權利義務，不在此限，例如關於親屬法上的權利義務（親權、家長權、遺產繼承權），均專屬於自然人，並非法人所得享受或負擔。至於法人因解散而消滅，其權利能力亦即終止。

法人可分爲公法人及私法人，已見前述，依照民法的規定，私法人中可分爲社團和財團，二者的區別是：

（一）社團

以社員爲成立基礎，故爲人的集合，設立人即爲其構成分子，是爲社員，由其社員組織意思機關，訂立章程，其目的及組織可以隨時變更，所以社團富有彈性。

（二）財團

無須社員，而以捐助財產爲其成立基礎，故爲財產的集合，其目的及

其組織，由捐助行為而確定，其成立後，設立人既非其構成分子，亦別無所為意思機關，其目的及組織，不得隨時變更，所以財團富有固定性。

　　茲將法人的分類列如下表：

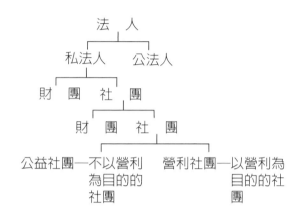

第五節　　權利的客體

　　權利的客體，一稱權利的標的，乃對於權利的主體而言，立於支配地位者是主體，受支配者是客體。權利的客體，因各種權利的不同，而有差異，例如債權的客體，是債權人的一定行為或不行為；物權的客體，是特定的物；親屬權的客體，是有親屬關係的他人；繼承權的客體，是被繼承人所遺留的權利與義務；人格權的客體，為其權利人的本身；無體財產權的客體，為其精神所產生的無體物；準物權的客體，則是為其對象的權利[5]。

5　權利的客體，與權利的內容，有時殊難區別，例如國家命令權的客體為人民，
　　而命令的內容，則為命令所要求的事項，這些事項，即是要求人民為一定的
　　行為或不行為，命令人民當兵或納稅，則當兵或納稅的行為，即是命令權的內
　　容；命令人民不得聚眾遊行請願，則遊行請願的不行為，亦即是命令權的內容。

　　權利的客體，雖因各種權利而異其揆，惟可大別爲物與行爲二種，不過法律上對權利的客體，不爲一般的規定，僅是民法上對於私權的客體的物，則於總則編中予以規定，因爲物不僅是物權的客體，而於債之標的，及親屬權繼承權的內容，亦有直接或間接的關係。

　　茲將權利客體的物與行爲，分別略述如下：

一、物

　　物的意義乃是除人身以外，可以受支配而獨立爲一體的有體物質，故人身不得以物視之，不可以爲買賣的標的；若雖爲物體而非爲人類所能支配者，亦非法律上之所謂物，例如日月星辰、海洋空氣等。物可爲各種的分類，其最顯著者爲：

（一）不動產與動產

　　不動產是指土地及其定著物（例如房屋），不動產的出產物尚未分離者，爲該不動產的部分，例如樹木屬於土地的部分；稱動產者，爲不動產以外之物，例如金錢、衣服、桌椅等。

（二）主物與從物

　　所謂主物，指其有獨立的效用的物，所謂從物，非主物的成分，常助主物的效用而同屬於一人的物，例如門戶的閂鎖、船舶帆櫓、場圃常備的農具是。但是交易上若有特別習慣，則從其習慣，乃不作爲從物，例如洋爐的煙囪、米麵的麻袋，在交易習慣上，不作爲洋爐、米麵的從物。

（三）原物與孳息

　　產生收益之物，謂之原物，例如果樹、乳牛；由原物所生的收益，謂之孳息，例如果實、牛奶，惟孳息有天然孳息與法定孳息之別，前者謂果實，動物的產物，及其他依物的用法，所收穫的出產物；後者謂利息、租金及其他因法律關係所得的收益。

（四）融通物與不融通物

前者可為買賣移轉的目標，如私人的土地房屋傢俱等；後者則否，例如公有物（如國有省有縣有山林、官署、兵營等物）、公用物（如鐵道、河川等物）、禁制物（如煙毒物品、淫猥書畫等物）等物。

（五）代替物與不代替物

前者謂以種類、品質、數量可以代替的動產，例如金錢、穀米等；後而則否，例如先人遺像，名人書畫等。

（六）特定物與不特定物

前者謂依當事人的意思或具體的事實所指定的物，例如坐落某處的房屋，某廠某時的出品是；後者僅以種類數量抽象的指定之物，例如房屋若干所，出品若干件。

（七）消費物與不消費物

前者謂依通常使用方法，一經使用，則歸消滅或可讓與的物，例如金錢及油鹽柴米；後者則否，例如用具及房屋。

（八）可分物與不可分物

前者謂不毀損其物的性質及價值而可以分割的物，例如一疋布、一石米；後者則否，例如一匹馬、一棵樹。

以上所述關於物的種類，其中不動產與動產，主物與從物，乃依民法規定所為的分類[6]，其他則為學理上的分類。

二、行為

權利的客體，除物以外，行為亦得為權利的客體，行為有積極行為與消極行為之別，均得為權利的客體，就公法言：例如人民參政權的客體，

---

[6] 參照民法第 66 條至第 70 條。

是參加政治活動的行為，是為積極行為；又如人民不信仰宗教，是消極行為，此種消極的行為，亦是人民自由權的客體。就私法上言，債權的客體，是債務人的一定行為或不行為。例如債務人甲清償債權人乙一萬元的行為，是為積極行為，即是債權的客體；債務人甲不得妨害債權人乙權利的行為，是為消極行為，亦是債權的客體。

第六節　權利的取得、變動與喪失

權利的種類不一，已見前述，權利的取得、喪失與變動的原因，因法律規定之不同，而不一致，茲分述之：

一、權利的取得

權利的取得，即是權利的發生，乃謂權利主體者基於特定原因，以取得其權利，有原始取得與繼受取得之別：

（一）原始取得

所謂原始取得，乃不憑藉他人的行為或權利，即自始的獨立的取得權利。此種權利，有「有以生俱來」者，如所謂「天賦人權」之說，各人的自由權、人格權、人身權等權利，大抵屬於原始取得；亦有因某種特定的事實，法律上即當然認為取得某種權利者。例如，因先占的事實，而取得所有權；因子女的出生，而取得親權。

（二）繼受取得

所謂繼受取得，乃憑藉他人的行為或權利，始取得其權利，例如：因買賣行為，買主始取得賣主所有物的權利；因繼承關係，繼承人始取得被繼承人的權利；因贈與行為，受贈人始取得贈與人的財產權。

權利的取得，無論是原始取得或繼受取得，既於取得權利之後，即為權利的主體，而享有其權利，以自由行使之，惟權利的行使，不得以損害

他人爲主要目的（參照民法第 148 條）。爲防衛自己或他人之權利的行爲，不得逾越必要的程度（參照民法第 149 條）。

因避免自己或他人生命、身體、自由或財產上急迫的危險所爲的行爲，不負損害賠償之責，但以避免危險所必要，並未逾越危險所能致的損害程度者爲限（參照民法第 150 條）。又爲保護自己權利，對於他人的自由或財產施以拘束、押收或毀損者，不負損害賠償之責，但以不及受法院或其他有關機關援助，並非於其時爲之，則請求權不得實行或其實行使顯有困難者爲限（參照民法第 151 條）。

二、權利的變更

權利的變更，可分爲主體變更、客體變更及內容變更：

（一）主體變更

此指權利的主體有所增減或改變，例如多數人的共同所有權變爲一人所有權；原所有權人爲某甲，因買賣贈與等原因而由某乙爲所有權人。

（二）客體變更

此指權利的客體有所增減或改變，例如國家原命令某甲一人納稅，而命令甲、乙、丙等共同納稅，或僅命令某乙納稅。

（三）內容變更

此指權利的內容有所增減或改變，無論數量或質量的變更，均包括之，例如債權人甲對債務人乙原爲一萬元的貸款，而增爲二萬元或減爲五千元，或易爲稻穀五十石。

三、權利的喪失

權利的喪失，乃權利與權利的主體分離而喪失其存在，可分爲絕對的喪失及相對的喪失：

（一）絕對的喪失

權利絕對的喪失，乃謂權利的本質，已根本消滅而不存在，例如物品的所有權，因物品焚燬而消滅，債權因自願拋棄其權利而消滅，凡權利的行使，法律定有期限，則因逾越其法定期限而消滅（參照民法第 125 條至 128 條）。

（二）相對的喪失

權利相對的喪失，乃權利的本質並未消滅，僅與權利的原有主體分離，而移轉於新主體，例如因買賣贈與，而移轉物品的所有權，一方面原主雖喪失其權利，一方面則新主取得其權利。故權利相對的喪失，實即權利主體變更的一種形態。

第三章

義務

一、義務的意義

何謂義務，有各種學說，有謂義務乃是法律對於意思的限制，是爲意思說，有謂義務乃是不利益的負擔，是爲利益說；亦有謂義務乃權利的反射作用者[1]。據吾人所信，義務乃是法律對於特定人所課以行爲或不行爲的拘束力，茲分析其意義。

（一）義務是一種拘束力

即是各人如負有某種義務，則不能以自己的意思，而隨便可以免除或變更之，而發生必須履行其義務的責任，或發生不得違反其義務的責任，否則，便發生制裁的效力，即是拘束力。

（二）義務是行為或不行為的拘束力

義務是以行爲或不行爲爲其內容，以行爲爲其義務的內容，是爲作爲義務，亦稱積極義務，例如當兵、納稅是。通常所謂履行其義務，即指行爲義務而言；以不行爲爲義務的內容，是爲不作爲義務，亦稱消極義務，

---

[1] 義務與權利乃為相對的名詞，所以關於權利的觀念，亦可以從其反面以說明義務的觀念，故在權利上主張某種學說，在義務上亦恒主張某種學說。

例如不得擾亂治安，不得妨害自由，通常所謂違反義務，即指違反作為義務，或不作為義務而言。

（三）義務是法律所課以行為或不行為的拘束力

義務必須以法律規定之，始有拘束力可言，若非由於法律的規定，而僅係出於各人的意思自由，願為或不願為者，則非義務，例如贈人以物，其贈送與否，乃由於自由意思，並無贈送的義務，必須法律規定其義務，始發生其拘束力，故對於違反其義務者，法律上規定其制裁方法，此與單純的宗教上義務，及單純的道德上義務有別。至於義務雖非法律規定，而係依據法律所頒布的命令，則仍有拘束人民以服從的義務，自不待言。

（四）義務是法律對於特定人所課以行為或不行為的拘束力

所謂特定人，並非指少數人而言，乃謂法律對於某人課以義務，對於某人則否，必須符合法律所規定的要件，始得負擔其義務或免除其義務，故人民雖有服兵役及納稅的義務，然服兵役必須適合兵役年齡，納稅必須有納稅的條件，並非未屆兵役年齡的任何人均須當兵，或未具有納稅條件的任何人，亦須納稅。

義務的意義，既如上述，而義務之規定於各種公法或私法中者，有明文規定「義務」二字，亦有並無「義務」二字，而依其意義，足以認定其為義務者，亦恆有之，此於法律中規定應為某行為或不應為某行為，即可知之。

又義務與責任的意義，每易混淆，實則義務是發生責任的原因，責任是負擔義務的作用，有義務始有責任可言，有義務始得發生責任作用，故義務與責任，仍不得混而為一。

二、義務的種類

義務得依各種標準，而為不同的分類，其最重要者如次：

（一）公法上的義務與私法上的義務

這是以法律的根據爲分類的標準，前者是依照公法所應負擔的義務，例如依照兵役法而服兵役的義務，依照各種稅法而有納稅的義務是；後者是依照私法上所應負擔的義務。例如：依照民法債編的規定，債務人有清償債務的義務，依民法親屬編的規定，夫妻有互負同居的義務，親屬有互負扶養的義務[2]。

（二）積極義務與消極義務

這是以義務的內容爲分類的標準，前者是應爲一定行爲的義務。例如：當兵納稅的義務，清償債務的義務；後者是不應爲一定行爲的義務，例如不得有妨礙公序良俗行爲的義務，對於他人的人格權、財產權，負有不可侵犯的義務。

（三）對世義務與對人義務

這是以義務的效力爲標準的分類，亦稱爲絕對義務與相對義務，前者是任何人均受有拘束的義務，例如自由權不得侵害的義務是；後者僅在當事人間應受拘束的義務，例如甲對乙有父子的關係，則僅甲對乙負有教養的義務。

（四）第一義務與第二義務

這是以義務有無主從關係爲標準的分類，亦稱爲主義務與從義務，前者是原始的或初先的義務，即是對於原權的義務，例如對於他人的財產權，負有不得侵害的義務是；後者是違反原有義務而發生的其他義務，亦即是對於救濟權的義務，例如因侵權行爲所生的債務，即是由於侵害他人的財產權，遂發生負擔損害賠償的義務。

---

[2]　參照民法第 1001 條、第 1114 條。

（五）專屬義務與移轉義務

這是以義務有無專屬性質為標準的分類，前者僅特定人始得負擔的義務，此種義務多出於義務本身的性質者，例如因身分權所發生的父子間的義務，夫妻間的義務是；有由於當事人間的約定者，例如名師講課，名伶演劇等義務；後者乃指可以移轉於他人而為履行的義務，例如甲有償付某乙金錢的義務，可由丙代為清償；戊對丁有負勞務的義務，而可由他人代為工作等均是。

以上所述各種義務，均為法律上對於特定人所課行為或不行為的拘束力，故違反義務者，即為違法行為，其制裁方法，已於第三編第十四章「法律的制裁」中，予以說明。

三、義務與權利的關係

義務與權利，乃為對待的名詞，在法律上恒相連稱，在觀念上亦常發生聯想作用。自通常情形言之，有權利者必有義務，有義務者亦必有權利，實為一物的兩面，亦可謂互為表裡，形影相隨。二者關係的密切，可以想見。茲略加分析如下：

（一）概括的義務享有概括的權利

例如人民有服從國家統治權的義務，是為概括的義務；同時亦享有國家所賦予各種權利，是為概括的權利。

（二）特定的義務享有不特定的權利

例如憲法第 19 條規定：「人民有依法律納稅之義務」，第 20 條規定：「人民有依法律服兵役之義務」，是為特定的義務，人民一方面履行或負擔此種特定的義務，他方面則享受國家各種不特定的權利。

（三）特定的義務享有特定的權利

此乃義務與權利相對立，且恒同時發生，一方面為義務，一方面即為

對等的相當的權利，例如：就買賣而言，買主一面有交付價金的義務，一面有取得物品的權利；賣主一面有交付物品的義務，一面亦有收受價金的權利。

（四）義務的本身即是權利

此即就同一件事，從義務的觀點言之，則是義務；若就權利的觀點言之，則義務的本身，即是權利。例如：憲法第 21 條規定：「人民有受國民教育之權利與義務」，是受國民教育，其本身一方面是人民的權利，一方面亦是人民的義務；又如民法第 1001 條規定：「夫妻互負同居之義務……。」亦可謂夫妻互有同居的權利。

義務與權利關係的密切，既如上述。因之，關於權利的觀念，恒可適用於義務的觀念。例如：關於權利的主體，可分為國家、公法人、私法人及自然人，義務的主體亦然；權利的得喪變更的原因，亦多與義務相同。所應注意者：權利除法律別有規定外，恆得自由拋棄或轉移，義務則否，例如不得自由逃避兵役義務，不得自由免除納稅義務。

國家圖書館出版品預行編目(CIP)資料

法學緒論／管歐著. -- 73版. -- 臺北市：五
南圖書出版股份有限公司, 2025.01
　　面；　公分
　　ISBN 978-626-423-029-2(平裝)

1.CST: 法學

580　　　　　　　　　　　113019123

1Q43

法學緒論

作　　者 ― 管　歐

校 訂 者 ― 楊智傑

編輯主編 ― 劉靜芬

責任編輯 ― 許雅容

封面設計 ― 姚孝慈

出 版 者 ― 五南圖書出版股份有限公司

發 行 人 ― 楊榮川

總 經 理 ― 楊士清

總 編 輯 ― 楊秀麗

地　　　址：106台北市大安區和平東路二段339號4樓

電　　　話：(02)2705-5066

網　　　址：https://www.wunan.com.tw

電子郵件：wunan@wunan.com.tw

劃撥帳號：01068953

戶　　名：五南圖書出版股份有限公司

法律顧問　林勝安律師

出版日期　1955年 5 月初版一刷
　　　　　2007年 4 月71版一刷（共十刷）
　　　　　2007年12月72版一刷（共九刷）
　　　　　2025年 1 月73版一刷

定　　價　新臺幣480元

經典永恆・名著常在

五十週年的獻禮——經典名著文庫

五南，五十年了，半個世紀，人生旅程的一大半，走過來了。

思索著，邁向百年的未來歷程，能為知識界、文化學術界作些什麼？

在速食文化的生態下，有什麼值得讓人雋永品味的？

歷代經典・當今名著，經過時間的洗禮，千錘百鍊，流傳至今，光芒耀人；

不僅使我們能領悟前人的智慧，同時也增深加廣我們思考的深度與視野。

我們決心投入巨資，有計畫的系統梳選，成立「經典名著文庫」，

希望收入古今中外思想性的、充滿睿智與獨見的經典、名著。

這是一項理想性的、永續性的巨大出版工程。

不在意讀者的眾寡，只考慮它的學術價值，力求完整展現先哲思想的軌跡；

為知識界開啟一片智慧之窗，營造一座百花綻放的世界文明公園，

任君遨遊、取菁吸蜜、嘉惠學子！